陕西师范大学中国语言文学"世界一流学科建设"成果

性别批评丛书　总主编　屈雅君

施海淑　著

巴特勒操演理论研究

A Study of Judith Butler's Performativity

中国社会科学出版社

图书在版编目（CIP）数据

巴特勒操演理论研究 / 施海淑著. —北京：中国社会科学出版社，2019.12

（性别批评丛书）

ISBN 978-7-5203-5422-6

Ⅰ.①巴⋯ Ⅱ.①施⋯ Ⅲ.①巴特勒—妇女学—理论研究 Ⅳ.①B712.6②C913.68

中国版本图书馆 CIP 数据核字（2019）第 232710 号

出 版 人	赵剑英
责任编辑	顾世宝
责任校对	季　静
责任印制	戴　宽

出　　版	中国社会科学出版社
社　　址	北京鼓楼西大街甲 158 号
邮　　编	100720
网　　址	http://www.csspw.cn
发 行 部	010-84083685
门 市 部	010-84029450
经　　销	新华书店及其他书店
印　　刷	北京明恒达印务有限公司
装　　订	廊坊市广阳区广增装订厂
版　　次	2019 年 12 月第 1 版
印　　次	2019 年 12 月第 1 次印刷
开　　本	710×1000　1/16
印　　张	14.5
字　　数	189 千字
定　　价	79.00 元

凡购买中国社会科学出版社图书，如有质量问题请与本社营销中心联系调换
电话：010-84083683

版权所有　侵权必究

总　　序

屈雅君

一　关于使用"性别批评"概念

20世纪60年代诞生于西方新女权运动的女权主义批评，立场鲜明，视角独到，话锋犀利，经过半个多世纪的发展，话语日益丰富，形态更加多样，方法越发成熟。

这套丛书的命名，并未沿用"女权主义文学批评"（或"女性主义文学批评"）等概念，而使用了"性别批评"，旨在强调以下两层含义。

（一）"性别"不是一个中立的概念

"性别"，或者说"社会性别"这个词①，和"阶级""种族"一样，一旦进入社会科学研究领域，就决定了它不可能是一个立场中立的概念。20世纪70年代，美国人类学家盖尔·卢宾首次在她的性别研究中使用这个词时，就试图探索人类历史上女人受压迫的根源。"社会性别是社会强加的两性区分，它是性的社会

---

① 英文gender一词，在中文中有"性别"和"社会性别"两种译法，此概念无论在何种语境中出现，都强调它自身与sex一词（sex也有与gender相对应的两种译法："生理性别"或"性别"）的区别。

关系的产物。"① 美国历史学家琼·W. 斯科特将性别划定为一个"分析域",一种"分析范畴",她在定义"性别"一词时,提出了两大核心命题:"性别是组成以性别差异为基础的社会关系的成分;性别是区分权力关系的基本方式。"② 虽然"性别"这个词在有些人看来,较之那些带有鲜明女性立场的"女权主义""女性""妇女"等词汇,貌似更趋向于客观、中立,然而事实是,它在妇女研究领域的广泛流行、被高频率使用,正是女性主义理论进一步深化的标志。

"性别"之所以成为女权主义理论中的一个关键词,在于它包含着一个清晰的逻辑命题,即:既然有别于"生理性别"的"社会性别"是由社会、历史、文化所形成的,那么,它就有可能随着社会、历史、文化的改变而改变。因此,无论是女权运动,还是女权主义理论,抑或是女权主义批评,都肩负着关注妇女命运、促进两性平等、推动社会进步的天赋使命。

(二)性别分析不可能依靠单一性别,它关乎两性,关乎社会整体结构

20 世纪 80 年代以后,女权主义理论大多用"性别"研究取代以往的"妇女"研究。琼·W. 斯科特在她的论著中引述并认同一种看法:"将'性别'作为'妇女'的代名词,这表明,与妇女相关的信息亦与男子相关,对妇女的研究意味着对男子的研究。这种看法表明,女性世界是男性世界的一部分,它产生于男性世界,由男性世界所创造。""孤立地研究女性,会强化这样的信念,即男性的历史与女性的历史毫不相干。"③

---

① [美]盖尔·卢宾:《女性交易:性的"政治经济学"初探》,载[美]佩吉·麦克拉肯主编《女权主义理论读本》,广西师范大学出版社 2007 年版,第 52 页。
② [美]琼·W. 斯科特:《性别:历史分析中的一个有效范畴》,载李银河主编《妇女:最漫长的革命》,生活·读书·新知三联书店 1997 年版,第 168 页。
③ 同上书,第 156 页。

20世纪60年代，在新女权主义运动中产生的女权主义文学批评，其目光从一开始就不仅仅限于女性，女权批评家们最先是从男作家的文学作品入手，将男性中心社会所创造的整个文学世界作为观照对象。她们既剖析男作家笔下的男性形象，也剖析其笔下的女性形象，她们既关注男性批评家对女性形象的分析，也关注他们对男性形象的阐释，简言之，女权批评家们将两性作家、两性批评家、文学中的两性人物形象，以及两性的阅读群体全部纳入了她们的批评视野，从而构成一个宽广宏阔的比较平台。她们从性别入手重新阅读和评论文本，将文学和读者个人生活相联系，激烈地抨击传统文学对女性的刻画以及男性评论家带有性别偏见的评论，从而揭示文学中女性从属地位的历史、社会和文化根源。因此，全社会的男女两性，以及无论何种性别标记的人群（而不是其中任何一种单一的性别），才是妇女研究、女性研究、女性主义理念研究的应有视野。

二 关于"性别批评"研究对象

（一）性别批评作为文学批评

作为性别批评的另一种表述形式，"女性主义文学批评"不是一个仅仅与"女性文学"和"女性主义文学"相呼应的概念。但在中国高等教育中，虽然"女性文学""妇女文学"作为文学课程体系中一个边缘的、细小的分支，受到越来越普遍的关注。但是，在中国知识界以及高校文科学生中，仍然有相当一部分学生甚至学者将"女性主义文学批评"仅仅理解为"对于女作家作品的批评"。因此，这里重申女性主义文学批评的主要研究对象是必要的。

美国女性主义批评家爱莲·肖沃尔特（Elaine Showalter）曾就女性主义文学批评的研究对象或曰范围作了经典概括。她将其分为两大类，其一是女性主义评论（feminist critique）。这种批评是以女性读者的眼光来观照文学,它探究文学现象的种种意识形态的假设,这种研究也被称为"女性阅读"研究。其二是"女性批评家"(gynocritics)。它涉及作为作家的女性,即制造本文意义的女性。这种研究也是"女性写作"的研究。[①]

"女性阅读"研究可以概括为对迄今为止的文学史进行女性主义清理。具体包括:(1)梳理女性主义理论、社会性别理论,以及由这些理论所引申出的文学批评理论,其中包括那些与女性、妇女、性别相关的理论,也包括可为女性研究、性别研究运用和借鉴的理论;(2)阐述女性主义的批评原则,特别是在后现代主义思潮背景下,女性研究、性别研究、女性文学批评所采用的基本理念、研究方法、分析框架和批评策略;(3)对文学文本的主题或曰意指系统的性别研究;(4)文学体裁类别的文化认定及其中心/边缘结构的性别研究;(5)对于隐含在文学题材区分和划定背后的性别权力关系的研究;(6)文学文本的形式主义批评,诸如对文学叙事的诸要素,对文本的表层含义与深层含义,对文本的叙述者、叙述视角、叙述方法的性别分析等。在这些具体研究中,所有关于"本文"与"价值"的分析方法都可以进入女性主义批评家的视野,同时都可供她们有选择、有条件地借鉴。

"女性写作"的研究可以概括为探索和发掘一个被人遗忘的女性文学史,从而使整个人类文学的历史变得更加丰富。具体包括:(1)对于历史上女性文学家及其文学作品的发掘和梳理。文学史上曾有一些男性批评家和男性学者做过类似的工作,因此这种工作既包括了以新的性别眼光对这些已经梳理工作的再梳理,也包括了重新发现、找寻、拾遗、填补新的女作家作品;(2)女性创作能力的心理动力学,特别是与诸如"母爱"等女性独有的经验潜意识对女

[①] [美]埃莲·肖尔瓦特:《走向女性主义诗学》,载[美]埃莲·肖尔瓦特编选《新女性主义批评》(纽约,1985年),转引自康正果《女权主义与文学》,中国社会科学出版社1994年版,第84页。

性创作的影响的研究；(3) 通过语言，特别是文学语言的性别研究，去发现、发掘由于各种原因已然形成的女性特有的言说方式；(4) 女作家群研究；(5) 女作家作品的个案研究；等等。同样，无论是对文学史料的整理，还是在作家作品研究中对"史"与"论"之关系的研究，都不应是任意的、无章可循的。女性主义在批评实践中尊重所有批评理论长期积淀的学术规范，同时以冷静敏锐的眼光审视这些规范中所潜藏的性别偏见，并逐渐尝试一些不同的原则和规范，这些原则和规范的存在使文学批评领域在性别视角的调整过程中逐渐变得更加丰富、多元、立体、深广。

（二）性别批评作为艺术批评

在中国，无论是在学术界、教科书里，还是在人们的日常生活中，一向是"文学"与"艺术"并提。并且在广义的艺术分类上，也一直将文学作为诸多艺术门类之一——语言艺术。因而从逻辑上讲，"文学"与艺术中的其他门类（如音乐、绘画、舞蹈等）应该具有平等地位。但是，无论是在西方哲学史、文论史界还是在当代中国文艺理论界，"文学中心说"影响深远。已有学者对西方哲学史的相关理论作过详尽的梳理，归结起来主要有以下理论依据：第一，文学是艺术发展的最后阶段（谢林、黑格尔）。第二，文学是艺术最高样式或典型样式，文学是最偏重内容、在思想上最有力度的艺术（黑格尔、别林斯基）。第三，文学是各类艺术的基础。一些综合性艺术样式如戏剧、曲艺、电影、电视等都离不开文学（脚本）基础；各种艺术的思维、构思、创作以及对它们的理解、阐释、评价也离不开文学语言这一基础。第四，文学性或曰诗意精神是所有艺术的共同因素，也是艺术的真正生命和灵魂（马利坦等）。①

---

① 以上"文学中心说"中对西方哲学史相关观点的归纳和梳理详见李心峰《文学：作为一种艺术》，《文艺研究》1997年第4期。

就中国当代社会而言,"文学中心论"体现于学校教育的设置,语文课程(课本内容中绝大多数是文学作品)贯穿了从小学到高中的全过程。就其分量和地位而言,没有任何一门艺术课程(音乐、美术)可以与之相比;在大学教育中,非艺术类专业不再开设艺术课程,但所有专业学生都要学习"大学语文";在中国任何一所综合性大学里,中文专业(语言文字课程占据了绝对比重)一向独立,且地位绝对超过所有艺术专业之总和。也就是说,在一个人一生所接受的全部艺术教育中,"语言艺术"的教育自始至终占据着绝对中心的位置。

必须指出,"文学中心论"与女性主义消解二元对立的基本思维方法在本质上是冲突的。女性主义从诞生那天起,就作为一种边缘力量不断地向各种各样的"中心"发起挑战。就"文学中心论"而言,它的根本问题不是语言艺术与其他艺术门类之间的关系,而是语言的本体论意义。在逻各斯中心主义价值体系中,语言不是工具,不是手段,更不仅仅是艺术的一个分支,语言是目的,是人的存在方式,是人的本质。

上述"文学中心"的事实,是文学批评向艺术批评拓展的基础,也是"女性主义文学批评"向"女性主义艺术批评"拓展的前提。在批评实践中,正如文学批评的许多基本原则都适用于其他艺术一样,女性主义文学批评的一些基本原则和分析框架,如对于影视作品、流行音乐、绘画雕塑等艺术门类,还包括电视综艺、各种网络视频艺术等(甚至包括介于艺术与非艺术之间的各种新型的、另类的制作),无论就其主题的呈现,还是题材的选择、人物的设置等要素的性别分析都具有相当广阔的覆盖面和适应性。即使是偏重于形式材料的分析,女性主义文学批评理论也能够以它无可替代的概括力为其他艺术研究提供某些方法论启示。

(三)性别批评作为文化批评

按杰姆逊的说法:"文化从来就不是哲学性的,文化其实是讲故事。观念性的东西能取得的效果是很弱的,而文化中的叙事却具有很重要的作用和影响。小说是叙事,电影是叙事,甚至广告也是叙事,也含有小故事。"① 如此,叙事就不局限于文学,甚至不局限于各种艺术,而是充斥于全社会整个的文化空间之中。从批评形态上看,女性文学批评是一种对文学艺术的外部研究或曰社会学研究。它所关心的不只是妇女在文艺中的地位,更重要的是通过她们的文学地位来透视她们的社会地位和现实生存状态,并通过文学批评实践与整个女性主义运动相连接。在中国,由于马克思主义的阶级分析和社会解放理论对于女性文学批评的发展和建设起到了不同寻常的影响,这种从文学艺术出发而指向文学艺术以外的倾向更加突出。同时中国传统的"文以载道"观念也格外强调文艺的道德价值和社会功能。在这种现实背景下,中国的女性主义文学批评不仅可以是女性主义理论在文学领域,进而在艺术领域的延伸,同时也是一种对全社会的性别观念施加影响的力量。它的基本原则不仅可以用于其他艺术批评,而且可以用于社会批评和文化批评。比如对既存的流行时尚及公众审美标准的探讨和评判,对于大众传播媒介(如新闻、公益宣传、商业广告,以及从幼儿教育到大学教育中使用的教材,为各个年龄段量身定制的各类畅销读物,以及社会风尚,与大众日常息息相关的各类生活要素的流行趋势,等等)的性别分析和研究等。以广告为例,虽然它只是一种商业现象,但它同时又是一种艺术集成,几乎运用了所有的艺术手段:文学、绘画、摄影、音乐……因此对于商业广告的性别分析离不开最基本的文学批评方法。由于大众传媒内容普遍涉及思想倾向、审美趣味、内容与形式、语言风格、人物、叙述模式等专业问题,因此,对它们的分析不应是情

---

① [美]杰姆逊:《后现代主义与文化理论》,唐小兵译,北京大学出版社1997年版,第66页。

绪化的阅读反应，不应是纯道德的声讨，不应是独断的政治说教，也不应仅仅是一般社会学方法的借用或套用，而需要依据强有力的思想文化理论作为背景资源。女性主义文学批评的产生本身就是对那种拘泥于纯美学思考的形式主义批评理论（如新批评等）的突破和发展。作为后结构主义批评思潮的一个分支，它与西方当代文化思潮特别是后现代主义文化思潮一同生长发育，它借助语言哲学、文化人类学、精神分析学、现代阐释学、符号学等一系列学科作为理论背景。因此，女性主义文学批评有责任也有能力承担女性主义文化批评的使命。

女性文化批评的另一项使命是参与女性文化的建设与发展。比如，对被男性文化所轻视、忽略和埋没的民间妇女文化（织物、绣品和其他手工艺品）的发掘、整理和研究，这种研究不应只是知识的介绍、装饰感的展示与民俗学的说明，而应该是被女性主义文学批评方法论所照亮的，具有一定思想穿透力和理论高度的，充分融入了历史主义和人文主义的，对于世界的新的解释。

上述种种，是本套"性别批评丛书"孜孜以求的目标。它的面世，正是全体参与其间的作者共同努力的结果。

2019 年 5 月于西安

目 录

绪 论 ……………………………………………… (1)
 第一节 研究综述 ……………………………………… (7)
  一 国外研究综述 …………………………………… (7)
  二 国内研究综述 …………………………………… (12)
 第二节 研究意义与创新点 …………………………… (20)
 第三节 研究方法与思路 ……………………………… (21)

第一章 操演理论概述 ……………………………… (23)
 第一节 操演理论的思想基础 ………………………… (23)
  一 福柯的话语理论 ………………………………… (24)
  二 德里达的解构观点 ……………………………… (34)
  三 弗洛伊德与拉康的精神分析 …………………… (41)
 第二节 操演理论的主要意涵 ………………………… (50)
  一 操演的戏剧性 …………………………………… (51)
  二 操演是行为 ……………………………………… (52)
  三 操演没有主体 …………………………………… (54)
  四 操演的"重复"与"引用" …………………… (56)
  五 本章小结 ………………………………………… (60)

第二章 在"女人"的系谱上 ……………………… (61)
 第一节 女人为何(何为女人) ……………………… (62)

一　本质主义的观点 …………………………………………（62）
　　二　建构主义的观点 …………………………………………（66）
　第二节　操演的"女人" ……………………………………………（69）
　　一　交换生产女人 ……………………………………………（70）
　　二　伪装生产女人 ……………………………………………（84）
　　三　抑郁生产女人 ……………………………………………（105）
　　四　本章小结 …………………………………………………（116）

第三章　在"身体"的系谱上 ………………………………………（119）
　第一节　身体是什么 ………………………………………………（121）
　　一　"形成"的身体 …………………………………………（121）
　　二　难以划分的"身体" ……………………………………（125）
　第二节　操演的"身体" …………………………………………（129）
　　一　象征秩序产生身体 ………………………………………（132）
　　二　"痛苦"产生身体 ………………………………………（154）
　　三　询唤产生身体 ……………………………………………（165）
　　四　本章小结 …………………………………………………（182）

结　语 …………………………………………………………………（188）
　第一节　解构的操演理论 …………………………………………（189）
　　一　女性主义与反女性主义 …………………………………（189）
　　二　本质主义与建构主义 ……………………………………（193）
　第二节　作为客观的海市蜃楼的操演理论 ………………………（197）

参考文献 ………………………………………………………………（202）

后　记 …………………………………………………………………（216）

绪　　论

在女性主义（Feminism）的系谱（généalogie）上，在朱迪斯·巴特勒（Judith Butler）之前以及和她差不多同时，已经有了许多闪亮的名字：玛丽·沃斯通克拉夫特（Mary Wollstonecraft）、西蒙娜·德·波伏娃（Simone de Beauvoir）、埃莱娜·西苏（Hélène Cixous）、露西·伊利格瑞（Luce Irigaray）、朱莉娅·克里斯特娃（Julia Kristeva）、贝蒂·弗里丹（Betty Friedan）、凯特·米利特（Kate Millett）、琼·沃勒克·斯科特（Joan Wallach Scott）、加亚特里·查克拉沃尔蒂·斯皮瓦克（Gayatri Chakravorty Spivak）、凯瑟琳·爱丽丝·麦金农（Catharine Alice Mackinnon）等，这些女性主义者，以自己的独特努力为推动女性主义的事业做出了不同的贡献。时至今日，人们也已经意识到巴特勒在这个系谱中也占有重要的位置。

不论是女性主义的理论研究者，还是女性主义的行动家，其事业最终不得不面临的一个问题是：女人为何（何为女人）？人们常常将女性主义迄今为止的发展划分为三个阶段：18世纪至20世纪初漫长又相对缓和的第一次浪潮，20世纪50年代至70年代比较激进的第二次浪潮，20世纪80年代以来复杂而炫目的第三次浪潮。仔细观察这种划分思路就会发现，每一次女性主义高潮的出现，都与人们对女人状况的新认识密切相关。这种"新认识"在很大程度上可以看作人们对"女人为何（何为女人）"这个问题有了新的回答。比如，被誉为女性主义理论奠基人的波伏娃，其最重要的贡献就是不仅以前所未有的力度揭示出女人处于"第二性"（le deuxième sexe）的地位，更振聋发聩地指出"女人不是天生的，而是后天形成的"①；再比如，被认为是法国女性主义的重要代表之一的伊利格瑞，不仅从女性主义的角度对整个西方传统哲学作了一次彻底的清算，而且极具冲击力地提出了女人是"非一之性"（this sex which is not one）的观点。巴特勒可以跻身于卓越的女性主义者之列的原因也就在于，她在思考"女人为何（何为女人）"这个问题时，也给出了内容不同却一样精彩的回答，那就是"女人是操演的"。巴特勒是因"操演"（Performativity）理论才开始为人所关注的，而操演理论也首先是在她对女性主义重要的"性"（sex）、"性别"（gender）、"女人"、"身体"等范畴的思考中体现出来的。在女性主义研究中，"性""性别""女人""身体"等范畴随处可见，它们还常常被用作思考的重点、分析的工具：不管对于试图揭露某些现象的研究者，还是对于试图评估女性主义事业的研究者，它们都是十分需要的。比如波伏娃，她对"性"与"性别"的区分一直影响到当代女性主义的研究：甚至有人认为，波伏娃之后的女性主义研究大概的两个方向就是"性"与"性别"。再比如琼·斯科特，她曾有力地论证了"性别"作为一个范畴对女性主义研究的有效性。又比如西苏、伊利格瑞和克里斯特娃，她们之所以被称为法国女性主义的三驾马车，其中一个重要的原因就是她们对女性"身体"的强烈关注。巴特勒对这些重要范畴的新的研究引起了极大的反响，有些甚至超出了她自己的想象：不仅在学院内，而且在学院外，她也拥有那么多的读者。如果我们确实关心女性主义，并且希望对它的发展有所了解，甚至愿意为这个事业做些什么，那么，同样必将面对的一个问题也是"女人为何（何为女人）"。因此，巴特勒的研究就是我们可

---

① ［法］波伏瓦：《第二性（Ⅱ）》，郑克鲁译，上海译文出版社2011年版，第9页。

以借鉴的一种资源。这也是我们进行这项研究的重要理由。

和许多思想家的经典作品比起来,巴特勒的重要作品出版的时间还不太长——《性别麻烦:女性主义与身份的颠覆》(*Gender Trouble*: *Feminism and the Subversion of Identity*)是在 1990 年发表的。① 除了此前脱胎于她的博士学位论文的《欲望的主体:20 世纪法国哲学的黑格尔反思潮流》(*Subjects of Desire*: *Hegelian Reflections in Twentieth-Century France*)是在 1987 年出版的之外②,她的其他作品都是在《性别麻烦》之后完成并发表的。我们选择以《性别麻烦》作为一个节点介绍巴特勒的研究成果的原因在于:首先是那些作品有些确实是她为了回应其他论争者对《性别麻烦》的质疑而写就的,其次还因为即使是在她自己研究的思路内部,她后来对许多领域的问题的思考的原则、方法也已经暗含在《性别麻烦》之中了。截至目前,巴特勒主要的专著有:《身体之重:论"性"的话语界限》(*Bodies that Matter*: *On the Discursive Limits of "Sex"*, 1993)③、《可激动的言说:操演的政治学》(*Excitable Speech*: *A Politics of the Performative*, 1997)④、《权力的精神生活:服从的理论》(*The Psychic Life of Power*: *Theories in Subjection*, 1997)⑤、《安提戈涅的请求:生死之间的亲属关系》(*Antigone's Claim*: *Kinship between Life and Death*, 2000)⑥、

---

① Judith Butler, *Gender Trouble*: *Feminism and the Subversion of Identity*, New York and London: Routledge, 1990. 下文简称《性别麻烦》。

② Judith Butler, *Subjects of Desire*: *Hegelian Reflections in Twentieth-Century France*, New York: Columbia University Press, 1987.

③ Judith Butler, *Bodies that Matter*: *On the Discursive Limits of "Sex"*, New York and London: Routledge, 1993. 下文简称《身体之重》。

④ Judith Butler, *Excitable Speech*: *A Politics of the Performative*, New York and London: Routledge, 1997.

⑤ Judith Butler, *The Psychic Life of Power*: *Theories in Subjection*, California: Stanford University, 1997.

⑥ Judith Butler, *Antigone's Claim*: *Kinship between Life and Death*, New York: Columbia University Press, 2000.

《脆弱不安的生命：哀悼与暴力的力量》(Precarious Life: The Powers of Mourning and Violence, 2004)[1]、《消解性别》(Undoing Gender, 2004)[2]、《阐述自我》(Giving an Account of Oneself, 2005)[3]、《战争的框架：什么是生命可以悲悼的时候》(Frames of War: When Is Life Grievable?, 2009)[4]。巴特勒还有与其他研究者合作的论文集，其中重要的有：《女性主义者的论争：哲学上的交流》(Feminist Contentions: A Philosophical Exchange, 1995, 与希拉·本哈比伯 [Seyla Benhabib]、德鲁西拉·康奈尔 [Drucilla Cornell]、南希·弗雷泽 [Nancy Fraser] 合著)[5]、《偶然性、霸权和普遍性——关于左派的当代对话》(Contingency, Hegemony, Universality: Contemporary Dialogues on the Left, 2000, 与欧内斯特·拉克劳 [Ernesto Laclau]、斯拉沃热·齐泽克 [Slavoj Žižek] 合著)[6]、《什么是理论的左派？：文学理论的政治的新研究》(What's Left of Theory?: New Work on the Politics of Literary Theory, 2000, 与约翰·基洛理 [John Guillory]、肯多尔·托马斯 [Kendall Thomas] 共同编辑)[7]、《谁歌唱民族国家？：语言、政治与归属》(Who Sings the Nation-State?: Language, Politics, Belonging, 2007, 与斯皮瓦克合著)[8]。除上述作品外，她还有不少文章发表在期刊里或被收录在论文集中，其中比较重要的有：

---

[1] Judith Butler, *Precarious Life: The Powers of Mourning and Violence*, London and New York: Verso, 2004.

[2] Judith Butler, *Undoing Gender*, New York and London: Routledge, 2004.

[3] Judith Butler, *Giving an Account of Oneself*, New York: Fordham University Press, 2005.

[4] Judith Butler, *Frames of War: When Is Life Grievable?*, London and New York: Verso, 2009.

[5] Judith Butler, Seyla Benhabib, Drucilla Cornell, Nancy Fraser, *Feminist Contentions: A Philosophical Exchange*, New York and London: Routledge, 1995.

[6] Judith Butler, Ernesto Laclau, Slavoj Zizek, *Contingency, Hegemony, Universality: Contemporary Dialogues on the Left*, London andNew York: Verso, 2000.

[7] Judith Butler, John Guillory, Kendall Thomas, *What's Left of Theory?: New Work on the Politics of Literary Theory*, New York and London: Routledge, 2000.

[8] Judith Butler, Gayatri Chakravorty Spivak, *Who Sings the Nation-State?: Language, Politics, Belonging*, London and New York: Seagull Books, 2007.

《操演行为与性别建构：现象学和女性主义的随笔》("Performative Acts and Gender Constitution: An Essay in Phenomenology and Femnist Theory", 1988)、《西蒙娜·德·波伏娃〈第二性〉中的性与性别》("Sex and Gender in Simone de Beauvoir's Second Sex", 1986)[1]、《朱莉娅·克里斯特娃的身体政治学》("The Body Politics of Julia Kristeva", 1989)[2]、《模仿与性别反抗》("Imitation and Gender Insubordination", 1991)[3]、《暂时的基础：女性主义与"后现代主义"的问题》("Contingent Foundations: Feminism and the Question of 'Postmodernism'", 1992)[4]、《性差异的未来：与朱迪斯·巴特勒和德鲁西拉·康奈尔的访谈》("The Future of Sexual Difference: An Interview with Judith Butler and Drucilla Cornell", 1998)[5]、《屈从、服从及其他道德困境》("Yielding, Submitting, and Other Ethical Quandaries", 2000)[6]、《怎能拒绝我的手与身体？》("How Can I Deny That These Hands and This Body Are Mine?", 2000)[7]、《亲属关系是否早已是异性

---

[1] Judith Butler, "Sex and Gender in Simone de Beauvoir's Second Sex", *Yale French Studies*, No. 72, 1986: 35–49.

[2] Judith Butler, "The Body Politics of Julia Kristeva", *Hypatia*, Vol. 3, No. 3, Winter, 1989: 104–118.

[3] Judith Butler, "Imitation and Gender Insubordination", Diana Fuss (ed.), *Inside/Out: Lesbian Theories, Gay Theories*, New York: Routledge, 1991: 13–31.

[4] Judith Butler, "Contingent Foundations: Feminism and the Question of 'Postmodernism'", J. Butler and J. W. Scott (eds.), *Feminists Theorize the Political*, New York and London: Routledge, 1992.

[5] Judith Butler, Drucilla Cornell, Pheng Cheah, E. A. Grosz, "The Future of Sexual Difference: An Interview with Judith Butler and Drucilla Cornell", *Diacritics*, Vol. 28, No. 1, Spring, 1998: 19–42.

[6] Judith Butler, "Yielding, Submitting, and Other Ethical Quandaries", Marjorie Garber, Beatrice Hanssen, Rebecca L. Walkowitz (eds.), *The Turn to Ethics*, New York and London: Routledge, 2000.

[7] Judith Butler, "How Can I Deny That These Hands and This Body Are Mine?", Tom Cohen, Barbara Cohen, J. Hillis Miller, Andrzej Warminski (eds.), *Material Events: Paul de Man and the Afterlife of Theory*, Minneapolis: University of Minnesota Press, 2000.

恋的?》("Is Kinship Always Already Heterosexual?", 2002)[①]、《摄影、战争与暴行》("Photography, War, Outrage", 2005)[②]，等等。

正如我们所见，巴特勒的研究还涉及文学、哲学、社会学、伦理学、政治学和法学等领域，而它的影响也随着时间的流逝逐渐显现出来。所以，我们实在没有办法认为这次研究是全面的——哪怕只是对有关"女性主义"的部分——那么多的成果怎么可能在一本薄薄的书里全部说明白？也许比较切实的做法是选择一个范围——按照某种原则，将一些作品暂时"排除"在外。不难想象，这在熟知巴特勒的研究者看来是不明智的，甚至可以被看成不理解巴特勒的一种表现——在巴特勒的许多论述中，尤其是在操演理论中，"排除"被一再地反省。然而，也许正是这种"排除"有可能为我们提供一次反思的契机：我们将如何面对"排除"？

我们认为，巴特勒是一位女性主义理论家——当然她在其他领域同样有着重大的影响。虽然她也曾经表明不会将自己固定在某种身份的标签中，但是，不能否认，对女性主义问题的关注是她研究工作的主要起点以及过程，也是她最先展示了自己的思想成果的领域：她的最重要的理论贡献——操演理论——就是首先在如今已经被公认为女性主义经典著作的《性别麻烦》中提出的。除了《性别麻烦》，巴特勒另外特别集中讨论女性主义相关议题的作品还有《身体之重》《消解性别》等。

巴特勒提出操演理论已经有很多年了，围绕着"操演"，人们有着怎样的思考、讨论和研究呢？这些思考、讨论和研究是在积极、正面的意义上促进了巴特勒以及其他研究者对某些问题的认识更加清楚与深刻，还是相反，更加阻碍了人们对问题的廓清与辨明？

[①] Judith Butler, "Is Kinship Always Already Heterosexual?", *Differences: A Journal of Feminist Cultural Studies*, 2002 (13): 14-44.

[②] Judith Butler, "Photography, War, Outrage", *Modern Language Association*, Vol. 120, No. 3, 2005: 822-827.

第一节 研究综述

巴特勒的著作在美国之外也有广泛的读者,在英国、法国、德国、日本、中国等国家,都已经有以不同语言写就的研究成果发表。但还是在英语世界,尤其是在美国,人们对她的关注最多,研究成果也最突出,所以我们将主要观察这部分的研究作品;同时,我们也将考察作为本项研究最切近的背景的中国大陆学者的研究现状。

一 国外研究综述

从现有的材料来看,人们对巴特勒的研究大都还是以操演理论为中心,但在实际的工作中又呈现出不同的特点:有以介绍、解释为主再作出分析、批评的;也有将她的观点运用到具体领域中希望收获新的认识的。

在对巴特勒的研究中,以介绍、解释为主并作出分析、批评的著述出现得较早,成绩也较突出:比如莎拉·莎莉赫(Sara Salih)的《朱迪斯·巴特勒》(*Judith Butler：Life Theory*,2002)[1]、维奇·科比(Vicki Kirby)的《朱迪斯·巴特勒:生命理论》(*Judith Butler：Life Theory*,2006)[2]、莫亚·罗伊德(Moya Lloyd)的《朱迪斯·巴特勒》(*Judith Butler*,2007)[3]、伊莲娜·罗茨都(Elena Loizidou)的《朱迪斯·巴特勒:伦理、法律和政治》(*Judith Butler：Ethics, Law, Politics*,2007)[4]、吉尔·贾格尔(Gill Jagger)的《朱迪斯·巴特勒:性政治、社会变革与操演的力量》(*Judith Butler：Sexual*

---

[1] Sara Salih, *Judith Butler*, London and New York: Routledge, 2002.

[2] Vicki Kirby, *Judith Butler：Live Theory*, Bodmin: Continuum, 2006.

[3] Moya Lloyd, *Judith Butler：From Norms to Politics*, Cambridg and Malden: Polity Press, 2007.

[4] Elena Loizidou, *Judith Butler：Ethics, Law, Politics*, New York and London: Routledge, 2007.

Politics, Social Change and the Power of the Performative, 2008)[①], 萨穆尔·A. 查博斯（Samuel A. Chambers）和特里尔·卡尔文（Terrell Carver）的《朱迪斯·巴特勒与政治理论：麻烦政治》（*Judith Butler and Political Theory: Troubling Politics*, 2008)[②], 莎拉·R. 艾布拉姆斯（Sara R. Abrams）的《从损害与惩罚到交换与联系：从马丁·布伯的对话原理重读朱迪斯·巴特勒》（*From Injury and Punishment to Interchange and Relation: Rereading Judith Butler through the Dialogic Principle of Martin Buber*, 2011)[③] 等。这些作品最大的特点是，它们都主要是从巴特勒著作的核心思想入手，既有对思想渊源的追溯，又有对关键概念的说明，并且往往还有对它们的评价。例如被收入"路特里奇批判思想家系列"（Routledge Critical Thinkers）的莎拉·莎莉赫的《朱迪斯·巴特勒》就选出巴特勒论著中的关键词——"主体"、"性别"、"性"、"语言"和"精神分析"（psychoanalysis）——作为切入点展开对她的考察，深入浅出地介绍她的核心观点。[④] 尤其值得赞赏的是，莎拉·莎莉赫在说明难懂的内容时，还往往举出在文学作品中为人熟知的片段、日常生活中的常见现象等为例以帮助读者理解。又如出版于2008年的《朱迪斯·巴特勒：性政治、社会变革与操演的力量》，吉尔·贾格尔在"作为表演和操演的性别""身体之重""操演、主体与能动的可能性""操演的政治：仇恨的语言、色情与'种族'""超越性别政治：性别、跨性别与性差异"等五个主题下的研究，既追溯了巴特勒与女性主义先驱以及非女性主义理论的渊源关系，又在各部分中以主题的形式组织了对

[①] Gill Jagger, *Judith Butler: Sexual Politics, Social Change and the Power of the Performative*, London and New York: Routledge, 2008.

[②] Samuel A. Chambers, Terrell Carver, *Judith Butler and Political Theory: Troubling Politics*, New York and London: Routledge, 2008.

[③] Sara R. Abrams, *From Injury and Punishment to Interchange and Relation: Rereading Judith Butler through the Dialogic Principle of Martin Buber*, Cambridge: Proquest, 2011.

[④] Sara Salih, *Judith Butler*, London and New York: Routledge, 2002.

巴特勒重要作品的讨论，与此前许多研究相比都显得更加成熟与深入。① 而萨穆尔·A. 查博斯和特里尔·卡尔文的《朱迪斯·巴特勒与政治理论：麻烦政治》从政治的视角出发，伊莲娜·罗茨都的《朱迪斯·巴特勒：伦理、法律和政治》从伦理、法律和政治的视角出发阐释了巴特勒那些重要的概念——比如"权力""性别""性""操演""引用"等，从而获得了不少新的见解。②

还有一些研究者将巴特勒与其他的理论家相比较：例如保罗·斯科特·阿克塞尔罗德（Paul Scott Axelrod）的《政治合法性与自我的丧失：托马斯·霍布斯与朱迪斯·巴特勒》（*Political Legitimacy and Self-loss [Thomas Hobbes, Judith Butler]*, 2000）③、菲奥娜·韦伯斯特（Fiona Webster）的《性与性别的政治：本哈比博和巴特勒的主体之辩》（"The Politics of Sex and Gender: Benhabib and Butler Debate Subjectivity", 2000）④、凯瑟琳·洛厄里·库克林（Katherine Lowery Cooklin）的《后结构的主体和女性主义的关注：对福柯、巴特勒和克里斯特娃研究中的身份、主动性与政治的考察》（*Poststructural Subjects and Feminist Concerns: An Examination of Identity, Agency and Politics in the Works of Foucault, Butler and Kristeva*, 2004）⑤、由罗兰·费博（Roland Faber）和安德里亚·斯蒂芬森（Andrea Stephen-

---

① Gill Jagger, *Judith Butler: Sexual Politics, Social Change and the Power of the Performative*, London and New York: Routledge, 2008.

② Samuel A. Chambers, Terrell Carver, *Judith Butler and Political Theory: Troubling Politics*, New York and London: Routledge, 2008. Elena Loizidou, *Judith Butler: Ethics, Law, Politics*, New York and London: Routledge, 2007.

③ Paul Scott Axelrod, *Political Legitimacy and Self-loss (Thomas Hobbes, Judith Butler)*, Washington: University of Washington, 2000.

④ Fiona Webster, "The Politics of Sex and Gender: Benhabib and Butler Debate Subjectivity", *Hypatia*, Vol. 15, No. 1, Winter, 2000: 1–22.

⑤ Katherine Lowery Cooklin, *Poststructural Subjects and Feminist Concerns: An Examination of Identity, Agency and Politics in the Works of Foucault, Butler and Kristeva*, Ph. D. Dissertation: University of Texas, Austin, 2004.

son)编著的《"成为"的秘密:对怀特海、德勒兹和巴特勒的批判》(*Secrets of Becoming: Negotiating Whitehead, Deleuze, and Butler*, 2011)①,希瓦·斯托勒(Silvia Stoller)用德语写就的《存在、差异、建构:波伏娃、伊利格瑞和巴特勒的性的现象学》(*Existenz-Differenz-Konstruktion: Phänomenologie der Geschlechtlichkeit bei Beauvoir, Irigaray und Butler*, 2010)等。这些作品在将巴特勒与其他理论家比较的过程中,一方面展示了巴特勒的观点,另一方面激发出了对巴特勒以及那些理论家的新认识:比如菲奥娜·韦伯斯特的《性与性别的政治:本哈比博和巴特勒的主体之辩》,就是基于当年那场本哈比博和巴特勒之间的有关"主体"的论争而作出的论述,对本哈比博和巴特勒的观点作了全面而细致的梳理。②而凯瑟琳·洛厄里·库克林的《后结构主义的主体和女性主义的关注:对福柯、巴特勒和克里斯特娃研究中的身份、主动性与政治的考察》则将巴特勒和米歇尔·福柯(Michel Foucault)、克里斯特娃一起放到后结构主义和女性主义的背景中,就他们共同关注的"身份""代言""政治"等主题进行了比较研究。③

国外对巴特勒的研究除了以介绍、解释为主再作出分析、批评之外,还有一些是研究者借鉴巴特勒的观点,将其运用到具体的批评实践中的。比如苏珊·鲍尔多(Susan Bordo)在《不能承受之重——女性主义、西方文化与身体》(*Unbearable Weight: Feminism, Western Culture, and the Body*, 2009)里就将巴特勒视为女性主义中足够"后现代"的理论家,并借鉴她的观点对种种"后现代的身

---

① Roland Faber, Andrea Stephenson, *Secrets of Becoming: Negotiating Whitehead, Deleuze, and Butler*, New York: Fordham University Press, 2011.

② Fiona Webster, "The Politics of Sex and Gender: Benhabib and Butler Debate Subjectivity", *Hypatia*, Vol. 15, No. 1, Winter, 2000: 1-22.

③ Katherine Lowery Cooklin, *Poststructural Subjects and Feminist Concerns: An Examination of Identity, Agency and Politics in the Works of Foucault, Butler and Kristeva*, Ph. D. Dissertation: University of Texas, Austin, 2004.

体"作出了强有力的解读①;安吉拉·麦克罗比(Angela McRobbie)的《文化研究的用途》(*The Uses of Cultural Studies*, 2007)热情地肯定了巴特勒对文化研究的影响,还借鉴她的有关研究对周刊《为男孩疯狂》、电影《芳龄十三》等大众文化文本进行了分析研究②;而艾尼塔·布兰迪(Anita Brady)和托尼·斯奇拉托(Tony Schirato)合著的《理解朱迪斯·巴特勒》(*Understanding Judith Butler*, 2011)则将巴特勒的观点应用到对现代及当前的媒体、大众文化和日常生活的现象的批评中。③ 再如克里斯蒂娜·K. 赫琴斯(Christina K. Hutchins)的《分离:以朱迪斯·巴特勒的主动性理论与阿尔弗雷德·诺夫·怀特海的价值理论解读〈暂时的更新〉》(*Departure*: *Using Judith Butler's Agency and Alfred North Whitehead's Value to Read Temporality Anew*, 2008)和伊丽莎白·E. E. 郝兰德(Elizabeth E. E. Howland)的《对真实性的考察:从朱迪斯·巴特勒的操演与简·奥斯汀的讽刺解读扎代·斯密斯的〈白牙〉》(*A Search for Authenticity*: *Understanding Zadie Smith's "White Teeth" Using Judith Butler's Performativity and Jane Austen's Satire*, 2009)等运用巴特勒的有关理论对具体的文学作品进行了别出心裁的解读。④ 而伊莲·T. 阿穆尔(Ellen T. Armour)和苏珊·M. St. 维尔(Susan M. St. Ville)编选的文集《身体性的引用:宗教与朱迪斯·巴特勒》(*Bodily Citations*: *Religion and Judith Butler*, 2006)和尤苏拉·米希亚扎干(Ursula Mihçiyazgan)用德语写作的《性的错误》(*Der Irrtum im Geschlecht*,

---

① [美]苏珊·鲍尔多:《不能承受之重——女性主义、西方文化与身体》,綦亮、赵育春译,江苏人民出版社 2009 年版。

② [英]安吉拉·麦克罗比:《文化研究的用途》,李庆本译,北京大学出版社 2007 年版。

③ Anita Brady, Tony Schirato, *Understanding Judith Butler*, London: SAGE, 2011.

④ Christina K. Hutchins, *Departure*: *Using Judith Butler's Agency and Alfred North Whitehead's Value to Read Temporality Anew*, Berkely: Graduate Theological Union, 2008. Elizabeth E. E. Howland, *A Search for Authenticity*: *Understanding Zadie Smith's "White Teeth" Using Judith Butler's Performativity and Jane Austen's Satire*, Greenville: East Carolina University, 2009.

2008）等则借鉴了巴特勒的观点对宗教问题，尤其是宗教中的女性问题作出了新的探讨。① 还有苏珊·弗兰克·帕森斯（Susan Frank Parsons）在《性别伦理学》（*The Ethics of Gender*, 2009）中也特别给巴特勒留下了很大的篇幅，认为她的思考对"性别伦理学"具有特别重要的意义："性别通过颠覆我们的思想，用麻烦将我们带到期望的边缘。"②

以上作品，是外国学者（主要是英美学者）对巴特勒的大量研究中的一部分，其成果非常突出。他们的工作或者侧重介绍、解释，或者侧重借鉴、运用，都渗入了自己的思考，都拥有自己独特的价值，这为我们进一步研究巴特勒提供了参考的资源。

二 国内研究综述

因为涉及语言的问题，所以，我国国内对巴特勒的研究与英语世界的人们对巴特勒的研究有着不同的特点。

"翻译"是我们对巴特勒研究工作展开的重要步骤之一。2009 年是重要的年份，巴特勒的《性别麻烦：女性主义与身份的颠覆》（*Gender Trouble*: *Feminism and the Subversion of Identity*）由宋素凤翻译后于 1 月在中国正式出版③；3 月张生翻译的《权力的精神生活：服从的理论》（*The Psychic Life of Power*: *Theories in Subjection*）由江苏人民出版社出版④；11 月，上海三联书店又出版了由郭劼翻译的《消解性别》（*Undoing Gender*）⑤。2011 年，还是上海三联书店出版

---

① Ellen T. Armour, Susan M. St. Ville, *Bodily Citations*: *Religion and Judith Butler*, New York: Columbia University Press, 2006.
② ［英］苏珊·弗兰克·帕森斯：《性别伦理学》，史军译，北京大学出版社2009年版，第4页。
③ ［美］朱迪斯·巴特勒：《性别麻烦：女性主义与身份的颠覆》，宋素凤译，上海三联书店2009年版。
④ ［美］朱迪斯·巴特勒：《权力的精神生活：服从的理论》，张生译，江苏人民出版社2009年版。
⑤ ［美］朱迪斯·巴特勒：《消解性别》，郭劼译，上海三联书店2009年版。

了李钧鹏翻译的《身体之重：论"性别"的话语界限》（Bodies that Matter: On the Discursive Limits of "Sex"）①。2013年，河南大学出版社出版了由何磊、赵英男翻译的《脆弱不安的生命：哀悼与暴力的力量》（Precarious Life: The Powers of Mourning and Violence）②。除此之外还有一些巴特勒的论文或著作节选的中译文散见在一些译文集中：李银河的译文集《酷儿理论——西方90年代性思潮》（2000）收入了巴特勒的《模仿与性别反抗》（"Imitation and Gender Insubordination"）。③ 同一篇文章经赵英男翻译后还见于汪民安、陈永国、马海良主编的《后现代性的哲学话语——从福柯到赛义德》（2001）。④ 王逢振主编的《性别政治》（2001）是"先锋译丛"的一种，收录了《暂时的基础：女性主义与"后现代主义"的问题》（"Contingent Foundations: Feminism and the Question of 'Postmodernism'"）。⑤ 2003年，由罗岗和顾铮主编的《视觉文化读本》选译了《性别麻烦》中的第二章《禁忌、精神分析和异性恋范式》（"Prohibition Psychoanalysis and the Production of the Heterosexual Matrix"）。⑥ 2004年出版的由汪民安、陈永国主编的《后身体：文化、权力和生命政治学》收入了《身体至关重要》（"Bodies that Matter"），这是《身体之重》中极其重要的文章。⑦ 佩吉·麦克拉肯（Peggy McCracken）为中国首届女性学研究生班编辑的《女权主义理论读本》

---

① ［美］朱迪斯·巴特勒：《身体之重：论"性别"的话语界限》，李钧鹏译，上海三联书店2011年版。
② ［美］朱迪斯·巴特勒：《脆弱不安的生命：哀悼与暴力的力量》，何磊、赵英男译，河南大学出版社2013年版。
③ 李银河编译：《酷儿理论——西方90年代性思潮》，时事出版社2000年版。
④ 汪民安、陈永国、马海良主编：《后现代性的哲学话语——从福柯到赛义德》，浙江人民出版社2001年版。
⑤ 王逢振主编：《性别政治》，天津社会科学院出版社2001年版。
⑥ 罗岗、顾铮主编：《视觉文化读本》，广西师范大学出版社2003年版。
⑦ 汪民安、陈永国主编：《后身体：文化、权力和生命政治学》，吉林人民出版社2004年版。

(2007）则将巴特勒和另外一位著名的女性主义思想家盖尔·鲁宾（Gayle Rubin）的访谈录《性的交易——盖尔·卢宾与朱迪斯·巴特勒的谈话》（"Sexual Traffic"，1994）收入集中。① 王春辰翻译的《身体之重》中的《性别在燃烧——关于挪用与颠覆的诸问题》（"Gender Is Burning：Question of Appropriation and Subversion"）发表在《批评家》（第二辑，2008）。② 2011年第1期的《当代艺术与投资》在"新思想"栏目中刊登了巴特勒回答《国际性与性别研究》特刊的一些作者的提问的汇编。③ 除此之外，巴特勒和齐泽克、拉克劳的对话集《偶然性、霸权和普遍性：关于左派的当代对话》作为齐泽克文集中的一种也由江苏人民出版社于2004年出版。④

国内巴特勒研究的形式大多表现为单篇的论文。何佩群在1999年发表的《朱迪思·巴特勒后现代女性主义政治学理论初探》是国内最早专门介绍巴特勒的文章。⑤ 2004年第4期的《国外理论动态》发表了严泽胜的《朱迪·巴特勒：欲望、身体、性别表演》，这篇文章作为拉康研究的部分成果又见于该作者所著《穿越"我"思的幻象——拉康主体性理论及其当代效应》（2007）的"精神分析的诱惑"一章中。严泽胜的文章是国内学者较早的紧扣巴特勒的重要著作介绍了她在主体、性别、身体等方面所作的理论探索的文章。⑥ 2006年有两篇文章：李昀、万益的《巴特勒的困惑：对〈性属困惑〉的阿多诺式批判》（《当代外国文学》2006年第1期），钟厚涛

---

① ［美］佩吉·麦克拉肯编：《女权主义理论读本》，艾晓明等译，广西师范大学出版社2007年版。
② 高岭主编：《批评家（第二辑）》，四川美术出版社2008年版。
③ ［美］朱迪斯·巴特勒：《性别在燃烧——关于挪用与颠覆的诸问题》，王春辰译，《当代艺术与投资》2011年第1期。
④ ［美］朱迪斯·巴特勒、［英］欧内斯特·拉克劳、［斯洛文尼亚］斯拉沃热·齐泽克：《偶然性、霸权和普遍性：关于左派的当代对话》，江苏人民出版社2004年版。
⑤ 何佩群：《朱迪思·巴特勒后现代女性主义政治学理论初探》，《学术月刊》1999年第6期。
⑥ 严泽胜：《朱迪·巴特勒：欲望、身体、性别表演》，《国外理论动态》2004年第4期。

的《朱迪斯·巴特勒：性别表演》(《齐齐哈尔师范高等专科学校学报》2006年第3期)。李昀和万益跳出一般的窠臼,以与阿多诺对比的方式来反观巴特勒,质疑了巴特勒"作为话语的承载者的身体具有颠覆的力量"的观点,通过借鉴阿多诺的相关论述对这个问题进行了探讨①（后来,李昀在自己的专著中又以巴特勒作为立足点之一,考察了阿多诺和克里斯特娃在"否定性辩证法"视域中有关"女性"主体性重构的观点②）；后文则以传统体制对女性的压抑为背景对巴特勒的操演理论进行评析。③ 2008年第4期的《文景》刊载了陶家俊的《后解放时代的"欲望"景观——论朱迪丝·巴特勒的思想发展》,此文以电影长镜头的方式简略而全面地介绍了巴特勒其人其作。④ 同年7月,《湘潭大学学报（哲学社会科学版）》发表了王建香的《话语与表演：朱迪丝·巴特勒对性别身分的解构》,文章在话语和表演的维度上剖析了巴特勒对"性别身分的解构",认为巴特勒把性别看作一种话语的效果、幻象的幻象以及"性"是一种被建构的物质性,这种观点为理解二元对立打开了新的空间,但是,该文同时也认为那只是她建构的性别理想。⑤《现代哲学》2009年第1期刊发的《芭特勒对萨特身体观的阅读探析》是香港学者文洁华将巴特勒置于萨特和波伏娃的脉络中对其身体观的独特探析。⑥ 而方亚中的《从巴特勒的性属操演看伊利加雷的性别特征》(《华中科技

---

① 李昀、万益：《巴特勒的困惑：对〈性属困惑〉的阿多诺式批判》,《当代外国文学》2006年第1期。
② 李昀：《"否定性辩证法"视域中的"女性"主体性重构》,社会科学文献出版社2012年版。
③ 钟厚涛：《朱迪斯·巴特勒：性别表演》,《齐齐哈尔师范高等专科学校学报》2006年第3期。
④ 陶家俊：《后解放时代的"欲望"景观——论朱迪丝·巴特勒的思想发展》,http://www.ptext.cn/home4.php? id =3385, 2009 – 06 – 15。
⑤ 王建香：《话语与表演：朱迪丝·巴特勒对性别身分的解构》,《湘潭大学学报（哲学社会科学版）》2008年第7期。
⑥ 文洁华：《芭特勒对萨特身体观的阅读探析》,《现代哲学》2009年第1期。

大学学报（社会科学版）》2009年第2期）是难得的对巴特勒与伊利格瑞的比较研究，作者认为，如果将性别操演理论和性别差异理论两者进行调和，可能会收到更好的效果。① 李庆本的《朱迪斯·巴特勒的后女性主义理论》[《云南大学学报（社会科学版）》2009年第5期]则将巴特勒放在"后女性主义"的背景中进行考察。②进入2010年，仿佛雨后春笋似的，仅《妇女研究论丛》就刊登了五篇以巴特勒为研究对象的论文：《身体与性别研究：从波伏娃与巴特勒对身体的论述谈起》（柯倩婷，2010年第1期）、《〈性别麻烦：女性主义与身份的颠覆〉——后结构主义思潮下的激进性别政治思考》（宋素凤，2010年第1期）、《论朱迪斯·巴特勒性别理论的动态发展》（都岚岚，2010年第11期）、《性别跨越的狂欢与困境——朱迪斯·巴特勒的述行理论研究》（孙婷婷，2010年第11期）、《承认与消解：朱迪斯·巴特勒的〈消解性别〉》（郭劼，2010年第11期）。这个阵容真可谓豪华，作者们要么是巴特勒作品的中译者，如宋素凤、郭劼；要么是对西方性别理论较为熟悉的中青年学者，如柯倩婷、都岚岚、孙婷婷。这些文章或者是从整体上展示巴特勒的研究动态，如都岚岚的文章③；或者是以某个文本为基础解析巴特勒的重要观点，如郭劼的文章④。宋素凤除了全面介绍《性别麻烦》这本书外，还特别指出巴特勒为人们认识性别身份带来了新的契机。⑤ 柯

---

① 方亚中：《从巴特勒的性属操演看伊利加雷的性别特征》，《华中科技大学学报（社会科学版）》2009年第2期。
② 李庆本：《朱迪斯·巴特勒的后女性主义理论》，《云南大学学报（社会科学版）》2009年第5期。值得一提的是，李庆本也是《文化研究的用途》的中译者。正如前述，这本书的作者安吉拉·麦克罗比有着丰富的有关巴特勒的研究成果。
③ 都岚岚：《论朱迪斯·巴特勒性别理论的动态发展》，《妇女研究论丛》2010年第11期。
④ 郭劼：《承认与消解：朱迪斯·巴特勒的〈消解性别〉》，《妇女研究论丛》2010年第11期。
⑤ 宋素凤：《〈性别麻烦：女性主义与身份的颠覆〉——后结构主义思潮下的激进性别政治思考》，《妇女研究论丛》2010年第1期。

倩婷主要分析了波伏娃和巴特勒有关身体的观点，进而梳理在女性主义和酷儿理论脉络中对身体和性别的论争，既肯定了巴特勒对身体、性别等问题的研究所取得的成果，又认为巴特勒不应该忽视"性别"这一重要概念。[1] 孙婷婷从解构主体、跨越性别界限、扮装等方面分析了操演理论的继承和发展及其面临的困境等，她还强调了操演理论的实践性。[2] 这一年让人眼前一亮的还有何成洲的《巴特勒与表演理论》（《外国文学评论》2010年第3期）、范譞的《跳出性别之网——读朱迪斯·巴特勒的〈消解性别〉兼论"性别规范"概念》（《社会学研究》2010年第5期）和刘昕婷的《被"伪"的"娘"与被误读的巴特勒》（《中国图书评论》2010年第12期）：何成洲的文章从表演的角度来解读巴特勒的"表演性"理论，特别是在伦理和政治实践的层面上对其进行了反思[3]；范譞从社会学视角反思巴特勒的"性别规范"[4]；刘昕婷则是在阅读《性别麻烦》后对当时的"伪娘"现象作出了自己的评论。[5]

随着巴特勒中译作品越来越多，对巴特勒的研究也更加多起来，并且呈现出新的特点。最突出的是系统的研究开始出现。比如谈永珍继续她之前的研究——她在2007年曾写作题为《对朱迪斯·巴特勒的性别操演理论的伦理审视》的硕士学位论文——和张青卫一起又写作了探讨操演理论的伦理价值的《巴特勒性别操演理论伦理价值探析》（《哲学动态》2010年第11期）。[6] 再如都岚岚在2011年和

---

[1] 柯倩婷：《身体与性别研究：从波伏娃与巴特勒对身体的论述谈起》，《妇女研究论丛》2010年第1期。

[2] 孙婷婷：《性别跨越的狂欢与困境——朱迪斯·巴特勒的述行理论研究》，《妇女研究论丛》2010年第11期。

[3] 何成洲：《巴特勒与表演理论》，《外国文学评论》2010年第3期。

[4] 范譞：《跳出性别之网——读朱迪斯·巴特勒的〈消解性别〉兼论"性别规范"概念》，《社会学研究》2010年第5期。

[5] 刘昕婷：《被"伪"的"娘"与被误读的巴特勒》，《中国图书评论》2010年第12期。

[6] 张青卫、谈永珍：《巴特勒性别操演论伦理价值探析》，《哲学动态》2010年第11期。

2012年连续发表了《性别操演理论》(《外国文学》2011年第5期)和《论朱迪斯·巴特勒对〈安提戈涅〉的再阐释》(《英美文学论丛》2012年第11期),前一篇文章将"操演理论"当作文学理论的关键词向读者阐释其意涵[1],后一篇文章是对巴特勒的《安提戈涅的请求:生死之间的亲属关系》的分析与评价。[2] 再比如孙婷婷继续自己之前的研究又发表了《身体的解构与重构——朱迪斯·巴特勒〈身体之重〉的身体述行解读》(《妇女研究论丛》2012年第5期)。[3] 可想而知,诸如此类的持续研究是我们加深对巴特勒的理解的最有效方法。

有意识地运用操演理论思考具体问题的文章也多起来。何维华的《性别的假象与颠覆:从朱迪斯·巴特勒的角度看》(《现代女性》2011年第2期)认为操演理论是对性别压迫的新解释,但是该文也认为它反本质的立场会带来伦理的危机。[4] 而钱丹则直接借鉴操演理论重读了多丽丝·莱辛(Doris Lessing)的《第五个孩子》(The Fifth Child, 1988):《从朱迪斯·巴特勒的性别表演角度读〈第五个孩子〉》(《才智》2012年第9期)。[5] 类似的研究显示了我们的研究者不仅试图去理解巴特勒,而且也在尝试以巴特勒的方式对具体的问题作出回应。

还有的研究者保持着对巴特勒的新动态的关注。高继海的《朱迪斯·巴特勒及其性别操演理论——记巴特勒理论思想专题研讨会》(《英美文学论丛》2011年第5期)和艾士薇的《论朱迪斯·巴特勒

---

[1] 都岚岚:《性别操演理论》,《外国文学》2011年第5期。
[2] 都岚岚:《论朱迪斯·巴特勒对〈安提戈涅〉的再阐释》,《英美文学论丛》2012年第11期。
[3] 孙婷婷:《身体的解构与重构——朱迪斯·巴特勒〈身体之重〉的身体述行解读》,《妇女研究论丛》2012年第5期。
[4] 何维华:《性别的假象与颠覆:从朱迪斯·巴特勒的角度看》,《现代妇女》2011年第2期。
[5] 钱丹:《从朱迪斯·巴特勒的性别表演角度读〈第五个孩子〉》,《才智》2012年第9期。

的"性别述行理论"》(《南方文坛》2011年第6期)不仅回顾了巴特勒的著名观点,还对她最近的研究状况作了介绍。①

除此之外,还有博士研究生和硕士研究生选择"巴特勒"作为毕业论文的研究主题。比如博士研究生辛洁在其学位论文《性别表演——后现代语境下的跨界理论与实践》(2012)中就以跨学科的方式——将人类学的表演理论和社会戏剧的表演理论结合起来——在后现代的语境下审视操演理论对理论研究和社会实践的意义。②硕士研究生的论文则大多以介绍、评价操演理论为主要内容,比如张烨颖的《关于性别的思考——对朱迪斯·巴特勒的操演理论研究》(2011)③,李蕊的《"女性"的命运——论朱迪斯·巴特勒的"操演理论"》(2011)④,王行坤的《越轨与承认:巴特勒的主体理论及其启示》(2011)⑤,韦玮的《朱迪斯·巴特勒的安提戈涅》(2011)⑥;而陈燕华的《性别身份的困惑——伍尔夫小说〈奥兰多〉中人物奥兰多的性别操演研究》(2012)则将操演理论应用到具体的文学作品批评中。⑦有意思的是,这些年轻研究者的学科出身是多样的:"影视戏剧美学""主要英语国家社会文化""外国哲学""比较文学与世界文学""英美文学"等。这种现象既说明了"巴特

---

① 高继海:《朱迪斯·巴特勒及其性别操演理论——记巴特勒理论思想专题研讨会》,《英美文学论丛》2011年第5期。艾士薇:《论朱迪斯·巴特勒的"性别述行理论"》,《南方文坛》2011年第6期。

② 辛洁:《性别表演——后现代语境下的跨界理论与实践》,博士学位论文,浙江大学,2012年。

③ 张烨颖:《关于性别的思考——对朱迪斯·巴特勒的操演理论研究》,硕士学位论文,四川外语学院,2011年。

④ 李蕊:《"女性"的命运——论朱迪斯·巴特勒的"操演理论"》,硕士学位论文,山东大学,2011年。

⑤ 王行坤:《越轨与承认:巴特勒的主体理论及其启示》,硕士学位论文,北京语言大学,2011年。

⑥ 韦玮:《朱迪斯·巴特勒的安提戈涅》,硕士学位论文,北京语言大学,2011年。

⑦ 陈燕华:《性别身份的困惑——伍尔夫小说〈奥兰多〉中人物奥兰多的性别操演研究》,硕士学位论文,华东理工大学,2012年。

勒"所具有的丰富的意义，又体现了我们的研究者勇于学习、借鉴的精神。

由上述可见，最近国内学者对巴特勒的研究表现出了越来越好的势头：学者们不仅越来越关注巴特勒那些重要的思想，而且还对其展开了持续的、系统的研究，还有一些学者将其直接运用到具体问题的思考中。我们认为，这一方面体现了国内研究对巴特勒学术魅力的发掘所取得的成绩，另一方面展示了研究者们敏锐的学术触觉与勇气。然而，我们同时也看到，国内对巴特勒的研究还有种种不尽如人意的地方。

1. 最大的问题在于，有些研究者在研究过程中没有充分理解就匆忙借鉴其他学者的研究成果，甚至不注明某些观点的原创者，这是极其不符合学术规范的做法。

2. 没有将巴特勒放在整个女性主义理论思潮甚至更大的哲学思潮的背景中，所以忽视了巴特勒与当代女性主义思潮中甚至哲学思潮中的众多话语的对话，不能充分认识到她的价值。

3. 没有在中国本土语境中对巴特勒作出具有开创意义的研究，大多只是翻译和介绍，没能在理论和实践层面发掘出更多可资借鉴的资源。

第二节　研究意义与创新点

我们的研究是在前述众多研究的基础上作出的，因此，希望研究的意义与创新点也将在这样的背景中得到体现：

第一，将巴特勒的"操演"理论置于当代语境中，尤其在女性主义发展的过程中解读她的研究工作，对她作出尽可能准确的理解。巴特勒曾反复强调，她工作的目的，并不在于否认女性主义的各种努力，也不是完全反对女性主义的各种主张，而是希望自己的工作能够在女性主义思潮中激起对那些基本范畴进行批判性审视。① 她认为从事这样的批评对女性主义事业而言是积极、健康的,它会带来更民主、更包容的前景。② 所以她认为自己属于女性主义,属于那种内部批判的传统。③ 巴特勒对"女人"作为一个主体范畴的深刻质疑,对"身体"的重新认识,对"操演"的富于创造性的阐释与使用,其实都可以归诸她所期待的"更大的可能性"的范围之内。而且我们确实已经看到了那许多可能性的征兆,甚至实现。这当然也是我们的研究意义所在之一。

第二,在掌握的国内外有关操演理论的研究资料的基础上,在理论和实践层面发掘更多可资借鉴的资源。巴特勒重新审视过的一些观点、概念,在我们今天的理论思辨和实践活动中,在深度和广度上都有了新的发展。比如当前在讨论性与性别的区分,在使用"女人""身体"等概念时,都已经沾染了巴特勒的色彩。她如何在已有概念的基础上演绎出新的意义?对她的研究过程的探寻,也许能给我们的理解带来更多的帮助。而身处并不一定比现在更加单纯的生活以及学术环境中的巴特勒如何思考她的生活、她的学术研究,甚至将两者智慧地结合起来?我们的境遇当然和她有很大的不同,但比如在面对同样的、现在依然众说纷纭的"本质主义"(essentialism)与"建构主义"(constructivism)的拉锯战时,我们可以从她那里学习到些什么?她的研究态度、研究方法,对我们又会有怎样的启发?

第三节 研究方法与思路

我们希望能在细致阅读巴特勒著作的基础上,对操演理论进行

---

① [美]朱迪斯·巴特勒:《性别麻烦:女性主义与身份的颠覆》,宋素凤译,上海三联书店2009年版,第1页。

② 同上。

③ 同上。

审慎的研究：尽管巴特勒的作品常常被指责"晦涩难懂"，但我们会尽量做到清楚顺畅，不模仿它，也不回避分析和解释，不仅要对它作出深入的解读，更要对它进行深刻的反省。

我们将主要采用两种研究方法。

一种是文献细读法。对原典文献的仔细阅读是理解操演理论最必要和最关键的途径。所以我们将以对巴特勒最集中论述操演理论的《性别麻烦》和《身体之重》的阅读作为基础展开这项研究。

另一种是比较研究法。巴特勒是在与其他思想家对话的过程中逐渐形成"操演"观点的，所以我们也将拿巴特勒与克劳德·列维-斯特劳斯（Claude Levi-Strauss）、雅克·拉康（Jacques Lacan）等作比较，从而展示操演理论的主要意涵，同时表明我们的态度。

我们将采用上述的研究方法并沿着以下思路进行研究：绪论介绍巴特勒的主要学术成果、对她的研究现状以及本项研究的缘起、意义、创新点等。第一章追溯操演理论的思想基础，并概述其主要意涵。第二章和第三章是全书的核心部分：第二章在"女人"的系谱上具体讨论操演的女人观；第三章在"身体"的系谱上具体讨论操演的身体观："女人""身体"既是女性主义的重要概念范畴，又是操演理论重点思考的范畴。结语在总结操演理论之后，我们将借鉴其他理论家的观点对操演理论作出反省。

第 一 章

操演理论概述

玛沙·努斯鲍姆（Martha Nussbaum）在评述巴特勒时曾经指出"操演理论"有着十分广泛的思想来源——玛沙·努斯鲍姆的目的是要证明"操演理论"并非巴特勒的"原创"。[①] 玛沙·努斯鲍姆本着否定的态度而写作，有论者认为她的言辞过于偏激了，但从她的文章中读者至少可以看到"操演理论"的一些渊源。就巴特勒对其他理论家的继承与借鉴而言，一方面，她的"操演"确实很难说是一种彻底"原创"的理论；然而，另一方面，不得不承认的是，给"操演"赋予新的意涵并将那些新的理解融入对女性主义许多关键范畴的思考中，的确是从巴特勒开始的。巴特勒都受到了哪些影响呢？她在先驱的基础上又将什么样的素质赋予她的"操演理论"呢？

第一节 操演理论的思想基础

林毓生先生认为"美国文化的许多方面，是法国的'殖民地'"[②]。美国的女性主义研究也呈现出这样的特点。对于巴特勒而

[①] Martha Nussbaum, *The Professor of Parody*, http：//perso.uclouvain.be/mylene.botbol/Recherche/GenreBioethique/Nussbaum_NRO.htm. 1999 – 2 – 22.

[②] 林毓生：《热烈与冷静》，上海文艺出版社1998年版，第287页。

言，除了受波伏娃、伊利格瑞、克里斯特娃等法国女性主义研究者直接影响之外，福柯、雅克·德里达（Jacques Derrida）、西格蒙德·弗洛伊德（Sigmund Freud）和雅克·拉康的研究成果更是她重要的思想基础。可以说，巴特勒的研究就是一种法国理论经过一番"旅行"（traveling）之后在美国发展的典型例子——它还总带有这些或那些"法国"特征，但仔细观察之后又会发现其实它的"法国"特征已经不那么纯粹了。就女性主义来说，巴特勒的工作一方面是女性主义研究跨出狭窄的"女性"范围更广泛地借鉴其他思想家的思想成果从而获得新的生命力的体现；另一方面也是女性主义研究对其他思想成果除了借鉴之外，有更进一步的反思、批评的体现。

概而言之，福柯的"话语"（Discourse）理论、德里达的"解构"（Deconstruction）观点和弗洛伊德、拉康的精神分析的观点为巴特勒在20世纪80年代末以来的研究奠定了重要的思想基础。

一 福柯的话语理论

"话语"在巴特勒的研究中是一个重要的概念，这来自福柯的影响。"话语"是福柯研究工作的中心之一：对于福柯承认的他自己一贯关心的问题——"真理"、"权力"和"个人行为"这三个不能被割裂、只能在相互的联系中才能被理解的问题[①]——而言，"话语"正是一个将它们联系在一起的所在，所以这自然也是我们理解他的关键。同时，在有关"话语"思想的系谱上，福柯更是一位绕不开的思想家：是福柯把话语完全地同"产生"和"推广"它的"社会关系和社会力量"联系在一起，"并把它看作是揭示当代社会文化和

---

① [法]福柯：《权力的眼睛——福柯访谈录》，严锋译，上海人民出版社1997年版，第110页。

道德的重要领域"①。确实,后来福柯的话语观对许多领域的研究产生了重要的影响。然而,正如我们看到的那样,和很多当代的思想家一样,福柯从来不对"话语"作出明晰的界定,这给人们理解"话语"带来了极大的困难。可是,也正因为福柯没有给话语下过严格的定义,后来的研究者在探寻福柯有关话语的思想时得到了不少意外的收获。

福柯对话语的新阐释建立在费尔迪南·德·索绪尔(Ferdinand de Saussure)所作的"语言"(langue)和"言语"(parole)区分的基础上。根据索绪尔的观点:语言是具有普遍意义的话语规则;而言语则是对话语规则的具体运用,简单来说,就是人们对话语的个别应用。索绪尔的区分对后来的结构主义思想有着巨大的启发作用,尤其是通过列维-斯特劳斯的研究之后,对人类学、社会学、哲学、文学等人文学科的发展产生了深远的影响,并被看作在20世纪思想史上出现的、被后来的学者们总结为"语言学转向"(the Linguistic Turn)思潮的开端。福柯也受到当时依然流行的结构主义思想的影响,但是,他的特点不是在对索绪尔的继承上,而是在对索绪尔的发挥上。福柯与索绪尔那样的语言学家以及结构主义的语言学家都不同:索绪尔式的语言学家惯常的做法是将语言从具体的社会历史语境中抽离出来,在此基础上将语言视为"纯粹"的研究对象,对语言进行"内部"研究;而福柯则将目光转向了语言的"外部",格外关切的是与语言相关的种种原因、功能、效果。② 在《知识考古学》(L'archéologie du savoir, 1969)的开始,福柯就明确表示:和那种把话语当作符号(sign)的总体来研究的工作不同,他的工作是"把话语作为系统地形

---

① 冯俊等:《后现代主义哲学讲演录》,陈喜贵等译,商务印书馆2003年版,第420页。
② 此处有关"内部"和"外部"的区分,主要借鉴的是韦勒克在说明文学研究时所作的"内部"研究和"外部"研究的区分。参见〔美〕勒内·韦勒克、奥斯汀·沃伦《文学理论》,刘向愚等译,江苏教育出版社2009年版。

成这些话语所言及的对象的实践来研究"①。他承认话语确实如人们已经发现的那样由符号构成,但是使用符号指称事物并不是话语的全部内容,那些在"指称"之外的东西才是我们更应该加以揭示和描述的,因为它们"使话语成为语言和话语所不可缩减的东西"②。在这里,福柯似乎已经清楚地指出了话语的内涵:"把话语作为系统地形成这些话语所言及的对象的实践。"然而,关键在于,什么是"话语所言及的对象的实践"呢?我们认为,"话语所言及的对象的实践"在福柯的论述中至少和三种因素有关:陈述、权力、主体。

1. "陈述是话语的原子"③

福柯拒绝给话语作出界定,也不试图去追寻"话语"的清晰含义,而是努力扩展它的意义,或者说使它的含义更加模糊:话语有时包括"所有陈述的整体范围",有时表述"可个体化的陈述群",有时"又是阐述一些陈述的被调节的实践",而且随着他的分析、他的分析对象的不同以及陈述在他的分析中的消失,原来被认为应该是陈述的界限和表现的"话语"也将会出现变化。④ 这样的剖白,除了表现出福柯对自己有关"话语"的阐释的自信之外,同时还透露出了另外一个重要信息:尽管福柯将"话语"的意义扩展到了更加模糊的境地,但它还是会有一个核心:"陈述"。

福柯认为,"话语"由陈述构成:"陈述是话语的原子。"那么,什么是陈述呢?福柯以否定的方式明确指出:陈述不是命题、不是句子,也不是言语行为。比起给陈述下一个定义,福柯

---

① [法] 米歇尔·福柯:《知识考古学》,谢强、马月译,生活·读书·新知三联书店2003年版,第53页。

② 同上。

③ 同上书,第85页。

④ 同上。

更愿意展示他所发现的陈述功能的特征：第一，"陈述可以把一个语义段或者一个象征符号的序列转变为一个我们能够或不能够确定某种意义的句子、一个我们能够或不能够接受某个真实性的价值命题"①；第二，通过陈述可以确定为了能成为主体，个体应该和能够占有的位置②；第三，如果没有周围环境的存在，陈述将不能发挥作用③；第四，陈述的功能必须依赖某种物质才能存在，比如声音、符号，或者在记忆或空间中留下的某些印记。④ 质言之，在福柯这里，陈述具有转变的功能、确定主体的位置的功能，并且陈述需要在某些关系中、某种物质性存在的基础上才能发挥其功能。因此，按照福柯的观点——"话语"是陈述的整体，话语是由有限的陈述构成的⑤——我们可以得出这样的推论：作为陈述的整体的话语（至少）也具有和陈述一样的功能特征。理解"话语"与主体的位置的关系和话语具有关系性、物质性的特征对理解福柯其他的论述——比如对"权力""主体"——起着特别重要的作用。同样，对"权力""主体"的理解也是理解"话语"的关键环节。

2. 话语与权力

和话语与陈述之间被构成和构成的关系不同，福柯认为，话语和权力互为因果，它们之间的关系显然比话语和陈述之间的关系要复杂："我们必须承认一种复杂的和不稳定的相互作用，其中话语可能同时既是权力的工具和后果，又是障碍、阻力、抵抗和一个相反的战略的出发点。话语承载着和生产着权力；它加强权力，又损害权力，揭示权力，又削弱和阻碍权力。同样，沉默与隐秘庇护了权

---

① ［法］米歇尔·福柯：《知识考古学》，谢强、马月译，生活·读书·新知三联书店2003年版，第99页。
② 同上书，第103—104页。
③ 同上书，第104页。
④ 同上书，第109页。
⑤ 同上书，第129页。

力，确立了它的禁忌。但是，它又放松了它的控制，实行多少有点模糊的宽容。"① 福柯这句话道尽了他对权力的性质、权力和话语之间的关系的看法。要想更深入地理解话语和权力之间这种剪不断理还乱的关系，也许我们需要先来看看福柯对由话语产生又被话语限制的权力的具体论述。

福柯对权力的看法和传统对权力的看法最明显的不同在于，他认为权力并不是简单的经济关系或阶级关系——某个大量占有社会某些资源的集团对另一些集团的支配，而是一些比表面上看起来更加复杂微妙的关系。

权力的复杂微妙首先体现在权力具有生产性的特征。福柯明确反对那种将权力仅仅看作具有"排斥""压制""审查""分离""掩饰""隐瞒"等消极作用的观点，他指出："实际上，权力能够生产。它生产现实，生产对象的领域和真理的仪式。"② 因此，福柯强调应该看到我们的社会拥有的那些丰富的权力机制，除了那些一般认为的政府、法律等之外，像军队、工厂、学校、监狱等也是权力机制——这些是相对而言显得比较隐蔽的权力机制，它们也具有巨大的生产性。在《规训与惩罚》(Surveiller et punir: naissance de la prison, 1975) 中，福柯集中论述了他认为最典型的一类权力机制：规训。军队中对士兵的训练，工厂中对工人的培训，学校中对学生的教育，甚至监狱中对囚犯的监视都是规训——权力——具有生产性的体现：那些机制总是通过某种手段生产出符合某种要求的"产品"。也就是说，权力在实施的过程中不仅仅具有约束的作用，更有着生产出驯顺个体的作用。

权力的复杂微妙还体现在它具有"毛细状形态"的特征，也就

---

① [法] 米歇尔·福柯：《性经验史》，佘碧平译，上海人民出版社2010年版，第66页。

② [法] 福柯：《规训与惩罚：监狱的诞生》，刘北成、杨远婴译，生活·读书·新知三联书店2010年版。

是无处不在的特征:"每当我想到权力的结构,我便想到它的毛细状形态的存在,想到它渗进个人的表层,直入他们的躯体,渗透他们的手势、姿势、言谈和相处之道的程度。"① 正因为有这样的特点,所以福柯眼中的权力和传统观念中对权力的印象有很大的不同:除了那种皇帝对臣子、机构对个人等从上至下的等级权力之外,权力更存在于臣子和臣子之间、人和人之间一般的关系中。也就是说,权力关系就像毛细血管在人体中的分布一样渗透在社会的每一个细微的神经末梢中。值得注意的是,权力的这种"毛细状形态"并不意味着权力的无处不在具有整体性的状态,而是相反,福柯强调的是它散漫的特质:所谓"无处不在的权力"并不意味着它把一切都纳入自己的统一整体之中的特权,而是因为它在所有时刻、在所有地方、在不同状况的相互关系之中都会被生产出来——这样的"无处不在"并不是指它包括了一切,而是指它来源于所有的方面。②

无论是其生产性还是其"毛细状形态",权力都体现出它和话语的密切关系。权力的建立依赖于话语。福柯认为,没有话语,就没有权力:在所有的社会中的权力关系都是多样的,那些多样的权力关系都会像毛细血管一样渗透到社会机体中,构成所有社会机体或隐或显的特征。权力关系的建立和维系,都是因为有了"话语的生产、积累、流通和发挥功能"。③ 同时,权力的建立也并不只是被动地在等待话语对它的生产,它们之间的关系是双向的:被话语生产出来的权力同时又会反过来影响着话语的生产。福柯如此强调权力

---

① [法]福柯:《关于监狱的谈话:书及其方法》,《文学杂志》1975年6月第101期。转引自[英]阿兰·谢里登《求真意志——密歇尔·福柯的心路历程》,尚志英、许林译,上海人民出版社1997年版,第281页。
② [法]米歇尔·福柯:《性经验史》,佘碧平译,上海人民出版社2010年版,第60页。
③ [法]福柯:《权力的眼睛——福柯访谈录》,严锋译,上海人民出版社1997年版,第228页。

和话语之间的关系,甚至使用了"话语—权力"(或"权力—话语")这样的表达方式。所以,有的研究者也因此以为在福柯那里,权力就是话语,话语就是权力。

3. 主体、权力与话语

个人的主体问题也是福柯所关心的三个重要问题之一。福柯那个和话语、权力密切纠缠在一起的主体,常常被人拿来和卡尔·海因里希·马克思(Karl Heinrich Marx)的社会—主体及弗洛伊德的无意识—主体相提并论。福柯也因此被认为是"反主体"(或者是"非主体")阵营中的重要一员。

欧洲文艺复兴以来,自由主义、理性主义兴起之后,理性被认为是人之所以成为人的最重要的一种素质。然而,自弗里德里希·威廉·尼采(Friedrich Wilhelm Nietzsche)发出"上帝已死"的宣告以来,尤其是20世纪人类社会出现的新现象以及思想领域出现的新变革,使得曾经高贵的人的"理性"在不少时候竟堕入了声名狼藉的境地。由此带来了对"人"的新认识。尽管主体并不是"人"的全部,然而,许多思想家正是从"主体"介入对人的思考的,福柯也是其中之一。福柯反对那种以理性为唯一标准的、普遍的、永恒的主体的观念:他认为不存在具有普遍形式的主体。对那样的主体观,他持否定的态度。他认为主体的建立以"被支配"和"支配"为基础,或者就像在古代某些特定的文化条件中一样,"主体"通过具有自由、解放的性质的实践而得以建立。① 因为福柯常常有意识地把"主体"和"话语"、"权力"放在一起考虑,所以他对"主体"的思考又呈现出与别人不一样的风貌。

福柯认为,主体不能脱离权力而存在。主体是权力的主要效应之一。那些看起来属于个人本质的身体、姿态、话语和欲望等其实

---

① [法]福柯:《权力的眼睛——福柯访谈录》,严锋译,上海人民出版社1997年版,第19页。

是通过权力而被确认和构成为个人主体的。质言之,个人主体在福柯这里并不是某个在权力之前预先给定的东西,而是通过权力关系对身体、姿态、话语和欲望等有所作用而生产出来的。① 在《规训与惩罚》中,福柯运用系谱学(Genealogy)的方法追溯了近代以来监狱的形成与发展过程。福柯生动地展示了在这个过程中,作为权力代表之一的监狱是如何塑造个人主体的。虽然主体无法对抗权力,但主体对权力却并非毫无意义,相反其作用还是重大的:个人不仅仅是权力的效应,更是运载它的工具。② 福柯眼中的主体和权力的关系的一个方面,借用一个中国的传统比喻来说,就是水和水上之舟的关系。

福柯还认为,主体也和权力一样,并不独立于话语之外。其实,在福柯眼中,没有什么是在话语之外的。在话语的世界中,只有话语存在,我们只能谈论话语,我们只能在话语中谈论。③ 主体就更不用说了。之前,人们往往认为话语由个人主体表达出来,属于个人。但在结构主义思潮之后,就有理论家认为话语并不属于个人,而是有一个强大的"结构"在影响着那些个人的话语;还有一些精神分析学家认为个人话语的背后是让人无法琢磨的无意识在起着看不见的作用。福柯和后两者相同的是,他也不再认为话语属于个人,但他不仅否认了个人主体对话语的所有权,他同时还把主体完全消解于话语之中:不是人在说话,而是话在说人。

至此,我们基本上可以看出福柯关于权力、主体、话语的主要观点。尤其是有关"话语"的论述,更是刷新了人们对话语的认识。他的话语观将"话语"看作社会构建的重要因素:"话语构建知识

---

① [法]福柯:《权力的眼睛——福柯访谈录》,严锋译,上海人民出版社1997年版,第209页。
② 同上书,第233页。
③ Barry Cooper, *Michel Foucault: An Introduction to the Study of His Thought*, Toronto: The Edwin Mellen Press, 1982, p. 28. 转引自刘北成《福柯思想肖像》,中国人民大学出版社2012年版,第80页。

客体，社会主体和自我'形式'，构建社会关系和概念框架。"①

4. 系谱学的方法

福柯考察话语时所使用的是系谱学的方法。

福柯的工作让"系谱学"大放异彩。"系谱学"是福柯借自尼采又加以改造的一个范畴。福柯认为系谱学最重要的特征在于：它并不试图去追溯所谓的"元历史"（Metahistory），更不会去探究诸如"起源是什么"之类的问题。② 也就是说，系谱学的方法并不将研究工作定位为对某种历史本质的起源的研究，相反它深深地质疑人们对"起源"流行的假设：起源总是具有"统一性"，总是显得更珍贵，更具有本质性，从而也更接近真理。系谱学的研究是去发现在事物背后隐藏着的那些东西：这些东西不是无历史的，也不是本质的，事物本来就没有本质，"本质"是被"制造"出来的。③ 系谱学的研究常常意味着去触动那些被禁止的东西、去打碎那些被认为是统一的东西、去发现那些被想象是一致的东西的异质性。④ 故而，在某种程度上，甚至可以这么说，从系谱学的角度进行的研究发现的往往不是更加统一、更加珍贵、更加具有真理性的本质的东西，相反，它所揭示的是"本质"的偶然性、卑微性、异质性，也就是"本质"的"非本质"。可见，如果想以系谱学的研究方法去发现某种事物的"本质"，其结果恐怕很难令研究者满意：系谱学对"本质"的研究往往得到的是"没有本质"的结论！

福柯的话语理论后来被许多领域的研究者借鉴和应用，产生了十分广泛的影响。福柯对话语的特征的阐释以及他运用系谱学的方法所进行的研究也打动了巴特勒。她将其引进自己对女性主义许多

---

① ［英］诺曼·费尔克拉夫：《话语与社会变迁》，殷晓蓉译，华夏出版社2004年版，第38页。
② ［法］福柯：《福柯集》，杜小真编选，上海远东出版社2004年版，第146—147页。
③ 同上书，第148页。
④ 同上书，第152页。

重要问题的研究中,尤其是她对"女人为何(何为女人)"问题的研究。她将"女人""身体"看作话语运作的效应(也就是话语生产的结果),她也运用系谱学的方法来研究"女人""身体"。尽管系谱学最后的发现往往是"反本质"的,但它研究的确实是"本质"。

系谱学为巴特勒的研究带来了新的有关女人本质的认识和具体研究方法的指导:巴特勒毅然决然地放弃了那种对女性主义而言基础且重要的范畴——"性""性别""女人""身体"等——的轻浅的研究,同时借鉴福柯的系谱学的方法,从新的视角对那些重要范畴展开了新的研究并获得了新的认识。她认为,诸如上述的范畴其实只是"某种独特的权力形式产生的结果"[①],并且"那些我们以为是'真实'者、我们援引为自然化的性别知识者,实际上是一种可变的、可修改的真实"[②]。因此建立在这种"结果"上的对"真实"的研究的价值和意义就十分值得反思和质疑。她提出,可以使用福柯的系谱学的方法,打开另一种她认为更加合适的研究领域:"系谱学的批判方法拒绝追索那些受到压抑而深埋的性别的源头、女性欲望的内在真实,以及纯正或真正的性/别身份;相反地,系谱学探究的是,将那些实际上是制度、实践、话语的结果,有着多元、分散的起源的身份范畴,指定为一种起源或原因,这样的政治着眼点是什么。"[③]也就是说,巴特勒将她的研究规定为运用系谱学的方法来发现那些"倒因为果"的、为"女人"界定了"本质"的运作,以及那些运作的目的是什么。除此之外,巴特勒更和福柯一样深深地思索并批判那些力图寻求"本质"的行为背后所压抑的内容:"使那些局部的、不连贯的、被贬低的、不合法的知识运转起来,来反对整体

[①] [美]朱迪斯·巴特勒:《性别麻烦:女性主义与身份的颠覆》,宋素凤译,上海三联书店2009年版,第3页。

[②] 同上书,第17页。

[③] 同上书,第3页。

理论的法庭，后者以真理认识的名义，以控制在几个人手里的科学权利的名义把那些知识都过滤掉了，对它们进行分级、整理。"①

由此可见，不管是在操演理论的观点中，还是在具体的运思中，在巴特勒的研究工作中都能看到福柯的影子——或是作为有力的证据，或是作为批判的靶子。

就反对"本质"而言，除了福柯，另外一个对巴特勒产生了重要启发的思想家是德里达。

二 德里达的解构观点

巴特勒自认为是一位"解构"理论家。无疑，"解构"是归于德里达名下的一个概念：虽然有不少研究者将"解构"追溯到德里达之前的思想家那里，然而，最终使"解构"成为一个专有的词，即成为一种"理论"、一种研究命题，进入思想史并成为一个坐标的无疑是德里达。

1. 对形而上学的解构

给"解构"划定一个明晰的界限是不可能的，因为"解构"本身就是对明晰、对界限的反叛。但这并不意味着"解构"不可理解。也许，"解构"的意义正体现在一次又一次的对"解构"的阐释中。这可能也是德里达期望看到的。在此我们更关心的是德里达的看法——巴特勒将自己的研究看作"解构"的研究，显然是在德里达理路上的"解构"。

德里达一直没有从正面说明"解构是什么"。然而，在一封给日本友人的信中，德里达的态度还是比较明确的。②

---

① ［法］福柯：《必须保卫社会》，钱翰译，上海人民出版社2004年版，第8页。
② 这封信写于1983年7月10日，此时距离德里达出版被认为标志着"解构"观点诞生的《论文字学》(De la grammatologie, 1967)、《书写与差异》(L'écriture et la différance, 1967)、《声音与现象》(La voix et le phenomene, 1967)已经过去十几年了，在此期间，德里达已经多次被追问"解构是什么"。

些可以产生有效干预的机会就将失去,那些先前并未被触及的领域也依然会被遗忘。① 也就是说,德里达不仅将二元对立看作形而上学建构的基础,而且还发现了这种二元对立的结构中蕴含着"强暴的等级制"和"权威"!所以,他自己也把这样的二元对立称为"逻各斯中心主义"——这样的二元对立正是形而上学的"逻各斯"的最典型的体现,他自己的解构工作就从反对这些具有悠久历史的、深厚积淀的"中心主义"开始。在这个意义上,与其说德里达在解构二元对立的思维方式,还不如说他是在反对二元对立思维方式所蕴含的"等级制"和"权威"。对于那些"中和"的行动,德里达也一针见血地指出,那仍然是给"等级制"和"权威"留下了余地,只有抓住二元对立的冲突才能有效地干涉那些"余地"。

那么,解构是摧毁一切、消解一切吗?德里达多次强调,他是在"肯定性"——不是"确定性"——的意义上来解构的:他将解构看作一种思考,思考存在,思考形而上学。所以解构最常见的形式是对存在的、形而上学的"权威"的讨论——这种讨论不可能只是简单的破坏或否定。那种将解构看作否定的观点,实际上只是又一次地重复了传统形而上学的过程。重要的不是离开这个过程,而是给解构提供可以被思考、被讨论的可能性。② 也就是说,解构并不是摧毁、不是破坏、不是否定、不是消解,而是对可能性的打开,对更多的可能性的发现。对于这种"可能性",德里达至少在两个方面作出了回答。

一方面,正像德里达自己承认的,解构不能离开它所解构的对象而存在,解构总和解构的对象同存共延。比如,他在讨论"能指"(signans)、"真理"、"符号"时,尽管他要"解构"的是"语音中

---

① [法]德里达:《多重立场》,佘碧平译,生活·读书·新知三联书店2004年版,第48页。

② [法]德里达:《一种疯狂守护着思想——德里达访谈录》,何佩群译,上海人民出版社1997年版,第18页。

心主义"(phonocentrism),但他同时也指出:这并不是说完全拒绝、抛弃那些概念——至少现在,它们是必需的,如果没有它们,我们所有的工作都没办法开展。① 也就是说,解构并不是拒绝、抛弃目前已有的范畴,相反,解构的运作要依赖这些范畴。然而,在依赖这些范畴时,也就是在运用这些范畴时,德里达从来就不会在它们已有的、常用的意义上使用它们,比如他在使用"药""处女膜""踪迹""补充""文字学"等范畴时;甚至有时他还会造出新词以表示新的意涵,比如"延异"(différance)、"撒播"(dissémination)等。但是正如乔纳森·卡勒(Jonathan Culler)指出的,德里达并无意于通过几个"关键词"建立起一套"完整而成熟"的理论体系,他对这些概念——词语——的应用只是一种策略,并且他还十分小心地不让那些他赋予了新义的旧词或新造的术语变成某种新理论或新体系的核心概念。② 凸显复杂性、避免成为中心实际上就是一种打开更多的可能性的实践。所以,在这个意义上,解构具有着"建构"的一面。

另一方面,德里达在"规定"解构的任务时明确指出:解构的任务就是反抗霸权、质疑权威。③ 霸权、权威作为"中心"的存在正是德里达反对二元对立的重要原因。因此,可以说将反抗霸权、质疑权威作为解构的责任,实际上就是打破二元对立的框架,为那些被"中心"的霸权、权威压抑(迫)、边缘化的东西带来"浮出历史的地表"的可能。

2. 对"女人"的解构

德里达对女性主义研究极具诱惑力:《马刺:尼采的风格》

---

① [法]雅克·德里达:《论文字学》,汪堂家译,上海译文出版社1999年版,第18页。
② [美]乔纳森·卡勒、[法]雅克·德里达、[英]约翰·斯特罗克:《结构主义以来——从列维-斯特劳斯到德里达》,渠东、李康、李猛译,辽宁教育出版社1998年版,第183页。
③ [法]雅克·德里达:《书写与差异》,张宁译,生活·读书·新知三联书店2001年版,第15—16页。

(*Éperons：Les styles de Nietzsche*, 1976)和《成为女人》(*Becoming Woman*, 1978)是以"女人"为主题的作品；《此时此刻我在这部作品中：重读列维－斯特劳斯》(*At this Very Moment in This Work Here I Am：Re-Reading Levinas*, 1991)、《赐死》(*Donner la Mort*, 1992)等作品则在不同程度上涉及了"女人"。一如既往，德里达在阅读海德格尔、尼采等人著作的基础上表达他有关妇女的观点；和他对其他问题的讨论一样，德里达涉及女人的研究，也以"解构"的姿态进行，尤其是对男/女二元对立框架的解构。

德里达反对将"女人"限制在单一、稳固的特征中："根本就没有女人的本质这类东西……根本就没有女人的真理这样的东西……"[①] 这与许多女性主义研究者的观点不谋而合，他从解构的角度切入而带来的新成果也为研究者们所吸收。

德里达对那个二元对立的典型对立——男/女——持反对态度。他对男/女二元框架的解构，特别是在解构的思路下对二元对立的实质——一方对另一方的霸权、一方对另一方的权威——的揭示深深地触动着那些力图回答"女人为什么处于第二性的位置"这个问题的女性主义研究者们。无疑，他们在德里达这里又获得了一种新的思想刺激。后来的一些研究者也因此将"逻各斯中心主义"和"菲勒斯中心主义"（Phallocentrism）两种特征结合起来命名为"菲勒斯逻各斯中心主义"（Phallogocentrism）。

尽管在字里行间，可以看到德里达对女性主义的关注与同情，然而，正是在解构的框架中，德里达提醒女性主义不要重蹈它所要解构的"逻各斯中心主义"的覆辙：成为另一种中心主义！不管哪种中心主义，显然都将会遭到解构毫不留情地"解构"。

德里达的观点引起了20世纪80年代以来试图走出研究困境从

---

① ［法］雅克·德里达：《马刺：尼采的风格》，曹雷雨译，载汪民安主编《生产（第四辑·新尼采主义）》，广西师范大学出版社2007年版，第52页。

而获得新的研究突破的女性主义研究者极大的关注。在克里斯特娃、斯皮瓦克的作品中，我们都能看到德里达解构的"幽灵"。巴特勒也深受德里达解构观点的影响：她甚至在女性主义内部的本质主义和建构主义之外，为自己划出了一处"解构"的场域。

自诩是在女性主义内部进行"操演"的反思与批判的巴特勒，一开始就以一种鲜明的态度反对男/女二元对立的框架——当然她也特别提到了这种框架背后所隐含的霸权、支配。比起许多女性主义者来，她也更加清醒地认识到在女性主义内部所出现的那种以"女人"为口号——为中心——而将某些"女人"排除在外的不管是在理论上还是在实践中所带来的危险。同样重要的是，巴特勒在以解构的思路面对女性主义的问题而遭到质疑时，她也以一种辩护的姿态为"解构"伸张："解构不是否定或抛弃，而是进行质疑，也许更为重要的是，使一个术语开放……"[①] 这简直就像德里达的原话！

不仅在总体的思想风貌上，而且在具体的研究工作中，巴特勒也参考了德里达的许多观点，比如在讨论话语的"生产性"时，巴特勒就承认她从德里达对弗兰兹·卡夫卡（Franz Kafka）的长篇小说《审判》（*Der Prozess*，1918）中的一个故事"在法面前"的解读获得了极大的启发；比如，在强调"操演"的"以言行事"时，巴特勒就直接借鉴了德里达在《签名、事件、语境》（*Signature, événement, contexte*，1972）中所提出的："重复"（repetition）和"引用"（citation）使"签名"得以生效……

在巴特勒具体的作品中，尽管比起"福柯""拉康"等，"德里达"出现的次数并没有那么多、那么直接，然而，这并不意味着德里达对巴特勒的影响是微弱的。德里达被视为"后现代"的一个标志，而巴特勒也被视为"后现代女性主义"的一个标志，使德里达

---

① ［美］朱迪斯·巴特勒：《暂时的基础：女权主义与"后现代主义"问题》，载王逢振等编译《性别政治》，天津社会科学院出版社2001年版，第86页。

和巴特勒在"后现代"的基础上联系在一起的一个非常重要的因素正是"解构":德里达解构"在场的形而上学",巴特勒则是在具体地解构"女性主义"。

三 弗洛伊德与拉康的精神分析

精神分析影响着20世纪以来的许多思想家。女性主义中也有一批将精神分析的观点引入研究的工作者。在巴特勒的"操演"理论中也能清楚地见到精神分析的影响。

1. 弗洛伊德的精神分析

彼得·沃森(Peter Watson)在《20世纪思想史》(The Modern Mind: An Intellectual History of the Twentieth Century, 2001)第一章"打破宁静"中对拉开20世纪思想领域帷幕的四种新思想作出了高度评价:1900年,出现了四种将对新世纪产生重要影响的思想成果,其中的每一种突破都使人类对自身、对世界、对人类与世界的关系作出了始料未及的重估,它们不仅改变了人类的思考,更改变了人类的生活。[1] 其中的第一种思想,就是弗洛伊德对人类意识的新认识。

弗洛伊德的《释梦》(Die Traumdeutung)出版于1900年。在对梦的解析的过程中,弗洛伊德谈及了后来被认为是他的"人性理论的四个基本板块"的潜意识(unconscious)、压抑(repress)、力比多(libido)和本我(id)/自我(ego)/超我(superego)的对个体心理的三个维度的区分。在试图揭示梦的运作机制的第七章"梦的过程的心理学"中,弗洛伊德特别提到了潜意识和压抑的过程。

弗洛伊德通过对梦的解析发现,人的意识可以划分为三个区域:潜意识、前意识(foreunconscious)和意识(consciou)。他在《释

---

[1] [英]彼得·沃森:《20世纪思想史》,朱进东、陆月宏、胡发贵译,上海译文出版社2006年版,第11页。

梦》及后来的《论潜意识》（*The unconsciou*，1915）中对潜意识、前意识、意识以及三者之间的关系作了明确说明。首先，"出现在我们的意识中，我们能觉察到"① 的是意识。潜意识和前意识以及它们之间的关系则比较复杂。潜意识除了指那些一般认为的潜伏观念之外，还特别指那些即使是又强烈又活跃的却依然不能够进入意识的、具有动力特征（dynamic character）的观念。② 也就是说，潜意识是无法被觉察到的。但弗洛伊德强烈建议"我们无论如何也应准备承认它的存在"③。由此可见，实际上弗洛伊德还区分出了潜意识中两类不同的观念，一是一般的潜伏的观念，二是具有一定动力性质的潜伏的观念。后者尤其重要，甚至可以说没有那些"具有一定动力性质的潜伏的观念"就没有前意识。弗洛伊德认为，潜意识都是受到压抑的，但是，在受到压抑的潜意识中的那些"具有一定动力的潜伏的观念"经过某种"检验"而通过了"稽查"的关口，就能成为"前意识"。前意识还不是意识，但它是潜意识成为意识的可能的一个转变的状态，换言之，前意识是从潜意识到意识的一个中介，它将某些潜意识——那些一般的潜伏的观念——继续留在潜意识中，使通过了"稽查"的潜意识——那些具有一定动力性质的潜伏的观念——成为"前意识"从而有了到达意识的可能。所以弗洛伊德才认为前意识是意识与潜意识之间的一道"屏风"④。

尽管弗洛伊德强调，对潜意识、前意识和意识的划分来源于"催眠后暗示"（post-hypnotic suggestion）的实验，然而，他也承认，这样的划分，尤其是对潜意识和前意识的证明与理解是很困难的。于是精神分析的重要性也正体现在这里：精神分析对它们而言，是

---

① ［奥］弗洛伊德：《精神分析中潜意识的注释》，载车文博主编《弗洛伊德文集③》，长春出版社 2004 年版，第 339 页。

② 同上书，第 340 页。

③ 同上书，第 339 页。

④ ［奥］弗洛伊德：《释梦》，载车文博主编《弗洛伊德文集②》，长春出版社 2004 年版，第 380 页。

唯一的可以用"说明"的方式进行研究的方法。① 所以，阿兰·瓦尼埃（Alain Vanier）在谈到精神分析的任务时认为它实际上将"潜意识"当作一种知识生产的结果来看待："潜意识知识的产生作为分析的效果，意在将分析过程中出现的模糊的、闪现的真相转换成知识，这才是分析的任务。"② 其实，弗洛伊德自己有一个专有名词来称呼那些"模糊的、闪现的真相"——"症状"（symptom）。

潜意识、前意识和意识的区分对弗洛伊德的整个精神分析理论而言十分重要。如果说精神分析的目的是发现人类心理的秘密，那么"潜意识"就值得给予特别关注了，它起码具有这样的意义，它提醒人们注意："（1）潜意识是一种正常的、不可避免的阶段；（2）每一种心理活动一开始都是潜意识的。"③

事实证明，弗洛伊德对潜意识的发现的意义远远超出了精神分析的范围，"在人文科学和社会科学的几乎所有分支得到应用"④；尤其重要的还有它对西方传统思想中的理性主义所造成的冲击。

潜意识会对人的思想、行为产生影响的观念并不是弗洛伊德首先提出来的，然而，是弗洛伊德将这种潜意识的影响提高到了突出的地位，甚至将其视为整个人的意识的中心。这和那种认为"人的精神世界是个有意识的世界，意识是人的根本属性，有意识的活动统治着人类的精神世界"的理性主义的观念有着巨大的差异。⑤ 假如套用尼采区分出来的阿波罗（Aπόλλων）精神和狄奥尼索斯（Διόνυσος）精神，那么，潜意识显然属于与理智、平静的阿波罗精

---

① ［奥］阿兰·瓦尼埃：《精神分析学导论》，怀宇译，天津人民出版社2008年版，第82页。
② 同上。
③ ［奥］弗洛伊德：《精神分析中潜意识的注释》，载车文博主编《弗洛伊德文集③》，长春出版社2004年版，第338页。
④ 朱刚：《二十世纪西方文论》，北京大学出版社2007年版，第154页。
⑤ 韩秋红、庞立生、王艳华：《西方哲学的现代转向》，吉林人民出版社2007年版，第77页。

神相对的迷狂、放纵的狄奥尼索斯精神。弗洛伊德自己也早就意识到他对潜意识的强调会给人类的思想带来一场类似早先尼古拉·哥白尼（Nikolaj Kopernik）所带来的革命。最近几个世纪以来，因为科学的发展，人类长久以来所拥有的朴素的自恋情结受到了两次重大的打击：第一次是哥白尼的发现，它使人们第一次认识到地球并不是宇宙的中心，而只是无限的宇宙中的微不足道的部分。第二次是查尔斯·罗伯特·达尔文（Charles Robert Darwin）、阿尔弗雷德·拉塞尔·华莱士（Alfred Russel Wallace）所带来的价值重估：他们的生物研究成果否定了那种认为人是上帝特别创造的、与万物截然不同的、处于世界中心的观点——人也不过是自然界的一分子，和动物一样具有永远不能磨灭的兽性。弗洛伊德预言精神分析的研究也将对人类造成和前面两次性质差不多但程度却更为致命的打击：精神分析的研究要证明"意识"不是意识的全部内容，"潜意识"在意识中的比重要远远大于意识！[1] 也就是说，弗洛伊德将精神分析视为和"日心说""进化论"一样的一种摧毁"人类中心"的研究，他自己则是同哥白尼、达尔文、华莱士一样的将人类非中心化的思想家。所以，"就像哥白尼和康德一样，但是在一个全新的层面上，弗洛伊德带来了一个极其重要的认识，即客观世界的显而易见的实在是由主观状态无意识地决定的"[2]。

弗洛伊德曾经打过一个比方，如果人的整个精神世界是海上漂浮的一座冰山，那么，意识只占有如冰山露出水面的那么小的一部分，而余下的巨大的部分则由潜意识占有。他认为，对人的整个精神产生重要影响的正是那个巨大的潜意识的部分，它比意识更具本质性："潜意识是一个巨大的领域，意识只是其中一个很小的组成部

---

[1] ［奥］弗洛伊德：《精神分析导论》，载车文博主编《弗洛伊德文集④》，长春出版社2004年版，第166页。

[2] ［英］理查德·塔纳斯：《西方思想史》，吴象婴、晏可佳、张广勇译，上海社会科学院出版社2011年版，第462页。

分。任何意识事件都经历过一个潜意识的初始阶段,而潜意识事件可以保持在潜意识阶段,但却拥有精神过程的全部价值。潜意识才是真正的精神现实……"① 精神分析的重要任务之一,就是由那可见的小部分探求那未知的、本质的大部分。所以,在弗雷德里克·詹姆逊(Fredric Jameson)看来,弗洛伊德的精神分析包含了一种思维模式,这种思维模式的特点是:由看到的症状意识到被压抑的思想,由看到的明显的内容意识到潜在的内容,由看到的掩饰的行为意识到被掩饰的信息。②

弗洛伊德这种分析潜意识的思维模式启发了很多后来的研究者,比如,路易·阿尔都塞(Louis Althusser)在重读马克思主义的经典著作时所提出来的"征候(symptomatic)读法"就有着弗洛伊德的影子。③ 阿尔都塞认为,弗洛伊德启发人们质疑听、说(或者沉默)的含义,并且这种质疑使人们认识到"完全不同的另一种语言即无意识的语言的明确的深刻含义"④。所以,在此基础上,阿尔都塞提出了"征候读法":"所谓征候读法就是在同一运动中,把所读的文章本身中被掩盖的东西揭示出来并且使之与另一篇文章发生联系。"⑤ 由此可见,阿尔都塞的"征候读法"对弗洛伊德对人的精神世界的分析的继承:他也在试图揭示出在文章中、社会中那些"被掩盖"的东西,也就是弗洛伊德所谓的那些"模糊的、闪现的真相"——"症状"。

这也正是巴特勒从弗洛伊德对潜意识的分析中得到的启示之一:

---

① [奥]弗洛伊德:《释梦》,载车文博主编《弗洛伊德文集②》,长春出版社 2004 年版,第 379 页。
② [美]詹姆逊:《元评论》,载王逢振主编《詹姆逊文集(第二卷):批评理论和叙事阐释》,中国人民大学出版社 2004 年版,第 14 页。
③ "征候"即前文论及弗洛伊德时所谓的"症状"。前后文不同仅因不同译者使用不同语词之故。
④ [法]路易·阿尔都塞、[法]艾蒂安·巴里巴尔:《读〈资本论〉》,李其庆、冯文光译,中央编译出版社 2001 年版,第 5 页。
⑤ 同上书,第 21 页。

对（被）隐藏在"性""性别""女人""身体"等背后的东西的关注，以及将它们视为揭示那些东西的"征候"等观点，都可以看到巴特勒对弗洛伊德以及阿尔都塞在思维方法上的借鉴。

也许对于女性主义而言，引起研究者兴趣的还有弗洛伊德有关两性心理区分的观点——这也是目前弗洛伊德对女性主义研究影响最大的一个方面。

弗洛伊德认为，不论男孩还是女孩的心理形成都会经过一个俄狄浦斯阶段（the Oedipus Stage）。在俄狄浦斯阶段之前，男孩和女孩都不会意识到他们之间的性别差异，都对母亲怀有同样爱恋的感情。然而进入俄狄浦斯阶段，男孩和女孩的心理体验就发生变化了。

男孩在非常小的时候就产生了对母亲的依赖，这种依赖在刚开始的时候和母亲的乳房相关，这是所谓的"依赖的原型"的最典型、最早出现的例子；与此同时，男孩则对父亲带有特别的崇拜。但这两种情况共存的时间并不会很长，很快，小男孩对母亲的爱恋变得更加强烈，父亲则被认为是他和母亲之间的障碍——俄狄浦斯情结（Oedipus complex）因此而起。于是男孩对父亲的心态就带上了敌对色彩，并且变成了"杀死"父亲以取代他在与母亲的关系中的位置的愿望。于是在处理同父亲的关系时，男孩产生了心理上的矛盾：他既崇拜父亲，又想"杀死"父亲取而代之。也就是说，俄狄浦斯情结是这么一种情结：它既有着对母亲强烈的爱恋，又有着对父亲的矛盾心理。[1] 男孩在对母亲产生深深的爱恋的同时，他还会有另外一种感觉：他害怕他对母亲的爱恋被父亲发现后会受到父亲的阉割——"阉割焦虑"（castration anxiety）。后来直到有那么一刻，男孩知道了他其实和父亲一样是阴茎的拥有者，也就是说他发现他和父亲是一样的：他们都是男人。至此，男孩的阉割焦虑才得以缓解，

---

[1] ［奥］弗洛伊德：《自我与本我》，载车文博主编《弗洛伊德文集⑥》，长春出版社2004年版，第131—132页。

由俄狄浦斯情结带来的危机才算是得到了化解,男孩同时也才实现了对父亲以及由父亲代表的权威的认同。

女孩的经历则要复杂得多。她的变化不是来源于自身,而是来自她对男孩的生殖器的观察。她马上就看到两性器官的不同,而且也马上就意识到这种"不同"的意义。她因此感到非常委屈,常常表现出也要"有那样的东西"的愿望——这就是女孩的"阴茎嫉羡"(pennis envy)情结。[1] 这种情结引起了她心理的变化:她发现自己是只有一个"小阴茎"——阴蒂——的"小男孩"。因为意识到了自己"缺乏"(lack),所以女孩渴望得到和男孩一样的东西。于是,她向亲近的、爱恋的母亲寻求帮助,但她马上就发现母亲其实和她一样,也是"缺乏"!于是,她对不能满足愿望的母亲产生了"不满"。这种"不满"促使女孩将注意力由母亲转向了父亲:她希望能从父亲那里得到自己渴望的、在其他女人(比如母亲)那里不能得到的东西:一个阴茎(或阴茎的等同物——孩子)以使自己的愿望得到满足。

在弗洛伊德看来所有的儿童都必须经过上述那样的俄狄浦斯阶段才能获得"正常"的心理:男孩的爱恋一直不变地投向母亲,而女孩的爱恋则有一个由母亲转向父亲的变化。但是弗洛伊德同时也不得不承认,他对这种变化的原因也不是十分清楚;特别是有关女孩是如何舍弃恋母情结,"健康"地成长为"真正"的女人,有不少疑点他也尚未明白。即便是在这样的情况下,弗洛伊德还是把女人看作一个稳定不变的形象:女孩是"缺乏"的、只有一个"小阴茎"的"小男孩",由女孩长大而成的女人则永远是一个和男人相对立的、"缺乏"的"男人"。

这就难怪伊利格瑞会对弗洛伊德提出尖锐批评了:与以前有关男女两性区分的观点相比,弗洛伊德更加深入地分析了两性区分的

---

[1] [奥]弗洛伊德:《精神分析新论》,载车文博主编《弗洛伊德文集⑤》,长春出版社2004年版,第79页。

心理特征，然而，他最终还是落入了西方传统哲学话语的那个以男人为中心的"菲勒斯逻各斯中心主义"的思维框架中。

如果说，弗洛伊德对潜意识、前意识和意识的区分对巴特勒而言具有正面借鉴的意义，那么，他对两性心理形成区分的研究，对她却是另外一种启示：她实际上是把他的观点当作了一个靶子，并由此展开对两性区分的新研究。巴特勒尤其深深地质疑弗洛伊德在通过"俄狄浦斯情结"来区分两性心理时不假思索而设置的那个先在的、"自然的"异性恋的框架，并且以此为基点，巴特勒也设想了一种"同性恋"的存在，这为她揭示以及进一步突破那个异性恋的框架奠定了基础。

2. 拉康的精神分析

尽管拉康一再号召"回到弗洛伊德"，但在某种程度上说，拉康在精神分析的理路中对弗洛伊德的逆反并不一定比那些直接批评弗洛伊德的人温和。

然而，至少在对意识，或者说对潜意识的态度上，拉康有延续弗洛伊德的一面。如果说，弗洛伊德对潜意识的强调是一种非人类中心、非自我中心的话，那么拉康则更加激进，他将"自我（I）"——以及人类"主体"——直接看作一种幻象：

> 拉康的著作以其对"主体构成"的强调取代了正统弗洛伊德主义的争论，从无意识过程或障碍模式走向了对主体构成及其构成的幻象的说明……拉康理论争论的冲击，包括它的离开自我中心、有意识的活动的主体、个性或笛卡尔的沉思的"主体"——所有这些现在都被当作主体性的某种"效果"——以及它对个性统一的各种理想或对个人身份的神秘征服的否定……①

---

① ［美］詹姆逊：《政治无意识：作为社会象征行为的叙事》，王逢振、陈永国译，中国社会科学出版社 2011 年版，第 144 页。

拉康认为，自我、主体是一种想象的产物："分析向我们揭示的基本事实……是自我乃是一种想象的功能。"① 拉康对幻象的自我、主体的"想象"的定位使得他自认为与笛卡尔以来的以"我思"（cogito）为思维特征的哲学截然不同②——拉康对那个将人视为理性的、统一的、有意识的主体观念的态度昭然若揭。如果说是弗洛伊德开始了对那种主体观的反叛，那么拉康则是将其加以发扬的一个重要的推动者。拉康在《形成"我"的功能的镜子阶段》（*The Mirror Stage as Formative of the I Function as Revealed in Psychoanalytic Experience*, 1949）中讨论了他对"自我""主体"的看法。

在《形成"我"的功能的镜子阶段》中，拉康认为婴儿在 6—18 个月大时会经历一个"镜子阶段"（Le stade du miroir）：它在镜子前看到了自己在镜子中的形象，相比于自己体会到的种种束缚与依赖，它想象着镜子中的那个形象是一个理想的"自我"，但此时它还不能将那个"自我"与自己区分开来，直到有那么一天……那个"自我"是婴儿主体形成的初始阶段，但这个"自我"显然是一种幻象——或者用拉康自己的话说，这个"自我"是被置于"一条虚构的途径上"的。③ 因此，由这个幻象的"自我"发展而来的，也将是一种幻象的主体。在经过了这么一种"象征还原方法"④ 的研究之后，拉康明确地指出：经验其实已经告诉我们"自我"并不是感觉—知觉体系的中心，也不是由什么"现实的原则"组织而成。"在这个原则中表达出了与知识的辩证法水火不相容的科学主义偏见。我们的经验向我们指明要从漠视的功能出发……因为，如果否定（Verneinung）表示了这个功能的显性形式，那么，只要在呈现原

---

① Lacan, *The Seminar. Book* I : *Freud's Papers on Technique*, 1953 - 1954, trans. with Notes by John Forrester, New York: Norton, 1988, p. 193. 转引自严泽胜《穿越"我思"的幻象》，东方出版社 2007 年版，第 70 页。
② ［法］拉康：《拉康选集》，褚孝泉译，上海三联书店 2001 年版，第 89 页。
③ 同上书，第 91 页。
④ 同上书，第 94 页。

始本能的命定层次上它的效用没有被阐明,这些效用就大部分仍处于潜形状态。"① 也就是说,"自我"在拉康这里不再是感觉—知觉的中心,更不再是由现实可感知的经验构成的——而是在镜子阶段中作为一种幻象形成的。

拉康的这种自我、主体的形成观,成了后来"去中心的主体"思想潮流的一个重要渊源。虽然巴特勒没有完全同意拉康的观点,甚至在不少方面相对立。但不得不承认的是,巴特勒的"女人是操演的""身体是操演的"等观点有着明显的对拉康那个去中心的、幻象的自我的观点借鉴的痕迹,或者可以说,"去中心"是巴特勒整个"操演"理论的核心观点之一。

第二节　操演理论的主要意涵

"操演"理论使巴特勒成了广为人知的理论家:"巴特勒"总是醒目地和"操演"联系在一起——"操演"在巴特勒的研究工作中所占的重要地位是怎样估计都不为过的。当然同样重要的是它在女性主义思潮,甚至在整个后现代复杂的思想格局中也产生了重要影响。如果我们不把它当作各种"理论"泛滥的后现代时期的一个时髦话题并急急地略过它,而是把它当作在社会历史的某个时候必然出现的一个理论——这也意味着它在将来的必然消失——来观察、来探讨,那么它就会变得更有意义,并且极具挑战性。

直到目前,巴特勒也没有给那么重要的"操演"作出明确的"操演是……"的界定。也许,这真是如某些研究者所言,是巴特勒的一种"写作的政治策略",但我们同时也愿意相信这是一位积极的理论家所拥有的负责任的、不断思考与超越自己的态度的体现:对

---

① [法]拉康:《拉康选集》,褚孝泉译,上海三联书店2001年版,第95—96页。

操演所可能具有的意涵，她自己的看法也不停地在变化着。① 尽管如此，我们仍能从那些不多的论述中归纳出它的主要意涵。

一 操演的戏剧性

巴特勒的"操演"似乎和表演（performance）有着天然、必然的关系，这从它们的英文单词拥有相同的词根就能略窥一斑。并且，巴特勒一开始——在《性别麻烦》中——是同时使用"performance"、"performatively"和"performativity"来论说"操演"的。三年之后，在《身体之重》中，她用得比较多的才是"performativity"。仔细观察，我们会发现，至此之后，"performativity"才是巴特勒更加常用的词，这恰恰体现了巴特勒对"操演"的认识的进一步深入，以及因为她对先前使用"performance"带来的一些批评的回应。有意思的是，有些中文研究者将巴特勒的"performativity"翻译为"表演"，有些英语读者也是在"表演"的角度上认识巴特勒的"performativity"的，虽然这不能算错，但却也不能算是完全准确地理解了巴特勒语境中的"performativity"。

巴特勒自己也觉得戏剧性（theatrical）是操演不可缺少的维度之一："我的理论有些摇摆不定，有时候把操演理解为语言性的，有时又把它设定为戏剧性的。我现在认为这两者一直是互有关联，而且是彼此错落出现的。"②

巴特勒强调操演的戏剧性的维度。这也许是她有关操演的观点常常被误认为"表演"的重要原因。因为，操演和戏剧（表演）相似，有扮装、有表达，甚至，它们的结果也相似：都带有虚幻性、非自然性。

巴特勒认为，操演过程中的各种表达就具有戏剧性，也可以算

---

① ［美］朱迪斯·巴特勒：《性别麻烦：女性主义与身份的颠覆》，宋素凤译，上海三联书店2009年版，第8页。
② 同上书，第19页。

是一种表演,因为它像表演(戏剧)一样需要向观众呈现出来,并且接受观众的诠释。

重要的是,操演和表演(戏剧)的效果也有相似的地方。比如在说明性别的操演时,巴特勒指出"性别是操演的"观点就是认为性别"是一种自然化的行为举止的幻觉效果"①。由此可见,就操演而言,她认为那是一种具有和表演(戏剧)一样的幻觉效果,即非"自然"的过程。并且,这种幻觉效果的产生同样也具有一种"掩饰的功能":(操演)"隐藏或掩饰了为其所重复的惯习(convention)……它外表上的戏剧性(theatricality)仅限于对其历史性(historicity)的掩饰(反过来说,由于全面揭示其历史性是不可能的,它的戏剧性获得了某种无可避免性)"②——在巴特勒眼中,戏剧性是操演必然带有的特点之一。而它的重要作用正在于,"依照杰奎琳·罗斯的说法,如果能揭露'身份认同'是幻想的,那么就一定有可能演绎一种展现其幻想结构的认同。"③ 显然,操演的戏剧性给巴特勒提供了演绎的可能的运作。

二 操演是行为

巴特勒将"操演"看作行为。

巴特勒曾将约翰·L. 奥斯汀(John L. Austin)的"操演性言语"(performative utterance)概括为"一种生成或产生其命名对象的话语行为"④。巴特勒的操演具有行为的意义的看法最直接的思想基

---

① [美]朱迪斯·巴特勒:《性别麻烦:女性主义与身份的颠覆》,宋素凤译,上海三联书店2009年版,第9页。
② [美]朱迪斯·巴特勒:《身体之重:论"性别"的话语界限》,李钧鹏译,上海三联书店2011年版,第14页。
③ [美]朱迪斯·巴特勒:《性别麻烦:女性主义与身份的颠覆》,宋素凤译,上海三联书店2009年版,第43页。
④ [美]朱迪斯·巴特勒:《身体之重:论"性别"的话语界限》,李钧鹏译,上海三联书店2011年版,第14页。

础正是奥斯汀的言语行为理论（speech act theory），具体而言就是奥斯汀在语言学研究中区分出的一类言语——操演性言语（performative utterance）。

奥斯汀的言语行为理论认为，人们可以"以言行事"（do things with words）。在奥斯汀的时代，最流行的语言观认为言语只能描写事情的状况，或者陈述某些事实。而且这样的言语的特点是：人们可以对之作出是"真"或是"假"的判断。奥斯汀针对这种语言观提出了不一样的看法。他认为，言语除了可以对事情描写、叙述之外，还可以是对事情的"操演"（performative）。奥斯汀对言语的"操演"的解释非常明白：在某些情况下，人们在"说"某些话的时候其实同时也在"做"那些话所表达的那些事。也就是说，言语本身就是行为。这也就是所谓的"以言行事"。在奥斯汀的眼中，言语不仅具有"描述"世界的功能，而且具有"改变"世界的功能。在这个新的视野中，奥斯汀将日常生活中的言语区分为两大类：证实性言语（constative utterance）和操演性言语。证实性言语是对已有事实、既存状况作出描写、陈述，并且人们往往可以对这些描写、陈述作出是非、正误、真假的判断。比如，在《皇帝的新装》中，小男孩突然叫喊"皇帝什么都没有穿呀！"就是一种证实性言语：它不仅描述出了状况——皇帝什么都没有穿，而且我们可以对此作出判断——小男孩说的是真的，皇帝确实什么都没有穿。而操演性言语是指某个人在说话的同时就是在做某件事，比如通知、命令、警告等。这类言语的特点是言语的效果就是由言语行为产生出来的。奥斯汀常常举的例子是：

"我愿意（娶这个女人为我的妻子）。"——在婚礼中新郎会说这样的话。

"我将这艘船命名为伊丽莎白女王号。"——在新轮船的下水仪式上有人，比如女王，会说这样的话。

"我将我的表传给我的弟弟。"——有人临死前会说这样的话。

观察上面的例子，奥斯汀说："我们可以清楚地看到，讲出这样的话（当然是在合适的语境中）并不是在描述我已经做过的事或者声明我要做事——讲话的本身就是在做事。"① 而且，对于这样的话，我们不能对它们作出是非、正误、真假的判断。比如在婚礼中新郎说"我愿意"，它既不是对某件事的描述，也不是在表达某种意见，而是"我"确实正在做"结婚"这件事。

巴特勒借鉴了奥斯汀的这种"讲话本身就是在做事"的看法，她所说的"操演"也有这样的一层意涵。也就是说，不管是在讨论性（身体）还是在讨论性别，巴特勒在用到"操演"的概念时，认为它们都是一种"做"。比如，她在讨论性别的"操演"时，就认为"性别不是一个名词"，"性别证明是具有操演性的"，"在这个意义上，性别一直是一种行动，虽然它不是所谓可能先于它存在的主体所行使的一个行动。"② 是的，我们看到了巴特勒对"操演"的"做"即"行动"的意义的强调，这是她对奥斯汀的借鉴。然而，巴特勒的"操演"毕竟不是奥斯汀的"操演"，我们还需要注意到她所说的"它不是所谓可能先于它存在的主体所行使的一个行动"——这正是巴特勒与奥斯汀不同的地方。奥斯汀在讨论"以言行事"时，总是预设有某个"言"（"行"）的发出者。但巴特勒却认为在行动的背后没有发出行为的主体。巴特勒承认，这来自尼采的一个看法。

三 操演没有主体

巴特勒认为，操演是行为，是行为的过程，但这行为的背后却没有发出行为的主体。如果说有那么一个"主体"的话，也是一个

---

① J. L. Austin, *How to Do Things with Words*, 外语教学与研究出版社 2011 年版，第 6 页。

② ［美］朱迪斯·巴特勒：《性别麻烦：女性主义与身份的颠覆》，宋素凤译，上海三联书店 2009 年版，第 34 页。

"过程中的主体"。这个观点是受到了尼采的启发。

尼采在《论道德的谱系》（*Zur Genealogie der Moral*, 1887）中说："在作为、行动、过程背后并没有一个'存在'；'行动者'只是被想象附加给行动的——行动就是一切。"① 尼采说得很清楚：没有行动者，行动就是一切。但究竟该如何理解巴特勒没有"行动者"的行为（没有"主体"的"操演"）呢？巴特勒通过将"操演"与"表演"相比较说明"操演"的特殊意义。

"操演"和"表演"所具有的相似之处除了我们在上文指出的戏剧性的一面外，在做出"行为""表现"的层面上，"操演"和"表演"也有相同的地方。比如，《牛津高阶英汉双解词典（第七版）》对"performance"的解释有：1. 表演、演出；2. 艺术上的表现、演技；3. 表现、性能、业绩、工作情况；4. 做、执行、履行；5. 麻烦、忙乱。② 在"表现""做""执行""履行"的意义上，"操演"和"表演"的意义是重叠的。在这一方面，"操演"曾招致了一些研究者的批评。最初，因为巴特勒对"performance"、"performatively"和"performativity"同时使用，再加上她自己没有展开充分阐释，使得某些读者误认为她在讨论性别的"操演"时的观点是：性别像衣服一样，可以按照自己的"意愿"，想成为哪种性别就"选择""穿上"——"操演"——哪种性别。巴特勒就此作出了澄清。

巴特勒仔细对比了"表演"和"操演"："作为一种有界限（bounded）的'行为'，表演和述行的区别在于，后者由规范的复现构成，而这些规范先在于、限制并超出了表演者，并由此不能被视为表演者'意愿'或'选择'的虚构物（fabrication）；并且，'表

---

① ［德］尼采：《论道德的谱系》，周红译，生活·读书·新知三联书店1992年版，第28页。
② ［英］霍恩比：《牛津高阶英汉双解词典（第七版）》，王玉章等译，商务印书馆、牛津大学出版社（中国）有限公司2010年版，第1475页。

演'其实就是对隐晦的、未被察觉的、不可表演之物的掩饰（如果不是否认的话）。将述行化约为表演是一个错误。"[1] 我们可以看到，如果说"表演"总是有"表演者"在其背后的话，那么"操演"更多的是和"规范"联系在一起。因此，如果非要给"操演"指出它的"操演者"的话，那个"操演者"只会是"规范"。因此，"操演"并不能简单地被化约为"表演"，它是比有"表演者"的戏剧"表演"复杂得多的"规范"的"操演"，它并不由"意愿"或"选择"决定。也就是说，在此巴特勒更强调的是"表演"和"操演"不一样的地方："表演"的背后总是有"表演者"，但是"操演"却未必——或者说没有。"操演"意味着"不存在一个先在的身份，可以作一项行动或属性的衡量依据"。[2]

那么，对"操演"影响巨大的"规范"又是什么呢？

四 操演的"重复"与"引用"

巴特勒从奥斯汀那里借鉴了"操演"的"行动"的意义，然而巴特勒的"操演"的"行动"除了没有奥斯汀那个"行动"背后的"行动者"之外，还和奥斯汀那些"行动"有很大的不同：巴特勒认为她的"操演"与"规范"——话语——有着密切的关系，并且具有"重复"和"引用"的特点：操演是话语的"重复"和"引用"的行为。

正如我们在"思想渊源"中总结的，福柯"话语构建知识客体，社会主体和自我'形式'，构建社会关系和概念框架"的话语观深深地影响着巴特勒对"操演"的思考。巴特勒多次提到"操演"的"话语建构"的特征：（"操演"）"绝不可被理解为一场单一

---

[1] ［美］朱迪斯·巴特勒：《身体之重：论"性别"的话语界限》，李钧鹏译，上海三联书店2011年版，第233页。此处引文中的"述行"即本书的"操演"。

[2] ［美］朱迪斯·巴特勒：《性别麻烦：女性主义与身份的颠覆》，宋素凤译，上海三联书店2009年版，第185页。

的或蓄意的'行动'（act），而应被看作话语生成被宣告之物的重复和征引（citational）行为"[①]；（"操演"）"不是一个主体生成她/他所宣告之物的行为，而是话语制造它所规制和限制的现象的复现权力"[②]……我们知道，福柯认为话语的运作无处不在，话语通过监狱、学校、教会等机构的"规训"和"惩罚"得以实施。在这方面，巴特勒一面继承了福柯的话语具有"规训"的看法，一面又与之不同——或者说巴特勒更加具体地指出："操演"的话语通过"重复"和"引用"运作。"操演"对巴特勒而言，并不是一些单纯的、"一次性"就可以完成的行为，而是一系列不断重复和引用的行为。"重复"和"引用"是来自德里达的两个概念。

德里达是在对奥斯汀的"操演性言语"的反思中提出"重复"和"引用"的：操演性语言必须借助"重复"和"引用"才能发挥它"行事"的功能。因此，再一次，我们需要回到奥斯汀那里。

奥斯汀在讨论"操演性言语"时，发现有些"操演性言语"并不是时时都能实现其"行事"的功能。于是，他又区分出了两类"操演性言语"：合适的"操演性言语"和不合适的"操演性言语"。他作出这样区分的依据是："操演性言语"是否处于合适的"语境"（context）中，并取得行事的权威，从而进一步产生效果。奥斯汀解析出的"操演性言语"和"语境"的关系引起了德里达的关注。德里达认为，奥斯汀注意到了"操演性言语"并不总出现在相同的语境中。比如，"我宣布你俩正式结为夫妻"这句话，既会出现在合适的语境中——在教堂举行的婚礼上，牧师对着两位新人说；也会出现在不合适的语境中——牧师在自己的家里对两只玩具熊说。显然，只有在第一种情况下，"我宣布你俩正式结为夫妻"这句话会实现其"行事"的功能。奥斯汀认为"语境"——合适的语境——是对

[①] ［美］朱迪斯·巴特勒：《身体之重：论"性别"的话语界限》，李钧鹏译，上海三联书店2011年版，第2页。此处引文中的"征引"即本书的"引用"。

[②] 同上书，第3页。

"操演性言语"的一个限制,因为它的存在,使得"操演性言语"的功能不是在任何时候都能体现出来。但德里达认为,在不同的语境中出现正是语言符号的一个重要特点:语言符号具有重复性、引用性。语言符号通过重复、引用就可以出现在不同的语境中,它们因此就会处于一条既没有起点又没有终点的链条中。这也将意味着重复、引用是无穷无尽的。语言符号每一次被重复、引用而出现在一个新的语境时,它既有可能是在体现某种它既有的意义,也有可能会"溢出"既有的意义并获得某种新的意义。所以语言符号的意义并不是先在的、稳定的、单一的。语言符号需要通过重复、引用才能体现出意义来,才能体现出其不止一种的意义来。所以,德里达说:

> 如果没有重复的"编码"或者可重复的言语,操演性言语的功能可能会实现吗?换句话说,如果我为了召开一次会议、启动轮船的下水仪式或主持一场婚礼而说的话在一种可重复的惯例中被认为是不合适的,如果那些话并不能通过某种方式而被认为是"引用"的,那么操演性言语的功能可能会实现吗?……在这样的一种类型学中,意向的概念不会消失;它将拥有它的一席之地,但是在那个地方,它将不再能支配所有的状况以及言语系统。①

由此可见,重复、引用意味着对规范(话语、习俗、制度、规定)——语境——的遵循;但是,如果重复、引用没有出现在和先前一样的语境时,会怎样呢?比如"我请你吃冰淇淋吧"这句话,也许会出现在这样的语境中:"我"获得了奖赏,对朋友说:"我请

---

① Jacques Derrida, *Limited Inc.*, trans. by Samuel Weber and Jeffrey Mehlman, Evanston: Northwestern University Press, 1988, p. 18.

你吃冰淇淋吧"，这是表示庆祝；朋友心情不好，"我"说"我请你吃冰淇淋吧"，这是表示安慰；"我"和朋友处于困境中，"我请你吃冰淇淋吧"，这是表示鼓劲……可以想见，这样的语境无穷无尽，无法完全列举。所以从德里达的观点看来：语言符号的重复、引用一方面是对已有规范（话语、习俗、制度、规定）——奥斯汀所谓的"语境"——的进一步建构、巩固、加强，另一方面又在这种重复、引用的过程中调整、改变，甚至颠覆已有规范（话语、习俗、制度、规定）——"语境"，并由此消解了它们先有的效果。由此可见，重复、引用有着双重的意义：既可以是对已有规范（话语、习俗、制度、规定）——语境——的巩固，又可以是对它们的颠覆。

巴特勒借鉴了德里达这种"重复""引用"的观点："操演"一方面通过不断地对话语"重复""引用"而实现其目的，另一方面，"操演"的"重复""引用"也会带来改变——这点在巴特勒讨论那些"溢出""询唤"（interpellate）的主体时尤其明显：

> 主体只能通过对自身的一种重复或重新表达，保持为一个主体，而且，这种主体为了一致性对重复的依靠也许建构了那种主体的不一致性和它的不完全的特征。因而，这种重复，或者更准确地说，重复性（iterability）成为进行颠覆的"无地之地"（non-place），成为对主体化的规范的重新表达的可能性，而这一规范可能会修改它的规范性的方向。[①]

此外，正如上述，与奥斯汀相比，巴特勒的借鉴在"重复"的维度上将"操演"推向了更加广阔的层面："奥斯汀感兴趣的是在一个单一的场合下重复某种规则怎样使某件事发生。对巴特勒来说，

---

① ［美］朱迪斯·巴特勒：《权力的精神生活：服从的理论》，张生译，江苏人民出版社2009年版，第93页。

这是大规模的、强制性的重复中的一个特殊案例,这种重复创造了历史和社会的现实(你成为一个女人)。"①

五 本章小结

综上所述,尽管巴特勒没有,也拒绝给"操演"下定义,但我们确实能看到巴特勒给"操演"赋予了某些独特的品质:戏剧性、行动、没有主体、重复、引用、话语建构……安吉拉·麦克罗比认为,巴特勒的写作"宣告并巩固了女性主义的一次意义深远、具有震撼效果的转型"②。安吉拉·麦克罗比所谓的非同寻常的"转型"指的正是巴特勒以"操演"的视角,或者说在"操演"的框架中,对"女人""身体""性""性别"等被视为女性主义的关键范畴的重新审视。巴特勒并不同意先前那些将"女人""身体"看作女性主义思考与实践的"基础""前提"的观点。她认为诸如此类的范畴都是话语经过重复、引用的过程之后产生的效应、结果。如果继续将它们当作"基础""前提"而不加怀疑地使用,那么还会陷在旧式的思维框架中,无法给女性主义事业带来新的发展。所以,她明确地提出了自己的观点:"女人""身体"都是"操演"的,并没有先在的"女人""身体",它们都处在不断地形成的过程中,总是话语的产物,总会受到话语的管控。但是,她也特别提醒读者,在那样的过程中,也常常会有"溢出",正是那些"溢出"带来了打破桎梏的可能。"女人"和"身体"是巴特勒最着力探讨的问题,我们也将以此为中心更加具体地考察巴特勒的操演理论的主要意涵以及它对女性主义的价值和贡献。

---

① [美]乔纳森·卡勒:《文学理论入门》,李平译,译林出版社2013年版,第111页。

② [英]安吉拉·麦克罗比:《文化研究的用途》,李庆本译,北京大学出版社2007年版,第85页。

第 二 章

在"女人"的系谱上

对"女人"的界定是重要的,正如张京媛在论文集《当代女性主义文学批评》的前言中指出的:那是任何女性主义理论和女性主义政治的必要的出发点。[①] 真正对"女人"进行反思的历史并不长:我们当然可以从各种资料中发现很多有关"女人"的描述,但似乎在波伏娃的《第二性》(*Le Deuxième Sexe*, 1949)之后,人们才开始又发现了"女人"。可以这么说,只有有意从"女人"——不管对"女人"的观点怎样——的角度思考以及解决问题才有可能称得上是在思考以及解决"女性主义"的问题。20 世纪 60 年代以来,人们对"女人为何(何为女人)"这个问题给出了许多答案:贝蒂·弗里丹认为"女人"是总带着莫名秘密的人[②];多萝茜·丁内斯坦(Dorothy Dinnerstein)笔下的"女人"则像游弋在深深海底

---

① 张京媛:《当代女性主义文学批评》,北京大学出版社 1995 年版,第 11 页。这部论文集对很多中国女性主义研究者来说意义重大:它集结了至 20 世纪 90 年代初期被认为具有女性主义"奠基性"价值的多篇论文,是当时的中国女性主义研究者了解其他国家女性主义研究的重要途径。

② [美] 贝蒂·弗里丹:《女性的奥秘》,程锡麟、朱徽、王晓路译,北方文艺出版社 1999 年版。

的美人鱼般阴险、可怕[①]；斯皮瓦克则指出"女人"是不能说话的"属下"[②]……因为提出"女人"是"操演"的，巴特勒也卷入了对这个问题的讨论之中。该如何看待巴特勒"女人"是"操演"的这个观点呢？它对女性主义又有什么意义呢？

第一节 女人为何（何为女人）

对于"女人为何（何为女人）"这个问题，正如上所述，不同的理论家、社会活动家因为背景不同、目的不同所给出的答案也是非常不一样的——当然我们并不是要寻求唯一的"标准答案"。这些"答案"对人们的理论思考或实践活动都产生了不同程度的影响。它们是巴特勒（同时也是我们）研究的起点、基础，所以在此有必要对这些看法作一个简要的回顾。一般认为，对"女人"的认识有两种针锋相对的观点：本质主义的观点和建构主义的观点。

一 本质主义的观点

"本质主义"是哲学中一个有着悠久历史的观念，它在区分现象与本质的基础上认为事物在错综复杂的现象背后总会有某些永恒的、普遍的本质。女性主义研究中也有一些研究者继承了"本质主义"的思路：女人"是作为一个自然范畴存在的——从历史上和跨文化角度看，都有着一套固定的生物或心理属性，这些属性被说成是抗拒变化的"[③]。也就是说，他们认为"女人"总会具有某些特别的——在此显然是指仅有"女人"会拥有而"男人"不会具备

---

① Dorothy Dinnerstein, *The Mermaid and The Minotaur*: *Sexual Arrangements and Human Malaise*, New York: Harper Colophon, 1977, p. 5.

② [美]加亚特里·查克拉沃尔蒂·斯皮瓦克：《属下能说话吗?》，载罗钢、刘象愚主编《后殖民主义文化理论》，中国社会科学出版社1999年版，第99—157页。

③ [美]谢丽斯·克拉马雷、[澳]戴尔·斯彭德：《路特里奇国际妇女百科全书：精选本》，"国际妇女百科全书"课题组译，高等教育出版社2007年版，第294页。

的——特征,并且这些特征在时间的维度上和在文化的维度上都是永恒的、普遍的、固定不变的。这样的特征都有哪些呢?

女人为何(何为女人)?晚近一种最直接、最普遍的看法是那个人具有一个"女儿身",也就是具有某些"特殊"的生理特征,比如可以孕育的子宫、可以哺乳的乳房,甚至比较纤弱无力的体质,等等。相对其他特征而言,这些确实是比较明显的表征。所以这也成为判断一个人是否为"女人"最常用的标准。又因为其直接、普遍的特性而往往被不加怀疑地运用。

对"女人"持这样的观点的典型之一是弗洛伊德。尽管弗洛伊德在他的精神分析论述中为两性研究开辟了新的领域,然而,在有关"女人"特征的问题上,他仍然没有突破传统的看法。弗洛伊德在他设置的那个女孩注视长有阴茎的男孩的场景中,推测女孩从此具有了促使其产生异性恋欲望的"阴茎嫉羡"情结。在弗洛伊德的观点中,"正常的"女孩的心理发展(包括"阴茎嫉羡"情结和由之产生的异性恋的欲望,也包括后来的由阴蒂性欲向阴道性欲的性欲望的满足),是由于她生理上的"缺乏"("不足",也就是没有阴茎)造成的。用弗洛伊德自己的话说,这就是"解剖决定命运"。也就是说,女孩的生理特征决定着她的心理特征。

乍一看,"生理特征决定男女其他的不同特征"的观点似乎并没有什么不妥。然而,人们发现,那种认为女人在生理上相对于男人是比较缺乏、软弱、无力的观点往往紧接着就会认为女人其他各方面的能力——比如智力——低于男人,因此就应该向男人臣服、为男人服务。并且,尤其重要的是,女人还应该永恒不变地保持这样的状况。启蒙时代的思想家让-雅克·卢梭(Jean-Jacques Rousseau)就持这样的观点。卢梭在"两性异形"(sexual dimorphism)的基础上断定男人是"理性"(Sense)的,女人则是"感性"(Sensibility)的,因此男人和女人就应该接受不同的教育:他心目中的理想男人爱弥儿接受的是自然科学、社会科学的教育,理想女人索菲学习的则是诗歌、音乐以及各种持家之道。这样教育的目的是使爱弥儿成为社会生活中具有适度理性的国家公民以及家庭生活中体面的家长,使索菲成为家庭中温柔和蔼、宽容忍耐——对丈夫还要会撒娇献媚——的妻子、母亲。玛丽·沃斯通克拉夫特在《女权辩护:对政治和道德问题的批评》(*A Vindication of the Rights of Woman: with Strictures on Political and Moral Subjects*, 1792)中就尖锐地批评了卢梭,她非常不同意卢梭因为女人和男人在生理特征上的不同而把女人排除在"理性"和"美德"之外的观点:在那个时代,人们将"理性"看成人之所以成为人最重要的素质,因此把女人排除在理性之外就等于把女人排除在"人"之外;而"美德"则决定着人与人之间地位的高低,因为女人缺乏美德,所以女人低于男人。玛丽·沃斯通克拉夫特坚持认为女人也和男人一样拥有美德(比如端庄谦逊)和真理。① 但那个时候的玛丽·沃斯通克拉夫特还不能更深刻地指出卢梭之所以会有那种看法的更根本的原因。

由此可见,不管弗洛伊德、卢梭等人在其他方面对女人是如何认识和评价的,在生理上,他们对女人都有一致的看法:女人的其他特征都由其生理特征决定。

对于建筑在生理本质主义之上的有关男人和女人的"本质"的观点,李银河曾经有过一个精辟的概括:

> 性别问题上的本质主义(essentialism)是一种把两性及其特征截然两分的观点,它把女性特征归纳为肉体的、非理性的、温柔的、母性的、依赖的、感情型的、主观的、缺乏抽象思维能力的;把男性特征归纳为精神的、勇猛的、富于攻击性的、独立的、理智型的、客观的、擅长抽象分析思辨的;并且认为,

---

① [英]玛丽·沃斯通克拉夫特:《女权辩护》,王蓁译,商务印书馆2007年版,第72页。

这些两分的性别特征是与生俱来的。①

那种试图给女人规定某些本质的观念与做法在20世纪60年代之后逐渐引起了人们的关注与反思,尤其来自女性主义的批评更是猛烈。比如玛乔丽·C.米勒(Marjorie C. Miller)就曾带着反对、否认的态度总结出了那种"本质主义"的特点:首先是一种毋庸置疑的普遍性;其次是无时间性的、无变化的;再次是划定下某些不可逾越的界限;最后是预设出某种目的。② 表面上看起来,"本质主义"似乎是中立的、无害的。然而,正如很多人已经意识到的那样,"本质主义"背后往往暗含着优劣、高低之分:它以"男人的本质"为中心、标准,把分配给"女人的本质"看作有缺陷的本质——比如,在启蒙时代,"女人"就被看作是缺乏"理性"的;还有最常见的,它把那些"属于"女人"本质"的温柔、谦恭、怜悯、同情、慈爱等视为不如"属于"男人"本质"的勇敢、坚强、果断、理性、进取等有价值,因此将女人贬低到比"男人"低等的,甚至是受压迫、受剥削的地位。正如我们所看到的,这引起了人们通常称之为女性主义反本质主义的思想家们的强烈批判。

与此同时,20世纪70年代以来,在女性主义内部,很多理论家也对此前的"女性主义"进行了反省,甚至质疑。比如贝尔·胡克斯(Bell Hooks)就发现此前的女性主义只是白人的、中产阶级的女性主义,它强烈要求工作权,然而像"工作权"这样的权利并不是黑人女性所关心的——她们普遍已经处于被迫工作的极度恶劣的境况中。再如斯皮瓦克,在重读了夏洛蒂·勃朗特(Charlotte Brontë)的《简·爱》(*Jane Eyre*, 1847)、简·里斯(Jean Rhys)的《藻海无边》(*Wide Sargsso Sea*, 1966)以及桑德拉·吉尔伯特(Sandra

---

① 李银河:《关于本质主义》,《读书》1995年第8期。
② [美]Marjorie C. Miller:《女性主义、认同和哲学的重建》,载邱仁宗主编《女性主义哲学与公共政策》,中国社会科学出版社2004年版,第55页。

M. Gilbert）和苏珊·古芭（Susan Gubar）的《阁楼上的疯女人：女性作家与19世纪文学想象》（*The Madwoman in the Attic：The Woman Writer and the Nineteenth-Century Literary Imagination*，1979）之后指出：那样的"女性主义的"文学作品和文学评论在无意有意之间经常与"白人帝国主义"结成同盟，或者延续着"白人帝国主义"的逻辑对第三世界、后殖民社会的女性造成着双重的压迫。贝尔·胡克斯、斯皮瓦克之类的反省提醒着20世纪70年代以来的人们，甚至是女性主义研究内部注意到一个十分迫切的问题：是否只有一种女性主义？这个问题指向的实际上正是有关女性的"本质"：是否只有一种女性？或者，上述问题也可置换为：女性主义是否是铁板一块？女人是否是铁板一块？

上述种种论争，不管是与男人对比，还是在女人内部，实际上都构成了对早期女性主义的本质主义的反拨。

二 建构主义的观点

卢梭、弗洛伊德等人"生理本质主义"的看法在20世纪中期以后受到了许多质疑。尤其是一些女性主义研究者，他们认为生理特征不应该是女人唯一的、最终的"本质"，更不应该成为女人处于次等的、受压迫的地位的根本原因。相对地，他们提出，某些"文化特征"更能说明一个人的"女人"身份。

最著名的观点当然是波伏娃提出的"女人不是天生的，而是后天形成的"。波伏娃在《第二性》中指出立足于生理解剖的生物学、以"性"为根本的精神分析和以"经济"为研究中心的马克思主义学说都没能说明"女人"之所以成为"女人"的根本原因。她认为，使"女人"成为"女人"的，一方面是因为男人把自己当作主体、甘愿冒险并进而实现"超越"的同时把"他者"（other）、次等、内在性——那些他们看来并不具有很高价值的素质——分配给女人；另一方面是因为女人在由男人占支配地位的社会中内化了男人分配给她的那些价值观,毫无反抗地接受了那些明显不如男人的地位。波伏娃展示了男人是如何通过小说、神话、法律、习俗等方式将那些价值观灌输给女人并不断将它们巩固在女人的观念中,使得女人安于承担那些不是她自己选择的、不受重视的(甚至是遭到蔑视的)妻子、母亲、娼妓、自恋者、职业妇女、神秘主义从业者等社会角色。我们甚至能够想象波伏娃指出这种状况时的激愤:

> 在人类群体中,没有什么是自然而然就有的,比如,女人只是文明的产物;他人对她的命运的干预从开始就有,如果这种行动朝另外一个方向发展,它就会达到完全不同的结果。女人既不是由她的激素,也不是由神秘的本能决定的,而是由她通过外在意识把握她的身体、她和世界的关系的方式决定的;把少女和少男分隔开的鸿沟,从他们幼年开始就以共同商定的方式挖掘出来了;随后,人们无法阻止女人成为她原先被造就的样子,她始终将这过去拖在身后;如果人们衡量一下得失,就会清楚地明白,她的命运不是永远确定的。①

如此看来,如果对"女人为何(何为女人)"这个问题怀着要获得确切回答的愿望,那么在波伏娃这里恐怕是要遭遇失望的——波伏娃认为女人是"形成"的,她的成长是一个"形成"的过程,她是一个被"文明"不断"精心制作"而成形的作品。这也是波伏娃对自己的观点——"女人不是天生的,而是后天形成的"——最好的阐释。后来的很多研究者也将波伏娃的这个观点总结为:女人是被建构的。

南希·乔多罗(Nancy Chodorow)也认为女人是被建构的,但

---

① [法]波伏瓦:《第二性(Ⅱ)》,郑克鲁译,上海译文出版社2011年版,第592页。

不同的是，她借助精神分析的方法来具体论述她的"女人"观。

乔多罗以"母亲"如何被"生产"出来为切入点说明"女人"是怎样被"形成"的。乔多罗认为"母亲"是被"生产"出来的。在"母亲"被"生产"出来的过程中，"女人"和男人也同时被"生产"出来了。在《母亲的再生产：精神分析与性别的社会学》(*Reproduction of Mothering*: *Psychoanalysis and the Sociology of Gender*, 1978)中，乔多罗借鉴了弗洛伊德的观点，认为女孩有可能也会经历俄狄浦斯阶段。但是，乔多罗并不认为这种在俄狄浦斯阶段中女孩产生的"阴茎嫉羡"情结是因为女孩发现了自己的"缺乏"（不足，没有阴茎）而引起的。乔多罗认为，为人父母的人无一不是已经接受了父权制（patriarchy）社会文化塑造的有关男人和女人的观念的，他们在处理自己与婴儿之间的关系时必然会受到那些观念的影响，因此，社会文化尤其会通过和婴儿待在一起时间更长的母亲对孩子的性别观念的形成产生更重要的作用。在俄狄浦斯阶段，女孩对母亲爱恨交织：她既不满母亲的"缺乏"，又发现自己其实和母亲一样，也就是说她和母亲的界限是模糊的，是难解难分的；而男孩即使之前再爱恋母亲，他也会很快就发现他其实和母亲不同，他可以独立于母亲，他有明确的可以认同的对象——父亲。乔多罗认为，俄狄浦斯阶段之后，即使女孩已经有了异性恋的心理，她对母亲仍然会保留有深厚的感情；而男孩因为既惧怕母亲的"吞没"，又惧怕父亲的"阉割"，所以此时完全转向父亲。乔多罗重新阐释了弗洛伊德论述的那个俄狄浦斯阶段，并且指出，正是因为带着既有的性别观念的父亲、母亲——尤其是母亲——的影响，婴儿才会按照已有的观念形成自己的性别心理特征。又因为当前的母亲接受了由父权制社会生产出来的、已有的有关"母亲"的思想，并继续将那样的思想传递给女儿——下一代的母亲，与此同时，她也把怎样才是一个"真正"的男人的观念灌输给男孩，所以，在"母亲"被"再生产"出来的过程中，女人和男人也同时被"生产"出来："女人的母职……创造了女孩和男孩成长过程中不对称的关系体验,这就是女性人格和男性人格有着决定性差异的原因。"① 乔多罗还强调,她对俄狄浦斯阶段的重新阐释是对这一阶段心理运作机制的揭示,这个运作机制的最终决定因素还是具体的社会文化因素。显而易见,虽然乔多罗继承了弗洛伊德那些说明性别身份的思路,但她并不同意弗洛伊德"解剖决定命运"的观点,而认为是社会文化通过母亲"生产"出了"女人"和"男人"。

由此可见,主要强调外部的"文明"的"制作"的波伏娃和主要从精神分析的角度来研究的乔多罗有一个共同的特点:她们都认为女人(和男人)不是天生的,而是在后天各种因素的影响下建构起来的。她们的研究工作,也开启了后来的研究者们对"女人的本质"问题的思考,尤其奠定了所谓女性主义反本质主义潮流的思想基础。

第二节 操演的"女人"

当众多的女性主义研究者陷入本质主义与建构主义的论争之中,并试图寻求在理论上和实践上的突破的时候,巴特勒没有在"本质主义"和"建构主义"之间作出非此即彼的选择,而是借助福柯系谱学的方法,从新的角度思考"女人为何(何为女人)"。巴特勒试图展示的是"女人"被"形成"的过程,而不是像别人一样企图去发现那个未被"建构"污染的"女人"——因为在她看来,没有这样的"女人"。

巴特勒也和许多女性主义研究者一样,认为列维-斯特劳斯的人类学研究和弗洛伊德、拉康的精神分析的研究都在一定程度

---

① [美]约瑟芬·多诺万:《女权主义的知识分子传统》,赵育春译,江苏人民出版社2003年版,第154页。

上——从正面或反面——揭示了"女人"是如何"形成"的。但她同时也看到了在这些思想家的研究中存在种种缺陷。

一 交换生产女人

在"女人不是天生的,而是后天形成的"的思路下,"女人是怎样被形成的"逐渐成为很多女性主义研究者思考的问题。他们的研究目光不约而同地被列维-斯特劳斯的那个"原始社会"人类学研究项目所吸引。他们将突破"女人为何(何为女人)"这一问题的希望寄托在对一个未被父权制"污染"的"前"父权制社会的发现上。因此,可以想见,"原始社会"对他们而言是多么具有吸引力。

1. 列维-斯特劳斯与鲁宾的观点

列维-斯特劳斯首先预设了自然和文化的区分,并进一步认为自然是文化的基础,而研究"自然"如何过渡到"文化"正是人类学的核心问题之一。列维-斯特劳斯把"原始社会"看作从自然过渡到文化的重要阶段。并且,在原始社会中,他认为起关键的组织作用的是亲属关系:"原始的,或据说是原始的,社会是由'血缘关系'(如今我们称之为亲属关系制度)而不是由经济关系所支配的。如果这些社会没有从外部被毁灭的话,它们将会无限期地持存下来"①;"在非资本主义社会或前资本主义社会中,'血缘关系'比阶级关系起着更重要的作用。"② 因此他在讨论原始社会的社会结构时,就是围绕原始社会的亲属关系来展开的。

使受到列维-斯特劳斯如此重视的原始社会的亲属关系得以存在和延续的是男人与男人之间的"交换"——对"粮食""畜生"的交换,而其中最根本的是他们之间对女人的交换:"每个男人都从

---

① Claude Levi-Strauss, *Structural Anthropology*, New York: Basic Books Inc. Publishers, 1963, p. 337.

② Ibid., p. 340.

另一个男人那里得到他的妻子,那是他('另一个男人')的女儿或姐妹。"① 在原始社会中,将女人作为礼物的交换之所以比把其他东西作为礼物的交换更重要是因为这种交换会带来"亲属关系"。列维-斯特劳斯举了一个例子说明这个问题:

> 什么,你想同你的姐姐(妹妹)结婚?你没有毛病吧?你不想有姐(妹)夫吗?难道你不知道如果你和另外一个男人的姐姐(妹妹)结婚,那么也将会有另外一个男人同你的姐姐(妹妹)结婚,这样你至少会有一个姐(妹)夫,但如果你同你的姐姐(妹妹)结婚,那你就一个姐(妹)夫都没有了。你和谁一起去打猎、去田里干活?你到谁家去做客呢?②

显然这个例子证明了列维-斯特劳斯认为婚姻关系(亲属关系)和"交换"(行为及其象征意义)是密不可分的观点。甚至可以说,在列维-斯特劳斯看来,婚姻就等于交换:"我们发现婚姻律法的起源总是一种交换系统"③;"是交换,总是交换,作为所有婚姻制度模式的根本及普遍的基础而出现。"④ 并且,正如我们所知,列维-斯特劳斯所说的婚姻关系中所谓的"交换"指的只是男人之间将女人当作"礼物"的交换,在他的研究中,他没有提到任何在女人之间把男人当作"礼物"而进行的交换。总是男人——而不是女人——作为交换关系中的"伙伴"享受着"交换"带来的种种好处;"女人"所扮演的总是——只是——"礼物"的角色。

列维-斯特劳斯认为保证男人之间对女人的这种交换得以顺利、

---

① Claude Levi-Strauss, *The Elementary Structure of Kinship*, Boston: Beacon Press, 1969, p. 44.
② Ibid., p. 485.
③ Ibid., p. 478.
④ Ibid., p. 479.

长久、广泛地实现的是乱伦禁忌（incest taboos）的普遍存在。乱伦禁忌帮助男人轻易地将女人区分为两类：可以结婚的女人和不可以结婚的女人。这并不是出于对由近亲结婚所带来的生物遗传问题的考虑——正如我们上述所举的例子，而是具有另外的、双重的意义："禁止一个男人对他的女儿或姐妹的性方面的使用，迫使他以婚姻的形式将她们送给另一个男人，与此同时这另一个男人对那些女儿或姐妹的权利也被建立起来"①；"每个男人都从另一个男人那里得到他的妻子，那是他（'另一个男人'）的女儿或姐妹。首领从社群中获得他的众多妻子。在交换中，他给予社群抵制贫乏与饥饿的保证，当然，那不仅仅是特别针对那些姐妹或女儿与他结婚的男人而言，甚至也不是针对那些因为他行使一夫多妻而独身的人对他可能的谴责而言的，而是针对作为一个社群的整个社群而言的……"② 也就是说，乱伦禁忌一方面保证了男人对女人的支配——不管是对送出礼物的一方还是对接受礼物的一方而言，另一方面也保证了家庭之间、社群之间的"亲属关系"。所以列维－斯特劳斯将乱伦禁忌看作原始社会的亲属关系的"最高原则"③。

因为列维－斯特劳斯对"女人"在原始社会亲属关系构造中的作用所给予的关注是如此明显与特别，20世纪60年代以来他的观点就不断被女性主义研究引用和借鉴。在对列维－斯特劳斯的借鉴中，有两种研究取得的成果尤其令人瞩目：一种是受他的工作刺激而兴起的对史前社会的女性主义研究；另一种主要是在理论层面上考察他的观点对女性主义研究的意义。鲁宾的研究可以看作第二种研究的典型代表。

鲁宾认为列维－斯特劳斯的研究有许多值得注意的内容：首先，

---

① Claude Levi-Strauss, *The Elementary Structure of Kinship*, Boston: Beacon Press, 1969, p. 51.
② Ibid., p. 44.
③ Ibid., p. 481.

在他的论述中,"人的主体总是非男即女,因此可以追溯两性分道扬镳的社会命运"①;其次,他所谓的"女人的交换"是一个"诱人而又有力的概念",因为它不再将女人受到的压迫归诸生物性而是追寻到社会制度中②;最后,他认为亲属制度的关键在于男人之间对"女人的交换",所以,鲁宾认为他的论述"不经意地构造了一套解释性别压迫的理论"③。由此可见,鲁宾起码在三个维度上发现了列维-斯特劳斯的观点对研究"女人"的意义:首先,因为他所研究的是男人或女人从"自然"到"文化"的过渡过程,所以,他展现了两性在这一过程中是怎样分化开来的;其次,他的研究揭示了"女人"之所以受到压迫并不是因为她所具有的生物性,而是因为她被"文化"分配至作为男人之间交换的一种"礼物"的地位中;最后,他的论述本身也是一种对性别压迫的理论建构——尽管他是不经意的,因此,也值得质疑。鲁宾严格地审视了列维-斯特劳斯的研究成果。

首先,鲁宾认为列维-斯特劳斯论述男人之间的"女人的交换""本身既不是一个文化的定义也不是一个制度的定义。这个概念是对性和性别社会关系某些方面敏锐而又浓缩了的领悟。亲属制度是社会目的强加于自然世界一部分的现象,所以它是最一般意义上的'生产':为了一个主观目的并且在一个主观目的下所进行的、对物体的(在此是对人的)塑造和转变……"④ 也就是说,"女人的交换"是列维-斯特劳斯对他所观察到的原始社会有关性、性别以及它们之间的关系的现象的一个理论总结,而这并不意味着"女人的交换"在原始社会中是作为一个"文化"或"制度"的现象出现

---

① [美]盖尔·卢宾:《女人交易:性的"政治经济学"初探》,载[美]佩吉·麦克拉肯主编《女权主义理论读本》,艾晓明等译,广西师范大学出版社2007年版,第45页。

② 同上书,第49页。

③ 同上书,第45页。

④ 同上书,第50页。

的。所以，由"女人的交换"而组织起来的亲属关系，与其说是一个从"自然"到"文化"过渡的现象，还不如说是"文化"（"社会"）将某种"社会目的"强加在"自然"这一部分的现象。① 因此，不管是"女人的交换"，还是"亲属制度"，都不是某些"自然"的现象，它们都是某种"生产"的"产物"：那是男人从自身利益出发对"女人"，同时也是对自己社会角色的塑造。这实际上就在表明女人受压迫的地位——以及与此相对的、男人对女人的支配地位——是被"文化""生产"出来的，而不是"自然"（"天生"）的。

其次，不仅上述女人的受压迫地位——以及男人的支配地位——是被"生产"出来的，鲁宾还进一步认为，诸如性、性别、异性恋、欲望等也是被"生产"出来的。比如就"身体"而言，"如果女人是被交换的，无论我们怎样理解这个词，婚姻的债务是由女性的肉体来计算的。一个男人将一个女人作为前一个婚姻的回报来占有，那这个女人必须成为这个男人的性伙伴。"② 也就是说，由"女人的交换"带来的婚姻关系——"亲属关系"中最重要的关系——规定了女人的"身体"：她必须具备那样的身体以保证这种婚姻关系的实现。因此，与其说是因为她的身体带来了"交换"与"亲属关系"，还不如说是"交换"与"亲属关系"要求她具有那样的身体。

再如异性恋。鲁宾认为："禁止某些婚姻和命令另一些婚姻成立的规定是以迫使形成婚姻的规定为前提的。婚姻是以个人倾向于结婚为前提的。"③ 在列维-斯特劳斯所说的原始社会中，男人和女人之间的婚姻是唯一"合法"的婚姻形式，因此，这就意味着它必将

---

① "社会目的"主要指对女人的权力，"自然"主要指"女人"。
② ［美］盖尔·卢宾：《女人交易：性的"政治经济学"初探》，载［美］佩吉·麦克拉肯主编《女权主义理论读本》，艾晓明等译，广西师范大学出版社2007年版，第54页。
③ 同上书，第52页。

第二章 在"女人"的系谱上 75

要求女人和男人拥有异性恋的倾向:以婚姻为基础的亲属制度将"男性""女性"转变为"男人""女人",这种运作最重要的意义在于使男女双方中的每一方都成为不完全的一半,因此引导他们寻求同另一方结合以实现完整。① 然而,鲁宾发现,其实亲属关系制度并不全像列维-斯特劳斯所论述的那样只有唯一的形式。比如,在某些社会中,婚姻制度要求堂亲或表亲通婚,这是对异性恋双方更具体的要求。又如,在新几内亚的一些社群,人们认为男人和女人互相危害,所以,一个年轻的男人必须和一个年长的男人亲属发展同性恋才能重新获得当初他被女人怀孕时所消耗的生命力。这就在亲属关系中出现了同性恋。再如,在某些女人被年长男人垄断的社群中,年轻男人可以通过付出彩礼的方式获得一个男孩做"妻子"。而在一些社群中,只要有丰厚的资产,女人也可以成为"丈夫"。显然在这些"婚姻"关系中,决定男人和女人是否要同性恋、他们具体处于"丈夫"或"妻子"地位的是他们所拥有的财产。所以,鲁宾指出列维-斯特劳斯所谓的"亲属制度"实际上不仅塑造了两性身份,而且塑造了两性欲望(sexuality)。我们所看到的、列维-斯特劳斯所论述的异性恋、异性婚姻,其实都是被"生产"出来的。与此相对,"对人类性欲中同性恋成分的压制及其必然结果——对同性恋的压迫,同样是那个以其规则和关系压迫妇女的制度的产物"②。甚至,那个被列维-斯特劳斯视为婚姻关系、亲属关系的支撑的根本原则——乱伦禁忌,在鲁宾看来也同样不是"自然"的:"乱伦禁忌是以较前的、不太清晰的同性恋禁忌为前提的。"③ 也就是说,鲁宾认为,"乱伦禁忌"同样也是被"生产"出来的。

综上所述,尽管鲁宾借鉴了列维-斯特劳斯的观点,但她却得

---

① [美]盖尔·卢宾:《女人交易:性的"政治经济学"初探》,载[美]佩吉·麦克拉肯主编《女权主义理论读本》,艾晓明等译,广西师范大学出版社2007年版,第52页。
② 同上书,第53页。
③ 同上。

出了不同的结论:乱伦禁忌、异性恋、性别甚至性都不是"自然"的,它们都不是某些"自然"的机制或本质,即使在原始社会中,它们都有着深深的"文化"的烙印。

对于自然、女人、乱伦禁忌、异性恋等列维-斯特劳斯和鲁宾十分关注的范畴,巴特勒在"操演"视野中对它们的理解和上述两位思想家都不同。

2. 交换生产女人

巴特勒认为列维-斯特劳斯的研究对女性主义研究的最大意义在于使人们认识到:"那些认为父权制是不可避免的反女性主义论点,物化和自然化了一种历史的、偶然性的现象。"① 除此之外,巴特勒对列维-斯特劳斯更多的是批判地继承。

巴特勒认为那个被列维-斯特劳斯当作他的整个研究的基础的"自然"和"文化"的区分是有问题的。

列维-斯特劳斯认为"自然"就如未经加工的"生食"(the raw),而"文化"则是"生食"经过"烹调"之后而成的"熟食"(the cooked):"自然"之于"文化",就如"生食"之于"熟食"。一些女性主义研究者借鉴了列维-斯特劳斯的这种观点后认为先有某些"自然"的性的存在,然后经过某种机制的运作最后成为"文化"的性别。如果,真有这么一种过程的存在——比如列维-斯特劳斯已经指出的亲属关系制度——那么就有可能找出它的运作机制,就有可能揭示出那个"女人的具有历史意义的失败"的时刻,从而寻求到改变的希望。在这个议题下,巴特勒的质疑有两个方面:其一,她认为自然和文化的区分、(以及在上述思路之下的)性和性别的区分以及将性看作文化"烹调"的材料,那些观念本身就是一种话语建构的结果。也就是说,上述两种区分和以自然作为文化加工

---

① [美]朱迪斯·巴特勒:《性别麻烦:女性主义与身份的颠覆》,宋素凤译,上海三联书店2009年版,第48页。

基础的观点，在巴特勒看来都不是"自然"的，而是出于某种目的而作出的话语实践：巴特勒并不认为有什么自然与文化的区分、性和性别的区分以及一种"烹调"过程的存在，而是自然从来就是文化，性从来就是性别，所谓的"烹调"过程则往往是一些设想。其二，巴特勒认为上述区分最严重的问题是它必然会带来掩饰、排斥与压迫。这是受德里达启示而得来的观点。上文已经提到，德里达有过论述，二元对立总是意味着等级制，对立的二元往往不平等，它们在价值、逻辑等方面总会有优劣、高低之分，并且在此基础上导致一方支配、压迫另一方情况的出现。卡罗尔·迈克尔迈科（Carol MacCormack）和玛丽琳·斯特拉森（Marilyn Strathern）在巴特勒之前就指出，在自然与文化区分的思路下，女人常常被认为是属于自然的、次等的、被支配的部分，而文化，则总是"男人的""主动的""抽象的"，作为"自然"的女人需要经过"文化"的男人的"征服"才能获得她的价值。[1] 巴特勒同意他们的观点，她也认为男女二元区分确实是一个典型的例证："将理性和精神与男性特质和能动性联系，而身体和自然则被当作沉默的女性真实，等待一个对立的男性主体赋予它意义。"[2] 在这样的运作之下——或者说，在这样的思维方式的框架中——自然（女人）和意义（男人）互相排斥，并且更重要的是"建构以及维系这个二元区分的性政治，事实上被话语生产的自然，更确切地说是以无可置疑的文化基础之姿呈现的自然性别，给掩盖了"[3]。"自然"不仅被"文化"生产出来了，而且，又被"文化"置于"基础"的位置，并且，进一步地，还被"掩盖"了。巴特勒对这种二元对立思维的批评不可谓不尖锐：

---

[1] Carol MacCormack, Marilyn Strathern, *Nature Culture and Gender*, New York：Cambridge University Press, 1980.

[2] ［美］朱迪斯·巴特勒：《性别麻烦：女性主义与身份的颠覆》，宋素凤译，上海三联书店2009年版，第51页。

[3] 同上。

"文化和自然的二元关系助长了一种等级关系,在其中文化任意地把意义'强加'于自然之上,使得自然成为一个'他者',而对它极尽掠夺挥霍之能事,并且也在一个统治的模式上维护了能指的理想形式与意指的结构。"[1] 这才是二元对立之所以被德里达视为需要被解构的范畴的重要原因之一,更是巴特勒认为在女性主义研究中需要慎重地重新考量性与性别的区分的重要原因之一。因此,巴特勒有两个观点值得再次强调:没有不被文化"烹调"过的自然,自然与文化都是话语的建构;自然和文化的二分即意味着等级关系,在此思路下的女性主义的挪用,其结论值得质疑。所以,重要的不仅是去研究女人已经是什么样子的,还要去揭示女人是怎样变成那个样子的。

对于列维-斯特劳斯所阐释的"女人的交换",巴特勒也有不同看法。

列维-斯特劳斯认为男人之间对女人的交换是男人文化身份得以确立的重要过程——也是自然变成文化的重要过程。并且,我们也知道,交换的双方——男人和男人——他们继承及延续的依旧是"男人"的身份。然而,交换的价值并不仅仅是表面上看起来的那么简单。其实,列维-斯特劳斯自己也有所察觉——尽管他最后还是忽略了:"交换的价值并不在于它只是简单的商品的交换。交换——表现它的异族通婚的规则也是——本身也具有社会价值。它提供了把男人结合在一起的一种方式……"[2] 如果说,列维-斯特劳斯的表述还显得有些语焉不详的话,那么巴特勒显然认为伊利格瑞就此作出了更加简洁而清楚的解释:两个男人或两个父系宗族之间的"女人的交换"实现的是一种"男/同性爱"(hommosexuality)的欲望:它通

---

[1] [美]朱迪斯·巴特勒:《性别麻烦:女性主义与身份的颠覆》,宋素凤译,上海三联书店 2009 年版,第 51 页。

[2] Claude Levi-Strauss, *The Elementary Structure of Kinship*, Boston: Beacon Press, 1969, p. 480.

过异性恋制度以"女人的交换"的方式实现的是两个男人或两个父系宗族之间的结盟,这难道不是一种男—男欲望的实现?① 伊利格瑞的这个总结,一方面指出了"交换"带来的男女之间的婚姻关系的背后其实还有着男—男之间的结盟关系——伊利格瑞显然以为这是一种同性恋的关系。另一方面也指出了由乱伦禁忌带来的异族通婚所产生的异性恋并非像列维-斯特劳斯(以及弗洛伊德)所认为的那样,是自然的、天生的,相反,它是被"文化"生产出来的,并非自然的欲望、机制。而且显然,不管在实际的情况中还是在列维-斯特劳斯的论述中,不管是那种"男/同性爱"还是异性恋的非自然性,都被"女人的交换"有效地、别有用心地遮蔽了。"女人的交换"所遮蔽的又何止这些!

其实,在"女人的交换"的过程中,被最深地遮蔽了的,正是女人。尽管列维-斯特劳斯已经提到,交换是在两个(群)男人之间进行的,女人只是交换中的一个物品,男人才是交换的"伙伴",然而,他对女人所处地位的评价似乎太过于冷静了:"象征思维的出现需要女人像词语一样可以被当作物品而用于交换。"② 鲁宾早就发现了其中所蕴含的微妙意涵:被当作礼物用于交换的是女人,是她们使交换她们的男人结成了联盟。在那个过程中,女人只是中介,男人才是建立起了关系的伙伴。交换区别出了礼物与礼物的交换者。由交换女人而来的利益(比如结盟的达成)的受惠者是作为交换者的男人而不是被当作交换的礼物的女人。③ 也就是说,尽管女人是交换中的重要角色,但是她的重要性只体现在将男人联系起来,使他

---

① [美]朱迪斯·巴特勒:《性别麻烦:女性主义与身份的颠覆》,宋素凤译,上海三联书店2009年版,第55—56页。
② Claude Levi-Strauss, *The Elementary Structure of Kinship*, Boston: Beacon Press, 1969, p. 496.
③ [美]盖尔·卢宾:《女人交易:性的"政治经济学"初探》,载[美]佩吉·麦克拉肯主编《女权主义理论读本》,艾晓明等译,广西师范大学出版社2007年版,第48页。

们结成某种伙伴关系,并使他们获得因这种关系而带来的利益。使得交换顺利实现的女人,并不会因为交换而享受到利益,相反,在伊利格瑞看来,需要女人的"交换"却在"交换"之前就预设了女人的缺席:"男人之间这种互惠交换的建构,其先决条件是:无法在那个经济里表达的性别之间的非互惠性,以及女性、阴性和女同性恋情欲的不可命名。"① 也就是说,交换以及乱伦禁忌、异性恋、亲属关系的建构等,对女人而言,不仅不会从中获得利益,甚至还会因此而被排除在外。

巴特勒同意伊利格瑞的观点:

> 新娘的功能是男人群体之间的一种关系条件;她不具有一个身份,她也没有用一个身份来交换另一个身份。她正是通过成为男性身份不在场(absence)的场域而反映男性身份……父系传承通过对女人仪式性的排除,以及相互之间对女人仪式性的引进而获得稳固……作为父系姓氏交换的场域,女人既是、也不是父系姓氏的符号,她们被她们背负的父系姓氏这个能指所排除。婚姻中的女人不具有身份的资格,她只是一个关系条件,区分不同的宗族,同时也把它们结合在一个共同但内部分衍的父系身份之下。②

由此可见,巴特勒同样认为女人只是交换关系——亲属关系——的一个条件,在交换中,她没有身份,交换之后她也不会获得任何身份——利益,她促成了交换,同时也被排除在交换之外。如果说男人通过交换而获得了某种身份的话,那么女人的身份就是以其身份的"不在场"——在父系姓氏的能指中是不被表现的——来反映男

---

① [美]朱迪斯·巴特勒:《性别麻烦:女性主义与身份的颠覆》,宋素凤译,上海三联书店2009年版,第57页。
② 同上书,第53—54页。

人身份的获得以及巩固。并且,在那样的交换关系中,正如我们所见,女人和女人之间的联系也被完全切断了。

在这样的思路下,伊利格瑞提出的一种为女人争得"身份"的办法是在男人交换女人的(象征)关系之外,开辟出新的领域,正像她在《他者女人的窥镜》(*Speculum of the Other Woman*, 1974)、《非一之性》(*This Sex which Is Not One*, 1977)中所设想的那样,那是一个女人系谱得以重新建立、女人可以说"女人话"、与男人的象征领域(Symbolic Realm,即拉康意义上的象征领域)截然不同的独特领域。但巴特勒认为,那样一个领域,是伊利格瑞对她自己所批判的以男性为标准的逻各斯中心制度的一种复制。并且,巴特勒对此也持怀疑的态度,她并不认为有开辟那样一种领域的可能性。和伊利格瑞不同,巴特勒依旧将视野放在既有的基础——象征领域——上。如果说,伊利格瑞设想的是在象征领域之外实现某种女人身份,那么,巴特勒则坚持认为只能在象征领域之内发现实现某种女人身份的策略:"如果有一个性别领域是被象征领域所排除,而且有可能可以揭露象征秩序在其权限范围内并非统一的,而是霸权性的,那么就一定有可能在这个经济内部、或在它之外找出这个被排除的领域,从那个位置上制定干预的策略。"① 也就是说,在可以设想的范围内,巴特勒并不认为有什么性别身份可以脱离象征秩序而存在,即使是被排除的性别身份,也需要依赖象征秩序才能获得它的"被排除"的身份,因此,重新获得身份的设想也应该以此作为立足点和出发点而制定新的策略。正因为这样的原因,我们看到,其实巴特勒在她的整个研究中,对女人身份的设想并不像一些女性主义研究者那样清晰和明确,她也无意指出什么具体的策略以供借鉴。所以,巴特勒常常以提问方式表达自己的思考:"要想有效地批

---

① [美]朱迪斯·巴特勒:《性别麻烦:女性主义与身份的颠覆》,宋素凤译,上海三联书店2009年版,第57页。

判阳具逻格斯中心主义,是否必须要置换列维-斯特劳斯所定义的那个象征秩序?"①"'大写律法'是否单方面地、一成不变地生产这些位置?它能够生产有效挑战律法本身的一些性欲设定吗?还是,那些挑战不可避免地只是幻想?我们是否能够明确指出那律法的生成性是可变的,或甚至是颠覆性的?"②后面这个极具向拉康挑战意味的提问,其矛头,其实首先指向的是列维-斯特劳斯提出的乱伦禁忌。

正如上述,列维-斯特劳斯认为,乱伦禁忌是原始社会中保证交换女人而结成异性婚姻(亲属关系)的根本原则。鲁宾已经指出了乱伦禁忌其实并没有像列维-斯特劳斯设想的那样是唯一的、不变的(巴特勒对此的理解是:"结构主义话语往往以单数形式来指涉大写律法,这与列维-斯特劳斯认为有一个普遍的结构指导着作为所有亲属关系体系特点的交换的论点有一致之处"③),而是充满了各种可能性以及暗示了种种压抑的:"乱伦禁忌是以较前的、不太清晰的同性恋禁忌为前提的。对某些异性结合的禁止假设了对非异性结合的禁忌。"④巴特勒对乱伦禁忌的分析要复杂并深入得多。

首先,巴特勒认为,列维-斯特劳斯是在缔结婚姻关系(亲属关系)的背景下讨论乱伦禁忌的。乱伦禁忌是婚姻关系(亲属关系)得以缔结的重要保证。这样的婚姻关系,通过男人和女人的婚配而实现,它是一种异性恋的关系。所以,可以这么说,乱伦禁忌促进婚姻关系缔结的过程就是它启动异性恋机制同时抑制同性恋发生的过程。就此而言,巴特勒和鲁宾的看法一致。

---

① [美]朱迪斯·巴特勒:《性别麻烦:女性主义与身份的颠覆》,宋素凤译,上海三联书店2009年版,第54页。
② 同上书,第57页。
③ 同上书,第53页。
④ [美]盖尔·卢宾:《女人交易:性的"政治经济学"初探》,载[美]佩吉·麦克拉肯主编《女权主义理论读本》,艾晓明等译,广西师范大学出版社2007年版,第53页。

然而，在伊利格瑞的启发下，巴特勒还认为，在乱伦禁忌的制约下，其实还有另外一种同性恋的形态，甚至可以说是更具有"文化"意义的同性恋形态的存在：也就是我们在讨论"女人的交换"时提到的"女人的交换"带来的异性恋婚姻所掩盖了的"男/同性爱"——男人之间的结盟。

对于乱伦禁忌，在福柯"律法不仅具有司法性也具有生产性"观点的启发下，巴特勒认为作为律法，它不止具有司法性（禁止、压抑）的功能，它还具有生成性（生产）的功能："乱伦禁忌不仅禁止并控制某些形式的性欲，它也不经意地生产了各种替代的性欲和身份；而除了它们是某种意义的'替代品'这点以外，这些性欲和身份绝非在事先就受到了限制。"① 也就是说，乱伦禁忌生产出异性恋和同性恋的同时又抑制了异性恋与同性恋。或者换句话说，异性恋和同性恋"在时序上和本体上"都晚于作为律法的乱伦禁忌，并且，异性恋和同性恋先于乱伦禁忌这样的观念本身就是乱伦禁忌这一律法生产出来的。② 而乱伦禁忌与乱伦的欲望的关系也是同样的："禁止乱伦结合的律法与鼓励这样的结合的律法是同样一个律法，而我们不再可能将司法性乱伦禁忌的压抑功能与生产的功能分开来看。"③

由此可见，巴特勒的观点在根本上不同于鲁宾的观点。尽管鲁宾没有将律法之前的欲望设想成一种原初的双性的欲望，但她仍然主张在经过她所谓的"性/性别制度"之前，"每个孩子都具有人类所有的性欲表达的可能性。"④ 也就是说，鲁宾同样也设想了在律法

---

① ［美］朱迪斯·巴特勒：《性别麻烦：女性主义与身份的颠覆》，宋素凤译，上海三联书店2009年版，第102页。
② 同上。
③ 同上。
④ ［美］盖尔·卢宾：《女人交易：性的"政治经济学"初探》，载［美］佩吉·麦克拉肯主编《女权主义理论读本》，艾晓明等译，广西师范大学出版社2007年版，第60页。

之前存在某些等待律法对其施以作用的欲望。而巴特勒显然并不承认有这样的一些律法之前的欲望的存在，她更愿意将欲望与律法看成同时出现的一些文化现象：巴特勒并不将欲望看作"自然的"、等待文化的"律法"——当然包括"乱伦禁忌"——对其施加作用的东西。

综上所述，对"交换的女人"，巴特勒的看法与列维-斯特劳斯、鲁宾的看法不同。巴特勒认为并不是先有一个（些）女人，然后在异性恋制度、乱伦禁忌等"律法"的约束下才有对她（们）的交换，进而才有了结成亲属关系的异性婚姻和部落的结盟。巴特勒认为，女人由"操演"而来——女人是交换生产出来的，或者说，交换生产出了女人。女人并不先在于异性婚姻、部落联盟，她并不是这些关系得以实现的基础、原因，相反，是这些关系为了实现自己的目的而生产出了"女人"这么一种性别，"女人"是它们的效应、结果。并且，为了保证这些运作，在女人被生产出来的过程中，对异性恋提倡的观念、对同性恋压抑的观念以及乱伦禁忌的观念也同时被生产出来了。

二 伪装生产女人

如果说列维-斯特劳斯（以及受其影响的研究者）试图从社会结构中为女人找到她们的身份，那么，拉康则试图在心理结构中给女人（和男人）确定他们的位置。有意思的是，不论列维-斯特劳斯还是拉康都认为是某种"外在"因素的作用给"女人"赋予了某些特质：列维-斯特劳斯认为是"文化"的"烹调"使女人具有了社会特征，而拉康则认为是语言结构的"象征秩序"的安排为女人划定了她的界限。巴特勒认为，不管是列维-斯特劳斯还是拉康，对"女人为何（何为女人）"这个问题的回答都不能令人满意。

1. 拉康与里维埃尔的观点

在讨论拉康有关男人和女人的问题之前，我们有必要首先了解一些他关于"菲勒斯"(Phallus)的主要观点。其中最重要的原因当然在于菲勒斯对拉康而言是一个十分关键的范畴,尤其是在他论述男人和女人问题的时候。

拉康以菲勒斯为标准给男人和女人划定他们的位置。然而要说明"菲勒斯"的意义真不是一件容易的事。这不仅因为在不同的研究者那里它的意义不同,即使就拉康而言,他对菲勒斯的态度也是非常暧昧的——他并没有明确地表述过菲勒斯对他的意义。

拉康的观点集中体现在《菲勒斯的意义》("Die Bedeutung des Phallus", 1958)这篇不长却十分重要的文章里。尽管拉康提到了弗洛伊德,然而,他表达的却是自己的观点:菲勒斯不是妄想,即菲勒斯不是想象的效果;菲勒斯也不是客体,它更倾向于将有关事实看作关系;它更不是某个(些)具体的生理器官。菲勒斯是什么?菲勒斯是个能指,它是男人和女人共同的欲望的对象,它总是在受到遮蔽之后才会起作用。

在对菲勒斯的理解中,尤其值得注意的是菲勒斯与阴茎(penis)的区别。正如一些研究者已经正确指出的,拉康从来没有清楚区分过菲勒斯与阴茎。虽然他也并没有认为菲勒斯和阴茎完全一样,但他确实在弗洛伊德的思路——弗洛伊德认为菲勒斯是一种权力的象征——上认为菲勒斯是处于想象秩序(Imaginary Realm)和象征秩序中的一种权力的象征。而即使在象征秩序中,菲勒斯的意义和阴茎又是那么的紧密相关:在拉康这里,菲勒斯和阴茎不同,但又和阴茎紧密相关,并且它主要是以一种意指的形象出现在象征秩序中,它有着近乎"父亲的大写律法"(Father Law)那样的功能。

菲勒斯总是与欲望(desire)纠缠在一起。甚至可以说,在拉康这里,没有欲望就没有菲勒斯。然而,"欲望是什么"同样是一个难解的问题。拉康通过将欲望与需要(need)、要求(demand)相比较而说明它的含义。拉康的"需要"接近于弗洛伊德的"本能"(instinct)的含义,但它又不仅仅限于生物性的本能的层面,它是短暂的,"它很快就会被某种意义结构所覆盖,后者将它卷入想象和象征的关系中,把它转变为要求和欲望。"① 拉康认为,在婴儿进入将其社会化、语言化的镜像阶段之前,它只能以哭喊来表达自己的需要,这是一种不需要习得的、本能的反应。然而,很快地,它将发现,哭喊并不能使别人(特别是母亲)理解它的"需要",它需要借助语言来表达"需要"。由语言表达出的需要,就是"要求"。也就是说,"要求"是"需要"的语言表达。但是,"要求"并不能把"需要"完满地表达出来:"在需要中被异化的东西构成了一种原初压抑(Urverdrängung [primal repression]),因为根据假设,这种原初压抑在要求中是不能被清楚表达的。尽管如此,它又出现在一种衍生物中,这种衍生物在人的身上表现为一种欲望(das Begehren)。"② 这种需要中包含的"原初的欲望"——除了可以表达出来的要求之外的、被异化的东西——是什么呢? 它还是指向母亲——被它当作可以满足它的要求的"他者"——的欲望,不管是对男孩还是对女孩而言,

> 要求(demand)本身包含着比它自己所要求(calls for)的满足更多的东西……要求(demand)将他者当作拥有满足需要(needs)的"特权"来建构,也就是说,"特权"是一种可以剥夺或满足它们的需要的权力。所以在此,他者的特权就勾勒出了他者所不能拥有的禀赋的基本形式,也就是那些人们称之为"爱"的东西。③

---

① 严泽胜:《穿越"我思"的幻象——拉康主体性理论及其当代效应》,东方出版社2007年版,第147页。
② Jacques Lacan, *Ecrits*, trans. by Bruce Fink, New York: W. W. Norton & Company Inc., 2006, p. 579.
③ Ibid., pp. 579-580.

第二章 在"女人"的系谱上 ✳✳ 87

也就是说,对婴儿的要求而言,它所建构的他者——母亲——总是不能满足它对"爱"的需要。所以,有研究者指出,要求所表达的,还有"对爱的无条件要求"①。因此,需要、要求和欲望之间的关系可以这么理解:"欲望既不是对要求(appetite)的满足,也不是对爱的要求(demand),而是后者减去前者所得的、两者相异的东西,这也正是它们分裂(splitting [spaltung])的现象(的表现)。"② 这也就是说,母亲可以为婴儿提供需要的东西,但又不能完全满足它的欲望,因为作为"他者"的母亲本身就是一种缺乏——缺少"爱"。这也意味着,母亲不能满足婴儿的欲望,但却可以作为它的欲望的对象。是什么让母亲成为婴儿的欲望的对象的呢?是菲勒斯——它认为她"拥有"(having)、"是"(being)它所没有的"菲勒斯"。然而,正如我们所知,母亲并不"拥有"也不"是"菲勒斯,所以,她只能是婴儿幻想中的"菲勒斯母亲"(Phallic mother)——婴儿正是经过处理自己与"菲勒斯母亲"的关系的阶段之后才确定自己的性别身份的。

拉康认为,正因为母亲缺乏菲勒斯——他延续了弗洛伊德的思路——所以她将希望寄托在婴儿身上,希望婴儿可以满足她对菲勒斯的欲望:"如果母亲欲望的是菲勒斯,那么孩子欲望的则是成为菲勒斯以满足她的欲望。"③ 然而,婴儿很快就会发现它不能满足母亲的欲望:那些发现自己和母亲一样没有菲勒斯的成为"女人"——尽管她不是菲勒斯,但她仍然可以被当作被欲望的对象——欲望的能指,所以她的角色只能变为"作为"菲勒斯(being the Phallus);而那些害怕自己同母亲一样被"阉割"掉菲勒斯而放弃了"是"菲勒斯的欲望的成为"男人"——尽管他不能满足母亲的欲望,不是

---

① 马元龙:《雅克·拉康:语言维度中的精神分析》,东方出版社2006年版,第173页。
② Jacques Lacan, *Ecrits*, trans. by Bruce Fink, New York: W. W. Norton & Company Inc., 2006, p. 580.
③ Ibid., p. 582.

欲望的能指，不"是"菲勒斯，但却明显地"拥有"菲勒斯（having the Phallus）。

其实，不管是"作为"菲勒斯的女人，还是"拥有"菲勒斯的男人，他们都必须经过象征秩序才能确立自己的主体位置，而这个过程又由他们和菲勒斯之间的关系决定。也就是说，拉康在象征秩序中以菲勒斯为标准确定男人与女人的性别位置：男人"拥有"菲勒斯，女人"作为"菲勒斯。这意味着，对于男人和女人位置的确定，拉康坚持他一贯的观点：只有在象征秩序中，各种事物才能获得它的特征与意义，也就是它的"本质"。"拥有"菲勒斯与"作为"菲勒斯正是男人和女人在象征秩序中的性别位置。因为男人和女人所处的位置不同，所以他们的"本质"特征也不同。

那么，究竟该如何理解"拥有"菲勒斯与"作为"菲勒斯呢？也就是说，围绕菲勒斯这一中心而界定的男人和女人，他们有着怎样的"本质"特征呢？

首先，因为男孩和女孩的成长总是与阉割——菲勒斯的被剥夺——情结有关，所以，不管男人还是女人总会有这样一种心理："男人和女人都更认为母亲是被赋予了菲勒斯的，也就是说，母亲是一个菲勒斯母亲。"① 又基于上述原因，拉康认为只有阉割是"母亲的阉割"（mother's castration）时才会在那个关键的时刻起作用。也就是说，只有阉割是"母亲的阉割"时才会有意义。拉康正是在这个意义上说主体（男人和女人）必须通过在无意识中获得一个因为与"菲勒斯母亲"的关系而产生的位置而得到确立："如果没有这个位置，他将不能与他的性别的理想典型产生认同，甚至不能在性关系中不出什么意外地回应伴侣的要求，甚至也不能恰当地满足他的孩子的需要。"② 由此可见，即使拉康对男人和女人的位置作了

---

① Jacques Lacan, *Ecrits*, trans. by Bruce Fink, New York: W. W. Norton & Company Inc., 2006, p. 576.

② Ibid., p. 575.

第二章 在"女人"的系谱上

区分,但是,他眼中的男人和女人在面对菲勒斯时其实有相同点,他们都有这样的心理——都将母亲看作"菲勒斯母亲",并且他们将来的种种不同,都基于这种心理而产生。也由于在此心理基础上而产生的不同情结才使他们在象征秩序中占据着不同的位置。

具体而言,"拥有"菲勒斯似乎比较简单,它指男人是菲勒斯的"拥有"者,不管是就其生理上的特征还是就其在象征秩序里所"拥有"的特征来说。相比之下,"作为"菲勒斯的情况则比较复杂,巴特勒认为在拉康的语境中,"作为"菲勒斯就是"作为对他者的欲望的'能指',并且要看起来像是这个能指。换句话说,它要成为客体,成为(异性恋化的)男性欲望的他者,但同时也要再现或反映那个欲望。这个他者构成了男性自我阐发的场域,而非以某种女性的他者性建构男性特质的界限"①。也就是说,"作为"菲勒斯,即女人,就是要反映菲勒斯的意义,作为菲勒斯意义的意指,并且通过作为一种被阉割的菲勒斯、一种男人的他者、一种男人的异性恋的对象来确证男人的身份。在这个过程中,对女人而言,她的身份的界定是从男人的立场出发(并最终确证男人的身份)的,她并不具有自己独有的、可以用以确定自己的身份界限的特征。换言之,即女人缺乏菲勒斯,却需要被当成菲勒斯,并进而帮助拥有菲勒斯的男人确证自己的身份。巴特勒认为拉康为"作为"菲勒斯的女人所设想的这种双重特征极具辩证意味:"当拉康宣称那作为阳具者正是缺乏阳具的他者,他显然暗示了权力是掌握在这个不具有阳具的女性位置这一方,同时也暗示了'拥有'阳具的男性主体需要这个他者的肯定,才因而成为'延伸'意义上的阳具。"② 也就是说,男人需要相对他而言是"他者"的女人的肯定才能确证自己

---

① [美]朱迪斯·巴特勒:《性别麻烦:女性主义与身份的颠覆》,宋素凤译,上海三联书店2009年版,第60页。

② 同上。

"拥有"菲勒斯:那样的女人没有菲勒斯但又"作为"菲勒斯,她拥有着界定男人的"权力",也就是上文已经提到过的那个"他者"所具有的"特权"。

既然谈到了"他者",就十分有必要宕开一笔谈谈格奥尔格·威廉·弗里德里希·黑格尔(Georg Wilhelm Friedrich Hegel)在《精神现象学》(Phäenomenologie des Geistes, 1807)中论述的那个著名的"主奴辩证法"。也许可以这样简述黑格尔的"主奴辩证法"(当然可能招致"简约化"的批评):主人和奴隶的主体性由对方作为"他者"而获得,即主人作为主人的主体性由奴隶作为"他者"而得以确认,同样,奴隶作为奴隶的主体性则由主人作为"他者"而得以确认。黑格尔的"主奴辩证法"直接或间接地启发着很多女性主义研究者的思考。比如在《第二性》中,波伏娃就认为,在女人"形成"的过程中,一个十分重要的运作就是男人将女人当作"他者"而确认他的主体(主人)位置。再如,伊利格瑞在《他者女人的窥镜》中更是尖锐地指出:在西方漫长的哲学史中,女人对男人而言,常常不过是一面带有"他者"性的、反射的平面镜。在面对那样的"镜子"时,男人看到的不是女人,而是男人自己,另一个自己。由此可见,上述巴特勒在辨析拉康的观点时,实际上延续的也是这样的借"他者"以观"主体"的"主奴辩证法"思路。巴特勒的分析有相当的合理性:尽管拉康没有很经常地谈到黑格尔,但他对"拥有"和"作为"菲勒斯的区分在确定男女两性性别位置的时候所起的作用的强调,的确有着十分浓重的黑格尔的"主奴辩证法"的思辨色彩。

拉康把男人和女人看成与菲勒斯相关的两种不同位置,他们的关系"围绕着一种'作为'和一种'拥有'而展开,因为它们都与一个能指——菲勒斯——相关而具有了矛盾的效果:一方面,它们在这个能指中给予主体以一种现实;另一方面又将所意指的关系非现实化"①。所谓的"矛盾的效果"一方面是指男人和女人都可以通过与菲勒斯不同的关系确定他们的特征，获得某种主体的位置；另一方面指的则是，他们的"主体的位置"其实又是虚幻的，用拉康自己的术语来说就是一种"喜剧的情境"（the realm of comedy）②。为什么是"喜剧的情境"？因为"拥有"菲勒斯和"作为"菲勒斯的"区分，以及两者之间的交流，是由象征秩序——父系律法（father law）——所建立的"③，所以，一方面，男人虽然"拥有"阴茎，但他却永远不会"是"菲勒斯，即使他"拥有"菲勒斯也不能完全象征/等同那个象征秩序中的父亲的大写律法；另一方面，女人虽然"作为"菲勒斯，可以被父亲的大写律法意指，并且作为他者、客体确证男人对菲勒斯的"拥有"，但是，她并不"拥有"菲勒斯，同时，同样的，她也不是"是"菲勒斯，所以她也不可能完全象征/等同象征秩序中的父亲的大写律法。因此，不管是"拥有"菲勒斯还是"作为"菲勒斯，都不是"是"菲勒斯。这就意味着在象征秩序中，就主体的位置而言，不管是男人还是女人都不会获得一个完满的主体的位置。

尽管在拉康的观点中，菲勒斯对男人和女人而言都是重要的，但显然，菲勒斯与女人的关系要比与男人的关系复杂得多，也就是说"作为"菲勒斯要比"拥有"菲勒斯的情况复杂得多：

> 为了"作"阳具、作一个显然是男性主体位置的反映者与保证者，女人必须变成、必须恰恰"是"（也就是"一番作态，看起来跟真的似的"）男人所不是的一切，并且，在她们的缺乏

---

① Jacques Lacan, *Ecrits*, trans. by Bruce Fink, New York: W. W. Norton & Company Inc., 2006, p. 582.

② Ibid..

③ [美]朱迪斯·巴特勒：《性别麻烦：女性主义与身份的颠覆》，宋素凤译，上海三联书店2009年版，第62页。

中建立男人本质的功能。因此,"作"阳具总是一种针对男性主体的"有所为而作"(being for),而男性主体通过那个"有所为而作"的认可,再次确认和强化他的身份。①

由此可见,"作为"菲勒斯对女人——尤其是对男人——具有多么重要的意义:一方面,要为掩盖自己的缺乏而"作";另一方面还要为确认和强化男人的本质、身份而"作"。如何"作为"菲勒斯因此也成了一个更加吸引拉康的问题。也正如一些研究者已经指出的那样:"拥有"菲勒斯——男人——总是轻易地就可以被视为某种普遍的、"正常"的状况而不加怀疑就可以被接受。并且,"拥有"菲勒斯似乎是"自然"的,而"作为"菲勒斯却颇费周折,也就是拉康所谓的:女人总是需要"伪装"(masquerade)。

拉康也认为女人的"伪装"不是天生的:"这是一个由'看似'(seeming[paraître])的介入而带来的结果,这个'看似'代替了'拥有',为的是一方面保护它,并掩盖它的缺乏;另一方面,它们的效果是将产生的每种性别的完全理想的或典型的行为,包括它自己的性行为,推入一种喜剧的情境中。"② 由此可见,拉康对女人的"伪装"的理解其实有两个层面,一方面,他认为女人出于保护自己并掩饰自己的缺乏的目的而伪装;另一方面,伪装也揭示了因为男人和女人的性别位置都不是完满的主体位置、它们都是被意指的、它们之间的相辅相成的关系是失败的——尽管看起来是成功的,所以,拉康才将这种情境称为"喜剧的情境"。然而,遗憾的是,拉康并没有像重视"女人需要伪装"一样重视"男人也需要伪装"这个问题,他还是把伪装看成了专属于女人的"特质"。

---

① [美]朱迪斯·巴特勒:《性别麻烦:女性主义与身份的颠覆》,宋素凤译,上海三联书店2009年版,第61—62页。
② Jacques Lacan, *Ecrits*, trans. by Bruce Fink, New York: W. W. Norton & Company Inc., 2006, p.582.

也同样持有"女人是'伪装'"的观点,但是和拉康认为"伪装是'掩饰'女人的特质"的看法不同,琼·里维埃尔(Joan Riviere)认为"伪装就是女人":"读者也许会问我如何界定女人特质,或者我如何划定女人特质与'伪装'的界限。然而我并不认为有任何这样的差异存在;不论从根本上或表面上来说,它们都是一回事。"① 也就是说,里维埃尔认为:女人的特质就是"伪装"。

里维埃尔通过讨论女人的"伪装"与男同性恋表达了她对"伪装"的看法——在拉康没有注意的地方,里维埃尔加以细致的发展。巴特勒认为尽管里维埃尔有借鉴欧内斯特·琼斯(Earnest Jones)对女人的向同性恋或异性恋发展的类型学,也有从既定的概念出发对性别与"性倾向"之间的一致性的假定,然而,因为她对精神分析的吸收,使得上述两种做法的不足无形中又得到了某种程度的弥补。或者说,里维埃尔从精神分析的角度对性别特质、同性恋或异性恋的形成作出了一种新的解释:它们的形成是因为解决某些心理冲突而产生的结果,"其目的原来是要抑制焦虑。"也就是说,出于抑制焦虑的目的而出现了对某些心理冲突的解决,解决的结果就是性别特质、同性恋或异性恋的形成。

里维埃尔引入非朗茨(Ferenczi)的观点以与自己的观点作比较,从而突出自己的观点:"非朗茨指出……同性恋男人夸大他们的异性恋特质,作为对他们的同性情欲的'防御机制'。我将尝试说明渴望男性特质的女人可能戴上女性化的假面,以转移焦虑以及对来自男人的惩罚的恐惧。"② 如果说,非朗茨认为同性恋男人之所以夸大他们的异性恋特质是出于对同性情欲的"防御"心理,那么,里维埃尔认为,那些渴望男人特质的女人要表现出"女

---

① [美]朱迪斯·巴特勒:《性别麻烦:女性主义与身份的颠覆》,宋素凤译,上海三联书店2009年版,第72页。
② 同上书,第69页。

性化"则是出于"转移焦虑以及对来自男人的惩罚的恐惧"的心理。由此推衍到"假面"的话,就可以这样认为:如果"异性恋"是同性恋男人的"假面",那么,"女性化"则是女人的"假面"。

由此可见,里维埃尔拿非朗茨和自己观点作比较的目的,并不是比较男同性恋和女同性恋的不同,而是要指出:女人的特质是"'渴望有男性特质'、又害怕公然展现男性特质会给她们带来惩罚的女人所戴上的假面";而男同性恋者的伪装,则是"他们试图隐藏——不是向别人而是向自己——貌似女性化的特质"[1]。巴特勒就里维埃尔对女人特质和男同性恋的分析作了解释:女人故意戴上假面的目的是对男人掩盖她的男人特质;但是男同性恋故意夸大"异性恋"的作为则被认为是一种"防御机制",因为"他无法承认自己的同性情欲"[2]。因此,巴特勒认为里维埃尔那个渴望拥有男人特质的女人是女同性恋,并且是"无性"(asexual)的,因为她们对女人并没有兴趣,她们所希望的是"她们的男性特质能从男人那里得到'认可'"[3],她们把自己当作男人,也希望男人把她们当作男人。但明显地,里维埃尔并没有这样的诠释,换句话说,巴特勒认为里维埃尔并没有发现她所认为的那个以"伪装"为特质的女人会具有同性恋的倾向。因此,在把女同性恋看作"无性"的、把她们置于一种拒绝性的位置的意义上,里维埃尔的观点其实和拉康的观点一样。如此看来,"假面"——"伪装"的表现、结果——对女人来说不应该更像一种"防御机制"吗?

然而,同样值得注意的是,和别人——比如拉康——不一样,里维埃尔认为女人戴上假面,与男人竞争,并不是为了满足对母亲的欲望,而是为了能在象征秩序中作为言说者、演讲人或作者,也

---

[1] [美]朱迪斯·巴特勒:《性别麻烦:女性主义与身份的颠覆》,宋素凤译,上海三联书店2009年版,第70页。

[2] 同上。

[3] 同上书,第71页。

第二章 在"女人"的系谱上 95

就是作为交易的伙伴,作为交易的主动发出者,而不是作为交易的物品。因此对于里维埃尔的观点可以得出这么一种理解:"伪装的女人渴望拥有男性特质,为的是能够与男人一起、并且像一个作为男性同性情欲交换(male homoerotic exchange)的一份子的男人一样,参与到公共话语里。"① 不管出于害怕惩罚还是什么别的原因,在巴特勒看来,里维埃尔的目的就是希望能得出这么一个结论:"伪装"的女人渴望男人的特质——认同男人,并不是想占有一个性别位置,而是想获得一种平等的身份。然而,巴特勒认为,在里维埃尔所描述的"伪装"的女人表面的、争取与男人一样的言说地位的要求背后,其实隐藏着一个和拉康一样的假设:"这个言语中的位置难道没有先要否定女性特质,而这个女性特质总是又以阳具他者(the Phallic-Other)的面目重新出现,并通过幻想的作用来肯定说话主体的权威?"②

是什么让里维埃尔一方面指出了女人的"伪装"特质(并且还有意地将其与男同性恋的"伪装"作比较),另一方面却又忽视了在这"伪装"背后所隐含的否定女人特质的倾向呢?巴特勒尖锐地指出,那是因为里维埃尔更关心的是男性的异性恋的欲望,而不是性别身份:"这样的困境所以产生,肇因于一个把所有对女人的欲望——不管是什么生理性别或是什么社会性别的主体——都解释为起源于一种男性的、异性恋位置的理解矩阵。"③ 也就是说,虽然和拉康将女人的"伪装"和性别特征"存有"分开来看不同,里维埃尔认为伪装就是女人的特质,但她又延续着拉康(以及很多人)那种以男人为中心的异性恋思维的框架,由此造成了她最终也没能突破拉康的局限——她同样失去了发现在女人的"伪装"背后所蕴含

---

① [美]朱迪斯·巴特勒:《性别麻烦:女性主义与身份的颠覆》,宋素凤译,上海三联书店2009年版,第71页。
② 同上书,第73页。
③ 同上。

的更多的可能性的机会。

2. 伪装生产女人

拉康在精神分析的维度上探讨了"女人"特质是如何获得的。拉康将"伪装"看作女人的特质——女人为了掩饰自己的"缺乏"而伪装。巴特勒认为拉康的女人的"伪装"包含着双重的意义：

> 一方面，如果"作为"——阳具的本体具化——是伪装，那么这似乎就把所有的存有降格为一种表象形式——存有的表象，其结果是所有性别本体都可以化约为表象的游戏（the play of appearances）。另一方面，伪装又意味着有一个先于伪装的"存有"或女性特质的本体具化：有一个女性欲望或需求被掩盖了，它能够被揭露出来，而这实际上也许会带来阳具逻格斯中心意指经济最终的瓦解和置换。[1]

由此，巴特勒发现拉康所谓女人"伪装"的观点隐含着实际上是矛盾的两个意义：如果承认女人是伪装，那么就有把真实的"存有"都变成一种存有的"表象"而不再是"存有"的真实的、本身的意义，在此基础上，所有的性别的本体都只能理解为一种性别的表象；另一方面，认为女人是伪装的思路实际上预设了一种"存有"或女人的本质存在于伪装之前，女人为了保护自己并掩盖自己的缺乏才将它（们）掩盖起来，所以这就有了有一天那些被掩盖的东西被发现的可能，而一旦被掩盖的东西被发现，那么，女人将不再是"伪装"，由"伪装"而来的"作为"菲勒斯的女人也将不再存在，她作为"他者"对"拥有"菲勒斯的男人的保证也将不复存在，这样带来的后果将是整个"阳具逻格斯中心意指经济最终的瓦解和置

---

[1] ［美］朱迪斯·巴特勒：《性别麻烦：女性主义与身份的颠覆》，宋素凤译，上海三联书店 2009 年版，第 63—64 页。

换"。简言之，对伪装的承认，不是将存有降格为表象，就是意味着将来的颠覆。

因此，巴特勒推测了由"伪装"可能带来的理解："一方面，伪装可以理解为对一个性别本体的操演生产，它是表象，却让人相信它就是一个'存有'；另一方面，我们可以把伪装解读成对女性欲望的否定，这预设了有某种先验存在的本体女性特质，而在一般情况下它是不被阳具经济再现的。"① 正如我们所知，在拉康那里，女人和男人都不能完满地承担象征秩序的菲勒斯的能指，因为他们的位置都是被意指的。还因为就女人而言，"作为"菲勒斯这一过程本身就不能令其满意，由于自身的"缺乏"她将永远不可能完满地反映象征秩序的律法——菲勒斯；而就男人而言，虽然"拥有"阴茎，但却永远都不会"是"菲勒斯，因为阴茎并不完全等于菲勒斯，它既不完全等同于律法，也不能完满地象征那个律法。所以，巴特勒将拉康讨论的"作为"菲勒斯的女人和"拥有"菲勒斯的男人的位置理解为"带着喜剧意味的失败尝试"②。而对于把"伪装"当作女人对自己的欲望的否定的观点，巴特勒显然同意伊利格瑞的解释："伪装……是女人做的事……为的是参与男人的欲望，但代价是放弃她自己的欲望。"③ 也就是说，这种思路设想有一些女人特质的存在，因为象征秩序以菲勒斯为中心，所以它们不被——不能——直接表现出来，需要通过"伪装"才能（部分地、曲折地）表现出来。

其实至此，与其说那些解读是巴特勒对拉康的分析，不如说是巴特勒对自己有关性别的观点的展示：不管是"男人"还是"女人"，在巴特勒看来都具有"操演"性质。巴特勒发现，将"伪装"当作"表象"的观点——也就是将"伪装"看作"对一个性别本体

---

① ［美］朱迪斯·巴特勒：《性别麻烦：女性主义与身份的颠覆》，宋素凤译，上海三联书店2009年版，第64页。
② 同上书，第62页。
③ 同上书，第64页。

的操演生产"——可以带来对"性别本体"的批判性的反思:因为"伪装"本身是"表象",但却又常常表现为"存有",所以,她认为可将"伪装"看作一种"戏仿式的建/解构"(parodic [de] construction)①;又因为"表象"对"存有"永远都不会是完满的表现,这给它们之间的关系带来了许多不稳定的因素,再加上"表象"和"存有"之间模糊的界限,使得她设想也许在它们之间可以发现更多的可能性。这些"表象"(伪装)和"存有"(如果有的话)之间的错位,给了巴特勒将性别身份视为"操演"的灵感——正如我们已经分析过的,"操演"有着"作"的含义,而女人的"伪装"正是一种典型而重要的"作":"作为"菲勒斯。另外,因为认为有某些女人特质先于"伪装"而存在,这样的信念足以激发女性主义研究者将那些被"伪装"掩盖起来的特质挖掘出来的热情,就像伊利格瑞已经指出的那样,那将"恢复或释放凡是在阳具经济架构里仍受到抑制的所有女性欲望"②。这里让我们好奇的是:在"伪装"试图掩盖某些特质(欲望)的时候,会不会产生某些新的特质(欲望)呢?这些新的"特质(欲望)"能被意识和发现吗?并且,它们属于"伪装"还是属于"存有"呢?

那么,在拉康的观点中,"伪装"到底掩盖了什么呢?拉康认为"伪装"是这么一种情形:

> 这么说似乎是矛盾的,我认为为了成为菲勒斯——他者欲望的能指——女人抛弃了她的特质的一部分,也就是说通过伪装,她抛弃了她的属性。她希望成为她所不是者而被欲望及被爱。但她发现她自己的欲望的能指落在了那个她向之提出爱的需要的人的身上。当然,不应忘记的是这个被赋予了意指功能

---

① [美]朱迪斯·巴特勒:《性别麻烦:女性主义与身份的颠覆》,宋素凤译,上海三联书店2009年版,第64页。
② 同上。

的器官因此而具有了一种恋物对象的价值。①

也就是说,拉康认为女人的"伪装"的过程就是女人对自己所具有的特质——"缺乏"——抛弃的过程。如此看来,"伪装"与"特质"就像参商二星一样此出彼没。然而,如果没有了"特质","伪装"又是对什么的"伪装"呢?所以巴特勒就此提出了质疑:所谓的"她的特质的一部分"到底是什么?它是否只能被否认?它是否只能是一种缺乏?它是否只能以"作为"菲勒斯的面目——"伪装"——而出现?作为无法被指称的"一部分",它和它所欲望的、同样无法被指称的"器官"又有什么关系呢?总而言之,巴特勒认为,即使拉康总是把"本质"之类的东西放入象征秩序中加以理解,并且认为只有经过了象征秩序,"本质"之类的东西才能获得它们的意义,然而,就性别身份的问题,他还是假设了那么一些先在于"伪装"的女人的特质,这些"特质"等待着"伪装"的加工才能在象征秩序中获得"合适"的位置。

"伪装"还和女同性恋有着特别的关系。拉康认为:"正如构成欲望的菲勒斯的标记一样,男同性恋是在欲望的维度上被建构的;而女同性恋则正相反,正如观察得来的,女同性恋被一种失望所引导,这种失望加强了对爱的需要的那一面。"② 拉康的意思并不难理解,他认为女同性恋由失望带来,因为这种失望,女人又加强了她对"爱的需要"。巴特勒由此看出了拉康对女同性恋的某种设想:"女性同性恋者有某种深重的理想化的倾向:追求一种爱的需求而牺牲了欲望。"③ "追求一种爱的需求而牺牲了欲望"不正是"伪装"

---

① Jacques Lacan, *Ecrits*, trans. by Bruce Fink, New York: W. W. Norton & Company Inc., 2006, p. 582.
② Ibid., p. 583.
③ [美]朱迪斯·巴特勒:《性别麻烦:女性主义与身份的颠覆》,宋素凤译,上海三联书店2009年版,第66页。

吗？因此，应该可以这样概述拉康的观点：女同性恋者渴望"伪装"。

然而这样的观点是怎样得出的呢？拉康说"正如观察得来的"，然而，是谁在观察？站在什么样的立场上观察？巴特勒深深地质疑这个"观察得来"的结果的合法性、有效性：拉康设想女同性恋是因为受挫的异性恋而来，就像他所谓的"观察得来"那样。那么，对那个"观察者"来说，难道他没有同时清楚地看到异性恋也是因为受挫的同性恋而来的吗？① 也就是说，巴特勒对那个观察者的观察结果所不满的是，他只观察——只愿意观察？——到了同性恋与异性恋的关系的一个方面。如果说同性恋因为异性恋受挫而产生，那么异性恋同样也可能因为同性恋受挫而产生。并且这个结论是从一个特殊（而又普遍）的立场得出的，"这样的结论是异性恋化的、男性中心的观察视角的一个必然的结果：女同性恋情欲被当成了对性欲本身的拒绝，只因为性欲被假定是异性恋的；而观察者——这里被建构为异性恋男性——显然是受到拒绝了"②。也就是说，异性恋男人站在自己的立场上，看到的女同性恋是这么一种情况：女同性恋是因为异性恋受挫而产生的失望才出现的。沿着这样的思路，接下来就会出现这样的问题：如果女同性恋由于对性欲本身的拒绝而产生，那么被拒绝的当然是异性恋男人，那么失望的，难道不应该是男人——那个观察者——吗？巴特勒认为：正是。并且正是那个"异性恋男人"观察者的"失望被否认、被投射，变成了那些实际上拒绝了他的女人们的一个本质的特性"③。

正如我们已经分析过的，和拉康不同，里维埃尔认为"女人就是伪装"。但是巴特勒认为里维埃尔仍然和拉康有同样的不足之处：

---

① ［美］朱迪斯·巴特勒：《性别麻烦：女性主义与身份的颠覆》，宋素凤译，上海三联书店2009年版，第67页。
② 同上。
③ 同上。

他们在思考女人特质和男人特质的时候，都将它们"建构为根植于一些没有解决的同性情欲投注（homosexual cathexes）"①。里维埃尔和拉康都预先设定了某些同性情欲的存在，然后这些同性情欲被压抑、否定或控制——抑郁（melancholy）的作用，带来了对同性对象的合并，这个过程最后又在区分两种性别特质的建构中出现。这种想法其实可以被看作某种程度的循环论证：性别特质总是、已经是在本质上蕴含着双性情欲的一个结构，这个蕴含着双性情欲的结构又经过抑郁的合并而被分割为它的组成部分。所以巴特勒指出："文化上的二元限制以前文化的双性情欲（precultural bisexuality）之姿呈现，而这双性情欲在进入'文化'的过程中分裂为我们熟知的异性恋形态。"② 也就是说，双性情欲总是被设想为前文化的、等待着文化去"文化化"并最终被"文化化"为"正常"的、非此即彼的两种特质：女人特质或男人特质。

巴特勒对那种"前文化"的双性情欲的设想持有强烈质疑的态度。她并不认为有什么双性情欲先在于、外在于文化，文化总是构成对双性情欲，更不用说对女人特质或男人特质（或其他特质）的理解的前提（必要条件）："文化构成一个理解的矩阵，通过它原初的双性情欲本身才能被思考。"③ 也就是说，只有在文化的框架中，原初的双性情欲才能被思考——如果所有的情欲都必须在文化的框架中才能被理解，那么什么才是"原初"的双性情欲呢？所以在巴特勒的思路中，就没有什么"原初"的、未受文化浸染的双性情欲和后来的、被重新发现的双性情欲之分。那个"原初"的、看来在等待着文化话语对其进行加工的双性情欲，其实已经是经过文化话语加工的结果了："被假定为心理的基础、所谓在后来受到压抑的

---

① ［美］朱迪斯·巴特勒：《性别麻烦：女性主义与身份的颠覆》，宋素凤译，上海三联书店2009年版，第73页。

② 同上书，第74页。

③ 同上。

'双性情欲',是一个宣称为先于所有话语的话语生产,它是通过规范异性恋制度的强制性和生成性的排除实践达成的一个结果。"① 以前被认为是原因、基础的双性情欲,在巴特勒看来,竟是结果!

巴特勒从拉康的象征秩序(比如律法、话语就是它的典型体现)出发对"双性情欲"作了更加具体的解读。拉康设想了某种双性情欲的原初存在,并在此基础上经过象征秩序的律法的作用而一分为二。也就是说,"一分为二"是律法运作的结果而不是它的原因。就这个问题,杰奎琳·罗斯(Jacqueline Rose)认为:"对两性而言,性欲必然会触及两重性的问题,这松动了作为它基础的二元区分。"② 巴特勒同意罗斯的看法,她也认为通过压抑双性情欲而带来的性别的二元区分本身就蕴含着对区分出来的二元性别身份的怀疑。如果是律法——比如乱伦禁忌——使双性情欲得到了区分,并且恰恰是这个区分的过程暴露了它的"文化性"——人为性,从而显示了区分具有目的性,那么,巴特勒认为,由此可知"必定有一种区分是抗拒分割的——一种心理的双重性或内在的双性情欲,它破坏任何切割的努力"③。而且,巴特勒还指出,之所以会出现这样的解读,是因为"前话语"所具有的双重性。巴特勒又一次提到了罗斯的观点:"如我们所见,对拉康而言没有前话语的真实('除了借由一种特别的话语,如何回到一个前话语的真实?',拉康《精神分析专论,第二十讲》,页33),没有律法之前的空间可以让我们重新找回";同时,罗斯还认为"在语言之外没有女性"。④ 巴特勒认为这是罗斯对伊利格瑞在逻各斯中心主义话语之外寻求女人的话语的计划的一种间接的批判。也就是说,拉康(式)的"前话语"的设想

---

① [美]朱迪斯·巴特勒:《性别麻烦:女性主义与身份的颠覆》,宋素凤译,上海三联书店2009年版,第74页。
② 同上。
③ 同上书,第75页。
④ 同上书,第74—75页。

本身就包含了矛盾：一方面，在拉康的框架中没有不经话语而得到回归的"前话语"，没有可以回溯的前律法的空间；另一方面，具体到性别身份——或者拿他自己的术语"性别位置"——来说，他又将男人和女人的性别的区分建立在某种前话语的、前律法的双性情欲的心理基础上。

按照拉康的看法——象征秩序都是幻想的，在象征秩序中产生的认同也是对幻想的认同，所以这将导致每一种认同都是一种虚幻的——失败的——认同。所以，不管是"作为"菲勒斯还是"拥有"菲勒斯都是幻想，也就是拉康所谓的"喜剧性的情境"的失败。就此巴特勒毫不客气地指出："要求人们以象征秩序规定的方式完成性别化的律令，它导致的结果总是失败，而且在一些情形里，还使得性别身份本身的幻想特质被暴露。"①

在巴特勒看来，本来拉康认为话语之前没有"前话语"的观点蕴含着揭示父亲的大写律法的秘密（本质？）的契机：那就是可以将父亲的大写律法设想为既具有禁制性又具有生产性的一种律法，从而带来对父亲的大写律法的新的批判的理解。然而，因为"二元的限制仍然运作着，形成对性欲的框架，支配对它的设想，并且预先划定了它对'真实'的抵抗形式的界限"②，所以拉康最终还是没能注意到父亲的大写律法的生成性的一面。不仅如此，他还把父亲的大写律法（象征秩序）的禁制作用推到了极致，将之视为唯一的准则。不仅对性别身份，而且对一切事物，"象征秩序作为目前所认定的这样一个霸权的文化理解框架，它有效地巩固了那些幻想，以及各种不同的认同失败的戏码的权力。"③ 这样，象征秩序时时刻刻都发挥着它的作用，同时，又因为它不可实现，甚至不可接近，所以

---

① ［美］朱迪斯·巴特勒：《性别麻烦：女性主义与身份的颠覆》，宋素凤译，上海三联书店2009年版，第76页。
② 同上书，第75页。
③ 同上书，第76页。

它就像决定一切但却又不可靠近的上帝一样。巴特勒将拉康象征秩序的这种特点称为"宗教悲剧结构"①。带着"宗教悲剧结构"的象征秩序最大的不足在巴特勒看来就是它"实际上破坏了任何试图为欲望的运作设想一种另类的想象秩序的文化政治策略"②。也就是说,象征秩序排除、拒绝了任何其他的对欲望的想象的可能性,而将自己设置为唯一的文化可理解的框架。又由于它不可能完满地被实现的特点,所以,"性别身份"对象征秩序就像教徒对宗教理想永远不能到达的追求一样,其意义已经不在于最终所获得的结果,而是将追求过程中的受苦和服从当作了追求目的本身。是什么让"象征秩序"具有这样的权力呢?其实,这也是巴特勒一直在思考的问题。

显然,巴特勒在一定程度上同意拉康的"伪装"并非女人"天生"素质的观点,她也在一定程度上同意里维埃尔女人就是"伪装"的观点。拉康和里维埃尔对巴特勒的最大启发是"伪装"并不是女人天生的特质,而是后天逐渐形成的。在此基础上,巴特勒表达了自己对女人的看法:女人并不像拉康认为的那样,为了能在象征秩序中获得"合适"的性别身份并掩饰自己的"缺乏"而选择"伪装";女人也不像里维埃尔所认为的那样,出于"防御"并获得平等地位的目的而不得不"伪装",并没有一个(些)女人先在于"伪装"并需要通过"伪装"达到某种目的。"伪装"是一种"作",这种"作"的背后没有基础,也就是说,"伪装"的背后并没有"女人"。这正是巴特勒的"操演"的女人的观点:"女人"并不是"伪装"的主体,也不是"伪装"的原因,"女人"是"伪装"生产出来的,"女人"是"伪装"的结果、效应。

---

① [美]朱迪斯·巴特勒:《性别麻烦:女性主义与身份的颠覆》,宋素凤译,上海三联书店2009年版,第77页。

② 同上。

三 抑郁生产女人

在拉康眼中，女人总是需要通过"伪装"才能"作为"菲勒斯；并且，他还进一步指出"伪装"又由"抑郁"（女人的特质）产生。拉康认为："假面的功能……在认同中占据着主导的地位，而在认同中，被拒绝的需要得到了解决。"① 也就是说，"假面"可以使被拒绝的需要得到解决。因为"假面"是"伪装"的表现——或者说是结果，所以，在此，其实也就是"伪装"使被拒绝的需要得到了解决。故而，巴特勒特意指出"假面"在精神分析中有着特殊的意义："假面是抑郁（melancholy）心理机制的整合策略的一环，亦即接收失去了客体/他者的属性，而在此丧失感是爱受到拒绝的结果。"② 因此，"抑郁"对女人心理的形成有着更特别的作用。巴特勒曾不无抱怨地指出，尽管有很多研究者注意到女人特质和抑郁的关系，比如伊利格瑞和克里斯特娃，但很少有人"努力尝试去理解异性恋框架里，性别生产过程中对同性情欲的抑郁性否定/保留（melancholic denial/preservation）"③；弗洛伊德虽然也分析了抑郁对自我和性格的形成的重要作用，但他也没有对抑郁在性别形成过程中的重要性作出更多的研究。巴特勒自己在上述研究者忽略的地方重新出发，作出了新的探索。

1. 弗洛伊德的观点

关于抑郁对性别形成的作用，弗洛伊德主要在《哀恸与抑郁》（"Mourning and Melancholic"，1915）和《自我与本我》（"The Ego and the Id"，1923）这两篇文章中进行了集中论述。

---

① Jacques Lacan, *Ecrits*, trans. by Bruce Fink, New York: W. W. Norton & Company Inc., 2006, p.583.
② ［美］朱迪斯·巴特勒：《性别麻烦：女性主义与身份的颠覆》，宋素凤译，上海三联书店2009年版，第66页。
③ 同上书，第78页。

在《哀恸与抑郁》中，弗洛伊德认为在一个人失去所爱的经验里，自我会将那个已经失去的、所爱的客体内化（internalization）到自我的结构中：通过不可思议的模仿行为将所爱的客体的特性和那个客体的"延续"保留下来，那种失去所爱的哀痛因此通过一种特殊的认同行为得以缓解。这样的认同会形成一种新的身份，也就是已经失去的、所爱的客体被内化成了"自我"的一部分。也就是说，弗洛伊德认为失去所爱的自我会经历这么一种心理过程：自我借助模仿已经失去的、所爱的客体的特性，通过某种认同那个客体的行为而将那个客体内化到自身的结构中，因此那个所爱的客体也成为自我的一部分。由此可见，弗洛伊德描述的这个过程其实也是对自恋的形成过程的一个展示：爱别人就是爱自己，"爱"从别人那里回到自我这里就是一种自恋，并且这种自恋由"认同"带来。随后，弗洛伊德还明确指出了内化和失去所爱的过程对自我和它的"客体—选择"的形成起着至关重要的作用。

后来，弗洛伊德的"内化"过程涉及的不仅有"性格"的形成还有"性别身份"的获得。巴特勒认为，性别身份的获得和内化是密切相关的，尤其是当弗洛伊德的内化过程关系到乱伦禁忌时："当我们了解乱伦禁忌在其它功能之外，也引致自我丧失了一个爱的客体，而这个自我通过内化那个禁忌的欲望客体，从这个丧痛中恢复过来，那么，这个内化的丧失所爱的过程就变成跟性别的形成息息相关。"[①] 通过上文的分析，我们已经知道，乱伦禁忌是对某些欲望对象的禁止，也就是在这种禁忌下自我丧失了爱的客体，因此，乱伦禁忌实际上为内化提供了某种契机。弗洛伊德假设原初双性情欲是"性格"和"性别"的形成过程中一种复杂的要素。在俄狄浦斯情结阶段，男孩不仅必须在两种欲望客体——父亲（男人）、母亲

---

① [美]朱迪斯·巴特勒：《性别麻烦：女性主义与身份的颠覆》，宋素凤译，上海三联书店2009年版，第80页。

（女人）——之间作出选择，他还必须在两种性别"倾向"——男人、女人——之间作出选择。男孩通常选择异性恋，是因为害怕阉割而不是害怕被父亲阉割的结果：他害怕的是在异性恋的框架中总会和男同性恋联系在一起的"女性化"。因为他的欲望客体如果一直是母亲的话，那么按照异性恋的思维，他的性别倾向就是"男人"的，而如果他的欲望客体是父亲，那么就意味着他的性别倾向是"女人"的，这又有了"女性化"的倾向，而这样的选择最终的结果将是他和他的父亲的男—男恋！所以弗洛伊德将男孩放弃对母亲爱恋的时刻称为性别"巩固"的奠基时刻。在异性恋的思路下，男孩一旦放弃了异性恋的欲望，就会造成母亲的丧失，并因此而产生将母亲内化的需要，而内化将会在男孩的自我结构中形成一种女性的超我，这个女性超我会"消解、瓦解男性特质，巩固女性力比多倾向以取而代之"[1]。也就是说，男孩一旦放弃异性恋的欲望，他就将被"女性化"。如此看来，放弃并不意味着否定或断绝关系，反而是一种更深层次的认同！对女孩而言，俄狄浦斯情结同样会有"正向的（同性认同）"或"负向的（异性认同）"的作用：因为乱伦禁忌而造成父亲的丧失，带来的或者是对失去的欲望客体（父亲、异性）的认同——从而"男性化"，或者是将欲望转移到其他的客体身上——因此异性恋占了上风。

巴特勒认为其实弗洛伊德也并不清楚自己所谓的性别"倾向"到底是什么。并且她进一步发问：在女人的特质中，"哪个方面我们称之为倾向，而哪方面又是认同的结果？"[2] 不仅如此，巴特勒尤其质疑："到底是什么使我们不能将双性情欲的'倾向'理解为一系列内化的结果或产物？"[3]

---

[1] ［美］朱迪斯·巴特勒：《性别麻烦：女性主义与身份的颠覆》，宋素凤译，上海三联书店2009年版，第81页。

[2] 同上书，第82页。

[3] 同上。

巴特勒认为，实际上弗洛伊德设想了"双性情欲是一个单一的心灵里同时存在两种异性恋情欲"①。也就是说，在弗洛伊德所谓双性情欲的框架中，不曾有过同性恋的欲望和异性恋的欲望同时存在的状态，而是从一开始就"没有同性情欲，只有异性之间的吸引"②。在弗洛伊德的设想中，对同性的欲望从来没有取得过和对异性的欲望一样的地位，它们之间从来都是对异性的欲望毫无悬念地占有着首要的、优越的地位。

2. 抑郁生产女人

巴特勒从弗洛伊德对两性心理形成的研究那里进一步看到了除"交换""伪装"之外，"女人"又是如何被"操演"出来的。

受到弗洛伊德的启示，巴特勒提出从"内化"的角度重新理解性别的形成，也就是重新理解"内化"在性别形成过程中的作用、地位："如果我们没有办法在通过内化获得的女性特质，与严格意义上属于倾向的女性特质之间作区别，那么何必从一开始就排除各个性别所特有的情感吸引都是内化的结果这样的结论？"③巴特勒试图对性别内化过程重新理解的背后其实还有更深一层的目的：让那些一开始就被排除在外的性别属性与欲望——如果有的话——有机会获得理解与认识。因此，巴特勒为自己提出了两个任务：除了思考"内化"在形成性别的过程中的地位之外，她还试图解释"一种内化的性别情感吸引，与内化的认同的自我惩罚性的抑郁之间的关系"④。

在《哀恸与抑郁》中弗洛伊德认为抑郁症患者自我惩罚的态度是对一个已经失去的、爱的客体的内化的结果。抑郁是对客体的丧

---

① [美]朱迪斯·巴特勒：《性别麻烦：女性主义与身份的颠覆》，宋素凤译，上海三联书店2009年版，第82页。
② 同上。
③ 同上书，第83页。
④ 同上。

失的拒绝,进而它通过内化——一种不可思议的方式——使那个已经丧失的客体在自我中得到复活。这种认同(复活)之所以被需要,一方面是因为客体的"丧失"太让人痛苦,另一方面则是因为和客体的那些矛盾的感情没有得到解决,所以那个客体还有必要被保留下来。也就是说,所谓的客体的丧失,并不是否定了那个客体,而是将它内化到自我中,从而"丧失"实际上却成了"保留"。

弗洛伊德在《自我和本我》中,更进一步地认为,作为解决俄狄浦斯情结的一个途径,自我理想有助于"巩固"男人和女人各自的性别特质:自我理想除了有"引导"的作用——"你应该这样"(就像父亲一样)——之外,还有压抑、禁止的作用——"你不应该这样"(就像父亲一样),因为那些是他的特权,你绝不可以拥有那样的特权。[1] 因此,巴特勒认为弗洛伊德的"自我理想"是"一种内在的约束与禁忌的能动机制,它通过对欲望适当的重新疏导与升华来巩固性别身份"[2]。在那个形成性别身份的关键阶段中,不仅有对父亲或母亲中某一个的欲望的禁止,同时还有将他们其中之一内化为自我的心理。在这个心理过程中,父亲或母亲将作为一个带有禁制作用的客体而被自我内化。所以,放弃对与自己性别不同的父亲或母亲的欲望,带来的不是对那个失去的、欲望的客体的性别认同,就是对那个认同的拒绝,并因此导致异性恋欲望的转移。由此可见,在性别形成的过程中,自我理想也是一种禁制,它深刻地影响着性别认同。而作为丧失的结果的"认同",也因此替代了原来的自我与双亲之一的欲望关系,从而将被禁止的欲望客体的性别内化为禁制。也就是说,性别认同实际上也是一种抑郁。巴特勒由此推断,弗洛伊德那个通过自我理想内化性别而形成的禁制"支持、

---

[1] [奥]弗洛伊德:《自我与本我》,载车文博主编《弗洛伊德文集⑥》,长春出版社2004年版,第133页。
[2] [美]朱迪斯·巴特勒:《性别麻烦:女性主义与身份的颠覆》,宋素凤译,上海三联书店2009年版,第85页。

管控截然区分的性别化身份以及异性恋欲望的律法"①。

然而,影响俄狄浦斯阶段的性别认同的,在巴特勒看来,并不仅仅有弗洛伊德(仅仅)看到的乱伦禁忌,还有被弗洛伊德以及拉康、列维-斯特劳斯等人(有意或无意)忽略了的更早的同性情欲禁忌。如果继续沿着弗洛伊德早先设计的那个认同—内化过程发展的话,那么由同性情欲禁忌带来的结果将是自我与相同性别的欲望客体的认同,由此带来的还将是对同性情欲的客体及目的的内化。认同是抑郁的一个结果,它保留了没有获得解决的自我与客体的关系,所以在乱伦禁忌的律法下,它保留的是没有获得解决的异性恋的关系。而在同性情欲的禁忌中,没有解决的自我与客体的关系则变成了同性恋的关系。所以巴特勒说:"事实上,性别的倾向越严整、越稳定的,原来的丧失就越是没有获得解决,因此,严格的性别疆界不可避免地是用以隐藏一个原始爱欲的丧失,而由于不被承认,这个丧失无法获得解决。"②

巴特勒仔细辨析了抑郁所面对的丧失和俄狄浦斯阶段所面对的丧失,它们是不同的:抑郁所面对的丧失由离开、死亡、感情断绝等带来,而俄狄浦斯阶段的丧失由某些禁制的运作造成,并且,如果违反了禁制,还将会受到惩罚。所以,对于婴儿(不管是男孩还是女孩)在俄狄浦斯阶段所面临的困境以及在性别认同上的"抑郁",必须从这么一个角度来理解:那是将某些外在的禁忌加以内化的结果。所以,虽然弗洛伊德从来不曾明言,但他实际上已经暗示了,在异性恋乱伦禁忌之前或者同时,还应该有对同性恋欲望的禁忌:因为正是对同性恋欲望的禁忌才有了异性恋的"倾向",从而也才有了俄狄浦斯阶段的冲突。可见,弗洛伊德的那些进入俄狄浦斯阶段的男孩和女孩其实早已经受到那些将他们安置在不同的性别倾

---

① [美]朱迪斯·巴特勒:《性别麻烦:女性主义与身份的颠覆》,宋素凤译,上海三联书店2009年版,第85页。

② 同上书,第86页。

第二章 在"女人"的系谱上　111

向上的禁制的管控和支配了,俄狄浦斯阶段的男孩和女孩实际上早就被配备了"异性恋"的欲望了。巴特勒明确地指出其中隐藏的运作机制:"弗洛伊德认为是性/别生活的原初的或本质的事实的倾向,其实是律法的结果,这律法被内化后,生产并管制截然区分的性别身份和异性恋情欲。"① 原来,弗洛伊德认为是性别区分的原初基础并受到乱伦禁忌律法约束的"倾向",其实却早已经是律法运作的结果了,那是由同性恋禁忌而产生的"丧失"被内化后才出现的,并且由这个律法还生产出了对性别身份的区分以及异性恋的欲望。

巴特勒还通过"内摄"(introjection)与"合并"(incorporation)的比较呈现她对抑郁的理解。巴特勒借鉴尼古拉斯·亚伯拉罕(Nicolas Abraham)和玛利亚·托洛克(Maria Torok)的观点,认为"内摄(introjection)是为哀恸(在此客体不仅是丧失了,而且也被承认是丧失了)的运作服务的一个过程"②,而"合并"则是属于抑郁的一个过程,它在被否认或被悬置的哀伤中以某种方式神奇地将客体保留在"身体内"。要把力比多从丧失的客体那里转移开来,需要通过意指并转移客体的言语的形成才能实现。巴特勒认为这个转移过程本质上是一个"隐喻性(metaphorical)的心理活动"的过程③,那是一个使用语言表达的过程。又因为是内摄开辟了一个"空的空间"作为语言和意义的先决条件,所以可以说,内摄为这个隐喻意指提供了可能。"合并"显然与"内摄"不同。首先合并是属于抑郁的一个过程,它将客体巧妙地保留在"身体内"。因为它认为丧失之痛难以表达,所以它是反隐喻的。它不仅拒绝对丧失的命名或承认,它甚至否认、破坏隐喻意指的先决条件。

按照弗洛伊德的设想,性别身份是一个抑郁的结构,它由合并

---

① [美]朱迪斯·巴特勒:《性别麻烦:女性主义与身份的颠覆》,宋素凤译,上海三联书店2009年版,第86—87页。
② 同上书,第91页。
③ 同上。

形成。但巴特勒认为应该仔细区分弗洛伊德论述中的乱伦禁忌和同性恋禁忌对性别身份形成的影响：一方面，因为乱伦禁忌带来的异性恋客体的丧失，使自我不得不将异性恋欲望向另一个异性客体转移——乱伦禁忌造成的是异性恋客体的丧失而不是异性恋欲望的丧失；而同性恋禁忌则不一样，它在使自我丧失了欲望客体的同时，也使欲望本身丧失了——同性恋欲望也被完全地否认了。伊利格瑞指出，弗洛伊德所设想的那个抑郁的结构其实和他所设想的女人特质十分相似。因为在弗洛伊德这里，女人性别身份的形成就既有对欲望的对象又有对欲望本身的否认。巴特勒在此基础上认为，如果抑郁因为异性恋机制对同性恋的欲望的否认而形成，并且抑郁又通过合并而运作，那么，与其想要"否认"的愿望恰恰相反，那个被否认的同性恋欲望却因为"通过对一个以对立的模式界定的性别身份的耕耘而被保留下来"①。所以，那个被伊利格瑞揭示出来的、被否认的"男—男爱"最终成了一种巩固男人特质的力量。并且，这样的男人特质认为女人特质不可言说、无法表现。至于那种对异性恋欲望的承认，则是在异性恋的框架下，将欲望从一个客体转移到另外一个客体上——欲望本身并没有改变，只是发生转移罢了。而这，正是弗洛伊德理想的性别形成的过程。所以，巴特勒毫不客气地指出，其中所显示的，根本不是什么"自然的事实"，恰恰相反，那都是"文化"运作的过程与结果："异性恋者拒绝承认原初的同性情感依恋，是由于一种同性情欲禁忌而由文化所强制执行的，而抑郁同性恋者的情形是完全无法与之相比的。"② 也就是说，文化生产出那个异性恋的抑郁，并通过各种机制对其加以维持，同时，这种异性恋抑郁也是二元的性别身份在二元框架中为了维持自身的稳定而不得不作出的牺牲——不管它有没有被意识到。

---

① ［美］朱迪斯·巴特勒：《性别麻烦：女性主义与身份的颠覆》，宋素凤译，上海三联书店2009年版，第93页。
② 同上书，第94页。

第二章 在"女人"的系谱上　113

巴特勒不仅重新发现了先于乱伦禁忌的同性恋欲望的禁忌，而且带来了对"倾向"的新认识。巴特勒认为，如果像弗洛伊德设想的那样，性别身份都是由抑郁的认同将丧失的爱的客体内化的结果，那么正如上文已经展示的那样，他所认为的性别身份实际上就是自我将各种禁忌内化的结果。这样的性别身份的获得，以及它的维系，都需要持续不断地运作那些禁忌。而且这种运作并不仅仅局限在某一方面，比如性别特质、身体特征，还包括欲望和"倾向"。由此，"倾向"就并不是弗洛伊德所认为的那样是"自然"的，尽管他承认对"倾向"也不是十分清楚，它也是一种"结果"，换言之，它也是某些文化机制运作而带来的一种范畴。巴特勒指出，弗洛伊德对"倾向"的认识，实际上有一个轨迹：他把本来包含动态意义的"使之具有倾向"（to be disposed）凝固成了只有特定不变的意义的"具有倾向"（to have dispositions），所以，"倾向不是心灵的原初性/别事实，而是文化以及自我理想带有共谋性的、价值重建的行动所强加的律法产生的结果。"[1] 巴特勒因此认为弗洛伊德的"倾向"还是"一种谬误的本质主义"，他没有看到"倾向""是通过禁制的影响而形成或'固定'的情感作用的结果"。[2]

"倾向"一方面以性别身份形成的原因的角色出现，另一方面，它还被要求掩藏那些生产出它来的禁制，也就是说，"倾向"是一个力图以隐藏自身形成的历史为目的的过程的结果："'倾向'是强加的性禁制的历史所留下的痕迹，这历史没有被讲述，而且这些禁制试图使这历史无法被讲述。"[3] 巴特勒认为，那种将"倾向"的形成过程掩藏起来的运作——也就是不承认"倾向"是结果，而将其当作"原因"的运作——实际上有多重的用途，或者说是从多重的目

---

[1] [美]朱迪斯·巴特勒：《性别麻烦：女性主义与身份的颠覆》，宋素凤译，上海三联书店2009年版，第86页。

[2] 同上。

[3] 同上书，第87页。

的出发的：首先，因为将"倾向"设定为固定的、自然的，所以，那些从"倾向"出发解释性别身份的形成过程的计划实际上都已经错过了对"倾向"本身的认识，也就是错过了"能够揭露这个叙事本身是禁制本身自我强化的一个手段"的可能性，这使得那些对性别形成起重要作用的禁制通过"倾向"得以实现将自己留下的痕迹抹去的愿望。其次，那些禁制还通过"倾向"生产出"欲望"，也就是它为性别身份规定哪些欲望是"合适"（"合理""合法"）的，并且在后来的某种时刻它又出现，以一种不可置疑的姿态规定哪些"自然"的"倾向"可以被文化所理解，比如列维－斯特劳斯的那些异族通婚的亲属关系。最后，掩盖了自己对现象的生产而对外宣称不过是对现象的疏导或压抑的律法，将自己说成是以"倾向"为基础的，不过是某种因果关系的原则，实际上蕴含着将人们的注意力仅仅吸引到"现象"上的企图，它因此得以"排除了以一个比较激进的系谱学来探究性欲和权力关系的文化根源的可能性"。①

巴特勒受福柯在《性经验史》（*Histoire de la Sexualité*，1976—1984）第一卷中对"压抑"假说批判的观点——"被设想为原初的、受到压抑的欲望，是那压制性律法本身所造成的结果"② ——启发，认为对于生产出"倾向"的律法，不应该仅仅看到它的压制作用，也就是它对欲望的压抑的作用，还（更）应该看到它的生产作用——欲望是律法本身造成的结果。这是将律法看作一种话语实践的观点。这是巴特勒继承福柯遗产的时刻。巴特勒认为，将律法看作话语实践的观点就是既注意到它的压抑性，又特别强调了长久以来被掩盖、被忽略的它的生产性："它是话语的，因为它生产了压抑的欲望这个语言虚构，为的是维系它自身作为一个目的论工具的

---

① ［美］朱迪斯·巴特勒：《性别麻烦：女性主义与身份的颠覆》，宋素凤译，上海三联书店2009年版，第87页。

② 同上。

第二章 在"女人"的系谱上

位置"①,从而可以有效地打开对它认识的空间。由此可见,对巴特勒而言,律法——在她的语境中常常等同于"话语"——的生产性显然更重要,这不仅是因为它一直被忽略而需要被重新挖掘,更因为,在她看来对律法——话语——的生产性的一面的挖掘,能够对它自身的运作机制的揭示起到更大的作用。

巴特勒因此提出对乱伦禁忌、同性恋禁忌的新解读。巴特勒并不把乱伦禁忌和同性恋禁忌看作某种自然的规律,像在列维-斯特劳斯、弗洛伊德那里那样,相反,她认为它们都是"律令",它们不仅具有已经被发现的"压抑"的作用,更有着它们自己不愿意承认并力图掩盖的"生产"的作用。"倾向"就是它们的一个典型的运作:它们预设在它们之前有一个原初的欲望,因为"倾向"的导引,这个欲望经受了同性恋禁忌的压抑,然后实现了"正常"的异性恋心理。这是一个特殊的、有关心理发展的元叙事(meta-narrative)。在这个叙事中,"倾向"被定位为前话语的、先在的、具有本体意义的。因为这个叙事的作用,那个进入文化的、原初的欲望偏移了它的"原始意义"。这也就意味着文化中的欲望必然是某种偏移的结果——文化中的欲望不会与那个原初的欲望完全相同。在这样的思路下,巴特勒认为,异性恋的欲望实际上由压抑的律法(乱伦禁忌、同性恋禁忌)生产出来。所以,压抑的律法"不止扮演一种负面的或排除性的法典的角色,同时它也是一种核批机制,最适切的说法是一种话语律法:它区别什么是可说的、什么是不可说的(划定并建构不可说的领域),什么是合法的而什么是不合法的"②。这显然表明了巴特勒把律法看作一种话语实践——它既有压抑的作用,同时又有生产的作用。对于影响性别形成的律法,她更将注意力放在其历来被忽视、被掩盖的生

---

① [美]朱迪斯·巴特勒:《性别麻烦:女性主义与身份的颠覆》,宋素凤译,上海三联书店2009年版,第88页。

② 同上。

产性的一面上，以揭示另一个维度上性别形成的过程——她认为是更重要的，从而为现有的并不令人满意的性别秩序寻求更多的、更好的可能性。

因此，可以看出，巴特勒是立足在她的"操演"的女人的观点上对弗洛伊德展开分析的。弗洛伊德认为，"抑郁"是女人的特质之一，那是女人经过俄狄浦斯阶段之后面对她的丧失（缺乏菲勒斯）所作出的独特反应的结果。巴特勒指出，"抑郁"虽然是一种反应，但它并不是像弗洛伊德所认为的那样是由"缺乏"导致的反应，因为他所谓的"倾向"是在一个只有异性恋的框架中设想出来的——异性恋、同性恋禁忌、乱伦禁忌等，并不是什么"自然"的规律，而是既具有压抑性又具有生产性的律法。并不是先有"女人"，然后才有"抑郁"的，是"抑郁"生产出了"女人"："抑郁"是律法的一种运作机制，它一边生产出了"女人"，一边又将那个生产的过程掩盖起来，从而造成了"抑郁"是女人的"自然"的特质的观念。这种将"女人"看作抑郁的结果而非原因的观点，正是巴特勒将"女人"看作操演的结果、效应的观点的重要内容之一。

四 本章小结

巴特勒深刻反思了列维-斯特劳斯、拉康和弗洛伊德等人的观点，她从那些研究中看到了"女人"不是天生的，她的社会地位、她的心理素质都有逐渐获得、形成的过程。但巴特勒又有自己的新看法，她将"女人"看作"操演"的：她没有将"女人"看作"交换"、"伪装"和"抑郁"的前提、基础，而是相反，她认为，"女人"是那些"交换"、"伪装"和"抑郁"生产出来的结果、效应。也就是说，巴特勒认为并没有某个（些）女人主体先在于交换的社会活动、伪装和抑郁的心理活动之前，相反，是在这些活动过程中，"女人"逐渐得到了建立、确立。"在性别表达的背后没有性别身份；身份是由被认为是它的结果的那些'表达'，通过操演所建构的。"①

巴特勒对"女人"的这种认识，与先前有关"女人"的观点不同。她没有事先预设"女人"的存在，然后再对她的种种境遇、种种特质进行描述、思考，而是在将"女人"看作"操演"的基础上来思考"女人"的，也就是将"女人"看作与那些境遇、特质一同形成的过程，或者简言之："女人"就是"境遇"，"女人"就是"过程"。巴特勒为回答"女人为何（何为女人）"这个问题提供了新的思路与视野，显然，在女性主义者努力寻找突破的时候，这样的空间值得珍惜。

因此我们清楚地看到："女人"在巴特勒看来根本不是个人身份中自然的、固定的、统一的组成部分。不仅如此，甚至连长久以来被视为天生的、不变的"性"——身体——在她看来同样处于一个不断形成的过程中。在巴特勒眼中，性别的形成和性的形成本来就密切相关，但这并不意味着它们是一一对应的。

巴特勒认为，性别形成过程通过身体得到了最典型的表现：在这个过程中，身体的快感、身体的部位被出于"性别"的要求而区分开来。② 本来被认为是性别分化的基础、出发点的"自然的"身体，在巴特勒看来，其特征，尤其是它所谓的、最具有性别意义的"快感"，却早已被文化"性别化"（gendered）了。"身体的一些部位成为可以想象的快感的焦点，是因为它们符合了一个特定性别身体的规范理想……哪些快感将存活、哪些快感将死亡，这个问题经常是取决于哪个能满足在性别规范矩阵里所发生的、形成身份的那些合法化实践的要求。"③

---

① ［美］朱迪斯·巴特勒：《性别麻烦：女性主义与身份的颠覆》，宋素凤译，上海三联书店2009年版，第34页。
② 同上书，第94页。
③ 同上书，第94—95页。

巴特勒对身体的观点一方面构成了她的性别身份的观点的重要部分，另一方面也在女性主义研究内部带来了极大的思想激荡，无论是在本体论的范畴内还是在认识论的范畴内。

第 三 章

在"身体"的系谱上

女性主义研究中,最基本、最复杂又最众说纷纭的两个概念莫过于"性"和"性别"[①]。它们彼此分离,又相互关联。它们往往以对立的姿态出现在许多女性主义的论争中。人们甚至根据研究者们选择(或不选择)两者之中的哪一个作为研究的立足点而将他们划分为不同的女性主义研究流派。但有关它们的讨论到最后又常常被一个问题勾连起来:到底是什么最终确定了性别身份?或者这个问题可以这么表述:判断性别身份的最终标准是什么?这个问题在许多人看来对女性主义是那么的重要:只有首先确定了性别身份,才能在此基础上进一步提出变革、发展的设想。也就是说,女性主义事业的发展常常需要(设想)一个主体——女人,而这个主体正是建立在确定的性别身份的基础上的。一般认为"性"指的是"以生物学为依据并以生育过程为基础的变量";"性别"指的是"一种常常以根据生理性别对男女作出的假定为特点的社会文化范畴"[②]。而

[①] 中国国内有一些学者将 sex 翻译为生理性别,将 gender 翻译为社会性别;另有一些学者将 sex 翻译为性,将 gender 翻译为性别,本书采用第二种翻译法,但我们承认"性"同样具有生理性别的含义,"性别"同样具有"社会性别"的含义。

[②] [美]谢丽斯·克拉马雷、[澳]戴尔·斯彭德:《路特里奇国际妇女百科全书:精选本》,"国际妇女百科全书"课题组译,高等教育出版社2007年版,第933页。

使有关性别身份的问题变得那么复杂的主要原因就在于人们对性、性别、它们之间的关系以及它们在决定性别身份时的作用的看法是如此不同。这些问题也一直在吸引着巴特勒的注意,而她对它们也确实有很多话要说。巴特勒对这些问题的思考,既基于她对现实的同情,又受惠于她对其他理论家的思想成果的借鉴。

在巴特勒有关性别身份的理解中,最具有特殊重要性的内容同时又最使她饱受争议的乃是她的这个观点:身体是非物质性的,换言之,她认为并不存在话语之前的、具有纯粹物质性的身体,"身体的物质性不应被视为理所当然,在某种意义上,它是通过形态学的发展而被获取、构筑的"①。虽然有很多的研究者也在质疑传统的性别身份二分法,比如以西苏、克里斯特娃、伊利格瑞为代表的"法国派";也有很多研究者极力强调性别对塑造性别身份所起的巨大作用,但到最后他们往往又将落脚点置于"性"的基础之上。巴特勒比他们走得更远。在巴特勒看来,并没有什么自然的、固定的因素——包括身体——可以当作性别身份唯一的、最终的决定因素。面对众多的批评,她坚称:质疑将"身体"看作本质的观点,也许会在认识论上失去某种"确定性",但这种"确定性"的失去,并不必然意味着"政治虚无主义"。② 情况也许如此,但我们同样有理由提问:改变在认识论的意义上对身体的看法,女性主义事业将可以从中获得怎样的力量呢?

在本章里,我们将考察巴特勒对"身体"的具体观点,她的有关"身体"的观点与她的有关"女人"的观点有着怎样的关系,以及通过对其他一些相关的观点的回顾,测定她在"身体测绘图"上的位置。

---

① [美]朱迪斯·巴特勒:《身体之重:论"性别"的话语界限》,李钧鹏译,上海三联书店2011年版,第52页。

② [美]巴特勒:《暂时的基础:女性主义与"后现代主义"问题》,载王逢振编《性别政治》,王逢振等译,天津社会科学院出版社2001年版,第90页。

第一节 身体是什么

高宣扬认为20世纪中期以来西方社会出现的"身体的叛逆"运动对西方社会和文化都造成了极大冲击,女性主义更是这场运动的主流之一:因为对女人的身体的论述是西方传统文化里"男性中心主义"最集中的体现[①],所以很多女性主义研究者就是以此为突破口重新评估女人的身体、重新定位女人的价值的。并且当代很多重要的女性主义思想也是从对"身体"的讨论中生发出来的。这样的历程至少可以从波伏娃的《第二性》开始算起。巴特勒有关性、性别、性别身份等许多重要问题的研究大部分也始于对波伏娃观点的反思。所以,波伏娃显然是我们研究的合适起点。

一 "形成"的身体

"性别"概念的提出是20世纪60年代以来女性主义第二次浪潮的理论成果之一。从此它经常与"性"成对出现并成为女性主义事业中一个重要的范畴。伊芙琳·F. 凯勒(Evelyn F. Keller)就曾作过总结:20世纪60年代,在人们的思想上出现了双重的转变——从关注性转向关注性别;从关注影响男人和女人的发展的生理因素转向关注他们所处的自然和文化的环境因素。[②] 同时,凯勒还认为这种双重转变是当代女性主义的重要特点之一。尽管"性别"研究高潮的掀起是20世纪60年代之后的事,然而,几乎所有研究者都不否认,"性别"的观念可以追溯到波伏娃1949年出版的《第二性》那里。正如前述,波伏娃在《第二性》中全方位地描画了所谓"女性气质"的形成过程、特点,并且提出了"超越"的呼吁。至此我们

---

① 高宣扬:《当代法国思想五十年》,中国人民大学出版社2005年版,第658页。
② Evelyn F. Keller, *Secret of Life, Secrets of Death*, New York: Routledge, 1992, p. 17.

已经能清楚地看到波伏娃所谓的"女性气质"深深地烙着社会文化建构的印记，甚至可以说，"女性气质"由社会文化建构。唯其是建构的，才是有可能改变的，这也正是她那个著名的观点——"女人不是天生的，而是后天形成的"——所具有的解放力量。

也正是在这句话中，我们看到了波伏娃设立的一个对立项："天生"与"形成"。如果"形成"指的是"女性气质"，那么"天生"指什么呢？纵观《第二性》，我们可以发现，这个"天生"之物，波伏娃指的正是"身体"。这样，其实在波伏娃那里，已经出现了后来的"性别"（女性气质）与"性"（身体）的区分。沿着波伏娃的思路，许多女性主义研究者得出了这样的推论：性别是后天形成的，因此是可以改变的；性是天生的，因此是不可能改变的。但是，最先作出区分的波伏娃是不是这样看的呢？

正如我们已经论述过的，具有浓厚存在主义色彩的波伏娃不仅展示了女人处于"第二性"的位置，她更重要的目的还在于向处于"第二性"位置的女人发出改变的呼吁，甚至指出改变的方向——"超越"：接受教育成为知识分子，走出家门参加工作以获得经济的独立，拒绝男人强加的"内在性"……波伏娃对性别的改变的态度是比较乐观积极的。她认为通过"超越"的努力，女人可以实现理想的或者比较理想的"女性气质"的形成，相比之下，她对"天生"的"身体"——"性"——对女人的意义的态度则是比较消极悲观的。虽然她自认为比起萨特来，她对"身体"的态度已经缓和得多。其实，波伏娃对"身体"的评价在《第二性》发表之后很长一段时间内并没有引起太多的关注，这是值得注意的现象。毕竟，处于"第二性"位置太久的女人想要获得改善的心情是那么急迫。

波伏娃对身体的态度到底是怎样的呢？如果说，波伏娃对与男人相对而言的那些女人的无力、贫血、神经质等身体素质怀的是一种无可奈何的心情的话，那么，对于怀孕——一般被认为最具有性别特征的女人的身体机能——她基本上持的是贬抑的态度。波伏娃认为怀孕对女人而言是一种需要女人作出巨大牺牲的异化过程，是一个物种蚕食她们的过程：身体并不能既满足物种繁衍的需要同时又满足个体持存的需要。怀孕使女人变成了一个莫可名状的、恐怖的东西：

> 但怀孕尤其是女人身上自己和自己演出的一出戏剧；她感到它既像一种丰富，又像一种伤害；胎儿是她身体的一部分，又是利用她的一种寄生物；她拥有它又被它所拥有；它概括了整个未来，怀有它，她感到自己像世界一样广阔；但这种丰富本身在摧毁她，她感到自己什么也不是。一种新的生存将要表现出来，为自身的生存辩护，她为此而骄傲；可是她也感到自己是无以名之的力量的玩偶，她被捆绑，受到强制约束。在怀孕的女人身上奇特的是，在她的身体自我超越时，它被确定为内在的：它在恶心和苦恼中折扰；它不再只为自身而生存，正是在这时，它变得比任何时候体积更大……她和孕育的孩子构成被生命占有的模糊的一对；她落入自然的圈套，既是植物又是动物，是胶质的储备、孵化器、卵子；她使有自我意识的孩子害怕，被年轻人嘲笑，因为她是一个人，是意识和自由，却成为生命的被动工具。[①]

多么触目惊心！不管是有过孕育经历的女人，还是未曾孕育过的女人，看到这样的话，有几个能不受到巨大的震动呢？之所以在此不嫌累赘地引用波伏娃的这一大段原话，不仅是因为它第一次明白地描绘出了长期以来被忽略的女人的某些经验，更是因为它集中地体现了波伏娃对女人身体的看法，尽管有些矛盾，但显然更多的是不

[①] ［法］波伏娃：《第二性（Ⅱ）》，郑克鲁译，上海译文出版社2011年版，第320页。

满。身体确实是女人寻求解放时沉重的枷锁,而且,还是永远无法摆脱的沉重的枷锁。其他方面的超越,对女人而言,真可谓是戴着镣铐在跳舞。

简·贝斯克·艾尔西坦(Jean Bethke Elshtain)在《公共的男人/私密的女人》(*Public Man/Private Woman*, 1981)中对波伏娃将女人的身体表现为负面的、沉重的、羞耻的、不吉利的、不重要的、不洁净的持批判的态度。尤其是在对待怀孕的态度上,艾尔西坦认为波伏娃的描述和大多数经历过怀孕的女人的体验不一样,她们更多的是积极地看待自己怀孕这个事实的。因此,波伏娃那样评价怀孕的女人,实际上是阻止了许多女人走向女性主义阵营的脚步。[1]

面对波伏娃的批评者,罗斯玛丽·帕特南·童(Rosemarie Putnam Tong)问道:把女人看作自然天生的和把女人看作文化建构的,哪种观点更具有解放的意义?[2] 这个反问充满了为波伏娃辩护的意味。巴特勒采取的是与罗斯玛丽·帕特南·童不同的思考方式:她对于将女人看作只能在"文化建构"还是"自然天生"之间作出选择,并以此作为解放的基础——换言之,是以"性别"还是以"性"作为解放女人的基础——的看法,是不同意的。或许,在此可以先把巴特勒的观点呈现出来:巴特勒不同意波伏娃对性别和性——在《第二性》的语境中它们分别指"女性气质"和女人的身体——的截然区分以及将身体看作是天生自然、不可改变的看法。巴特勒更欣赏的是波伏娃将身体看作一种"情境"的观点。波伏娃并没有对"身体是一种情境"作出很多的解释,巴特勒的解读也是在对波伏娃之后的许多研究者的研究成果的借鉴的基础上作出的。

---

[1] Jean Bethke Elshtain, *Public Man/Private Woman*, Princeton: Princeton University Press, 1981.

[2] [美]罗斯玛丽·帕特南·童:《女性主义思潮导论》,艾晓明等译,华中师范大学出版社 2001 年版,第 277 页。

二 难以划分的"身体"

正如前文我们曾经论述的,按照波伏娃的观点,一个人的性别身份由两种素质——性别、性——决定。在这两种因素中,性别无论在哪一代的研究者那里都是一个比较复杂的概念;相对而言,性似乎简单得多,其中最重要的原因也许是它具有一个最直接、最根本的指示物:身体。也正因为这个原因,我们认为"性"和"身体"有很大一部分是重叠的。按照波伏娃的思路,以及长久以来的历史经验所显示的,并不难得出这样的推断:身体是天生的、自然的,与由文化建构的充满变数的性别相比,它还是固定的。即使是那么急切地想要塑造出新女性的波伏娃,也还是小心翼翼地区分出"女性气质"与"女人的身体",在新的女性身份里固执地为身体留下了不可动摇的席位:改变甚至解放之类的,是必需的,也是可能实现的,但那只是在"女性气质"的维度上——更少地修饰容颜而更多地学习吧,更少地依赖男人而更多地参加工作吧,这样的举措将会给女人带来某些"超越",然而,那个易患贫血症的身体,那个无力的身体,那个已经成为或正在成为或必将成为母亲的身体,怎么能改变呢?

波伏娃耿耿于怀的这个身体,曾经不怎么受到注意,它是多么普遍而明显:从呱呱落地的那一刻起,是"男"是"女"似乎就不再是个问题,而成了一个再明白不过的、摆在眼前的"事实"。这也是人们对一个人最初、最基本的判断。就连波伏娃都没有给它留下多少讨论的余地。然而,后继的许多研究者却发现即便是看起来最不需要质疑的"身体",也蕴含着很多、很复杂的问题。

什么是"身体"呢?就我们的研究来说,这个问题可以转换为:什么因素使身体具有了性别呢?

从外生殖器官的形态来判断是最直接、最简便、最原始、最普遍的做法。然而,20世纪10年代以来,随着研究者对人类体内激素的认识的不断深入，出现了以雄性激素和雌性激素的水平作为判断性别的标准的看法。最迟至1965年，科学家们就已经能比较准确地测定人体携带的染色体组成。于是，染色体的特征也成了判断性别的一个标准。但是一个值得留意的问题是，到目前为止，人们发现，无论以何种指标作为划分性别的标准，都会有溢出"男""女"这两类身体的身体。研究者们从未停止过探索，然而问题却没有像希望的那样越来越清楚。能够说明这个问题的事例也许莫过于20世纪中期以来在体育比赛中对运动员性别判断标准的几次改变了。

在只允许男人裸体参加的古代希腊奥林匹克运动会，性别区分并不是个问题。现代奥林匹克运动会赛场的大门逐渐向女人打开之后，如何使"男人"和"女人"分别在各自的项目中进行"公平"的比赛终于被提上了议程。1968年以前，运动员们必须向大会提供性别证明。1968年以后，则改为由一个国际性的医疗组织在比赛之前对运动员进行体检。然而，因为外科手术技术的发展以及激素药物的使用，又使人们对仅仅依据外生殖器官的形态来确定性别的方式心存疑惑。于是，自1972年起，染色体开始成为奥林匹克运动会检验运动员性别的标准。除奥林匹克运动会之外，还有许多组织也采取相似的检测方法。比如国际业余选手联盟（International Amateur Athletic Federation）1966年用观察外生殖器官的形态的办法来判定运动员的性别，1967年则开始改用染色体检测法。然而，在1991年，国际业余选手联盟却又决定放弃染色体检测法，重新起用观察外生殖器官的形态的方法来判断性别。奥林匹克运动会也在1999年废除了性别检查。据说这是因为"在技术上确定性别"是有难度的，每种鉴定方法都有不可忽略的缺陷。

如此看来，现代科学研究的发展，给两性身体的划分，似乎带来的是更多的麻烦而不是更加有力的证据。上述现象很形象地反映出一个问题：两性身体划分的标准总是处于不断的变化中。也就是说，人们对两性身体的划分的观念并不是一成不变的。托马斯·拉克尔（Thomas Laqueur）的研究就展示了其中的一个片段。

托马斯·拉克尔在研究了历代相关的文献及图片之后发现："男人和女人之间的基本差异建立在可以发现的生物学的区分上，并且以一种完全不同的辞藻来表达这些差异"是发生在1800年前后的事情。① 在此之前的漫长的历史中，无论是医生还是哲学家，对人体描述的框架主要是"单性模式"（one-sex model）：就身体来说，男女并没有实际的不同，而只是"一个性别的垂直等级排序中的不同版本"而已。② 也就是说，从单性模式来观察人，所看到的只有这样的一种身体：男人的身体。男人的身体的生理结构是解剖学的标准，除此之外其他身体都不过是那个标准的一些变体而已。在这种观察模式中，人们认为男人和女人拥有同样的身体结构，甚至生殖器官也一样，它们只有高低之分而没有种类之别。不管出于什么样的原因，人们都相信女人的生殖器官只是不同方向上的男人的生殖器官：阴道是向内翻转的阴茎，子宫是内置的阴囊，卵巢则是体内的睾丸！这样的看法在语言上的表现更为明显。比如，卵巢，19世纪以来被认为是最具有女性特征的器官，公元前3世纪的希罗菲勒斯（Herophilus）用的是指称双胞胎或睾丸的标准的希腊词汇"didsmoi"来称呼它；而公元2世纪的盖伦（Galen）在他的著作中用以指称卵巢的则是他同时用以指称睾丸的词"orcheis"。又如阴道，虽然它的重要作用——胎儿出生的通道——早已为人们所知，然而，无论是在拉丁语、希腊语还是在其他欧洲语言中，它具有自己的专属名称也是到1700年前后的事了。

在以男人的身体为基础的单性模式影响下的思维中，托马斯·拉克尔认为："人们在谈论生物学上的两个性别时头脑里深深扎根的恰恰是性属和文化的理论。做一个男人或是做一个女人就是拥有一

---

① ［美］托马斯·拉克尔：《身体与性属——从古希腊到弗洛伊德的性制作》，赵万鹏译，春风文艺出版社1999年版，第8页。

② 同上书，第14页。

个相应的社会等级,处于社会中的一个位置,承担一种社会角色,而不是成为两个在器官上无法比较的性别。用别的话讲,在17世纪以前,性别仍然是个社会学而非本体论的范畴。"① 尽管托马斯·拉克尔自道他的著作在某种意义上是对波伏娃的"女人是第二性"的主张的一个详细的说明,但从上述所引的话中我们还是可以看到他和波伏娃之间的显著差别:如果说波伏娃的看法是性决定了性别,并且决定着最终的性别身份,那么,托马斯·拉克尔在这里展示的则是在18世纪以前,性所占据的位置显然并没有那么重要,最终决定性别身份的是后来人们习惯归之于性别的素质而不是性的身体。托马斯·拉克尔还以亚里士多德(Αριστοτέλης)为代表说明了这种现象。托马斯·拉克尔发现亚里士多德并不需要像19世纪以来的学者一样,必须以行经、生育等身体机能为基础才能给女人安排一个适当的位置。因为即使是上述后来被认为是具有鲜明女人特质的身体机能在亚里士多德的时候也不过被认为是男人的一些身体机能在女人身上的体现。诸如主动/被动、形式/物质等后来被认为属于后天塑造的东西在亚里士多德的眼里才是不容置疑的"事实",再自然不过的"真理";而后人认为属于基本事实的生殖器官、行经、射精等则正好是特殊的、偶然的、在哲学上并无多大意义的"现象"。

由此可见,18世纪以前,人们并不是没有意识到两性的差别,而是并没有把生殖器官的不同放在决定性的位置上。

以单性模式为特征的身体观在历史上延续了那么长的时间。18世纪末期以来,那种我们今天比较熟悉的、被托马斯·拉克尔称为"两性模式"(two-sex model)的身体观才逐渐流行起来。"一种具有不可通约性的解剖学和生理学取代了那种以男人为参照、以等级为

---

① [美]托马斯·拉克尔:《身体与性属——从古希腊到弗洛伊德的性制作》,赵万鹏译,春风文艺出版社1999年版,第12页。

内容来再现女人的形而上学理论。"① 至此,男女两性的身体才开始被视为互相对立的两套系统,它们的器官、功能、感受十分不同。

在艰辛而又细致的研究之后,托马斯·拉克尔得出一个与当初的设想不一样的结论:"我越是依赖历史记录,性别的分界线就越模糊;身体越是被当作性别的基础,性别的范围就越不确定。"②

奥林匹克运动会采用的测定性别的标准的变化以及托马斯·拉克尔的研究成果都显示了:人们有关性、性别的看法并不是像某些人所想象的那么稳定、统一;人们用于划分两性的标准也并不是始终如一、亘古不变的。

第二节 操演的"身体"

巴特勒眼中的身体显然比上述研究者所提到的身体要复杂得多。尽管如此,我们仍可以将她的观点大概地总结为一句话:身体是操演的。如何理解这个"操演的身体",不仅对别人来说是一个难题,对巴特勒本人而言也是一个巨大的挑战——也许,她在这个问题上所面对的质疑以及为之所作出的回应都是最多的。巴特勒在《性别麻烦》中就提出了"身体是操演"的观点,从此之后,不管是出于自己的思考,还是为了应对别人的质疑,她又有多次的论述,其中最重要的是收录在《身体之重》中的一些文章。

《身体之重》是对因为《性别麻烦》而引出的问题的思考,当中最重要的莫过于对"身体"的讨论。这从作品的名字"身体之重"就能看出来。尤其值得注意的是,这本中译名为《身体之重》的作品,它的英语原名是"*Bodies that Matter*",众所周知,在英文中,"matter"有多重含义:"问题""重要性""物质"……纵观

---

① [美] 托马斯·拉克尔:《身体与性属——从古希腊到弗洛伊德的性制作》,赵万鹏译,春风文艺出版社1999年版,第9页。
② 同上书,第3页。

《身体之重》全书,我们可以发现,"matter"的使用体现出巴特勒的良苦用心,她确实是在讨论身体的"问题",但是她谈论的恰恰是那些"不重要"的"身体",那个"非物质"的"身体"!身体到底是"重要"的、"物质"的,还是"不重要"的、"非物质"的?或者甚至是既"重要"又"不重要",既"物质"又"非物质"?也许我们最应该看的是巴特勒如何说明自己的观点。

巴特勒对身体问题的关注和她对"女人"的研究密切相关,或者,也可以这么说,一方面她对身体的研究以"女人"为切入点,另一方面,她的有关身体的研究也具体化、深化了她对"女人"的研究。总而言之,如果说,巴特勒的女人观是"操演"的,那么她的身体观同样也是"操演"的。

尽管在《性别麻烦》中,"身体"问题并没有得到很深入的研究,但巴特勒在书中的多个地方已经表现出她对"身体"之于性别问题的重要性的重视:她对"女人"的稳定性、统一性的解构,是在对"身体"的稳定性、统一性的解构的基础上作出的。巴特勒认为,"身体"并不像人们习惯上看起来的那样是"沉默的、先于文化、等待着被意指"[1]的,它并不具有作为欲望、性别的基础的终极本体的意义,"性别化的身体是操演性的,这表示除了构成它的真实的那些各种不同的行动以外,它没有什么本体论的身份"[2]。伊丽莎白·格罗兹(Elizabeth Crosz)将巴特勒的观点概括为"主体通过主体建构与联合的行动来操演自己的身份。这些操演性为实际创造了身份,而人们却以为它们表达了身份"[3]。由此看来,巴特勒的观点起码有两层意涵:第一,她反对那样的看法,"社会性别像镜子一

---

[1] [美]朱迪斯·巴特勒:《性别麻烦:女性主义与身份的颠覆》,宋素凤译,上海三联书店2009年版,第192页。
[2] 同上书,第178页。
[3] [澳]伊丽莎白·格罗兹:《时间的旅行——女性主义、自然、权力》,胡继华译,河南大学出版社2016年版,第373页。

样反映生理性别,或者从另一方面来说被它所限制"①;第二,她同时也反对那样的看法,"'生理性别化的自然'或者'自然的生理性别'得以生产,并且被建构为'前话语的'、先于文化的,成为一个政治中立的表面,任由文化在其上施行作为"②。也就是说,在巴特勒看来,身体并不是文化、话语的原因,实际上它一方面作为文化、话语的结果,另一方面也参与着这些文化、话语的建构。所以,它"不是一种'存有',而是一个可变的疆界;一个表面,它的渗透性被政治地管控;是在一个有着性别等级和强制性异性恋制度的文化场域里的一项意指实践"③。

另外,承接前述观点,巴特勒也反对那种认为身体具有统一性的观点:"把阴茎、阴道、乳房等命名为性器官,不仅把身体的性感带局限于这些部位,同时也造成了身体这个整体的分裂。生理性别范畴强加于身体的'统一性',事实上是一种'不统一',是一种分裂与区分,是对情欲的生发的一种简化。"④

一如既往,巴特勒还是通过与其他理论家的交锋提出自己的问题并展示自己的观点的。巴特勒将目光也集中在那些同样关注"身体"的理论家的论述上——尤其是那些将"颠覆"的希望放在身体的维度上的理论家的论述。

尽管巴特勒十分不同意波伏娃对身体的贬抑态度,但巴特勒却仍然认为波伏娃将身体看作一种"情境"的看法其实已经蕴含着某种她自己都没有十分清楚地意识到的意义:如果将身体看作一种情境,那么这将意味着"我们就无法诉诸一个没有被文化意义诠释过的身体;因此,生理性别不能构成一个先于话语的解剖学

---

① [美]朱迪斯·巴特勒:《性别麻烦:女性主义与身份的颠覆》,宋素凤译,上海三联书店2009年版,第9页。
② 同上书,第10页。
③ 同上书,第182页。
④ 同上书,第149页。

上的事实"①。也就是说,在波伏娃将身体视作一种"情境"的观点中,巴特勒发现,与波伏娃明确提出的不同,其实她的论述还暗示了:身体总是受到文化意义诠释,没有未经文化"侵染"的纯粹的身体。

一 象征秩序产生身体

巴特勒曾在不同的层面上观察、思考过拉康的象征秩序,她也曾对拉康有关象征秩序的某些观点提出过尖锐的批评,然而,她的"操演"的身体观却也与象征秩序有着不解之缘。

1. 象征秩序的身体

拉康在《形成"我"的功能的镜子阶段》和《菲勒斯的意义》中进一步解读了在弗洛伊德那里具有重要意义的"自我""身体""菲勒斯"等范畴。

拉康认为镜像阶段在主体的形成过程中起着关键的作用:经过镜像阶段,婴儿才能进入主体形成的下一个阶段——象征阶段。在镜像阶段中,要形成主体最初的形象"自我",婴儿需要经历三种认同:对自己在镜子中的镜像的认同,对母亲的菲勒斯(即母亲欲望的对象)的认同,对母亲的认同。作为弗洛伊德"继承者"的拉康尤其重视弗洛伊德并未注意到的婴儿对自己的镜像的反应。拉康认为,在镜像阶段,婴儿只能借助在镜子中的自己的镜像——它的身体形象——来认识自身,这个镜像尽管与镜子外的它看起来是对称的,但实际上,对于它而言,镜像是外在的一个"身体",这个"身体"与它能感觉到的、必须依赖他人(尤其是母亲)的——因而是不成熟的,甚至是"破碎"的——"身体"相比较而言,是完满的、理想的。所以,镜子阶段可以被看成"一个不和谐身体逐渐

---

① [美]朱迪斯·巴特勒:《性别麻烦:女性主义与身份的颠覆》,宋素凤译,上海三联书店2009年版,第12页。

获得和谐视觉的过程,表现为儿童逐渐摆脱'破碎的身体影像'而确认了自己的身体同一性"①。也就是说,对个体的身体形成而言,镜子阶段对镜子中的身体的认同有着极其重要的意义:自己原本"破碎"的身体,经过与那个完满、理想的身体的认同之后,才获得了和谐的身体——这个和谐的身体至少是婴儿自己看到的、感觉到的。在拉康眼中,比起原本破碎的、被他称为"特有的先天早产"的身体,经过认同后的这个身体才更完整,也就是更具有"主体性",拿他自己的话说就是:"从身体的一种破碎影像演替到那种我称之为身体全体性的'矫形术'形式——最终僭取一套异化了的身份同一性(identité)甲胄,它将以其坚硬的结构显示出主体的全部精神发展。"② 基于此,拉康认为"主体的力量,经由身体的完整形式,在一个幻景中提前成熟了"③。由此可见,主体的和谐身体由两种身体构成,或者说是经过两个阶段之后形成:一是"破碎"的、原初的身体,二是完满的、镜像的身体——实际上这两种身体不能截然分开。

在拉康的论述中,还有一个因素——象征秩序中的菲勒斯——对身体的形成起着十分关键的作用。正如上文已经指出,菲勒斯在拉康区分男、女两性时具有标准的意义:他将"拥有"菲勒斯规定为男人的特征,将"作为"菲勒斯规定为女人的特征,或者说,他把"拥有"或"作为"菲勒斯当作确定象征秩序中的性别位置的标准。而身体也正是在这个确定男人、女人的过程中形成的。

拉康对菲勒斯有着独特的理解,尽管他提到了弗洛伊德,但显然,表达得更多的是自己的观点:在弗洛伊德的观点中,菲勒斯并

---

① 这是陈越对"镜子阶段"的一种解释,笔者同意他的看法。引文见[法]雅·拉康《形成"我"的功能的镜子阶段》,陈越译,《世界电影》1995年第6期,"译者说明"的注释③。

② [法]雅·拉康:《形成"我"的功能的镜子阶段》,陈越译,《世界电影》1995年第6期。

③ 同上。

不是一个想象的效果,也不是一个客体,更不是阴茎、阴蒂或其他什么器官的象征,而是一种关系。① 拉康以一系列否定的句式给菲勒斯定下界限,表面看起来是在澄清弗洛伊德的菲勒斯的意义,实际上字里行间隐含的却是自己的看法,尤其在这些话之后,他马上就直接谈到了自己的观点:菲勒斯是个能指,这个能指可以完整地表达所指(Signified)的效果,并且这个能指也规定那些所指的效果。② 由此可见,菲勒斯对拉康而言最重要的意义是作为一种能指。按照拉康的观点,能指在意指链中获得它的意义,菲勒斯自然也不例外。也就是说,菲勒斯作为能指在意指链中才能获得并显示它的意义。

巴特勒仔细分析了拉康有关菲勒斯的观点。巴特勒认为,拉康以否定的方式界定菲勒斯,并且将菲勒斯看作一种能指,大有深意:"这个菲勒斯不是一个身体部位(而是整体),不是一个想象物(而是一切想象物的起源)。这些否认具有构成性;它们促成菲勒斯的理想化——然后被其抹除。"③ 显然,拉康给菲勒斯作出这样的"否认"实际上是为了让菲勒斯避开将它作为具体的身体部位或想象物的界定,从而使它可以作为一种象征:

> 菲勒斯象征着阳具;就此而言,阳具作为被象征之物得以保留;菲勒斯不是阳具。成为象征的对象恰恰就是不成为象征符。就菲勒斯象征阳具这一点来说,它就不是其所象征之物。象征越多,象征符和被象征符之间的本体关联就越少。象征假定并产生了象征符——或意符——与被象征符——或所指之间的本体上的差异。象征耗尽了被象征符与

---

① [法]拉康:《拉康选集》,褚孝泉译,上海三联书店2001年版,第592页。
② 同上书,第592—593页。
③ [美]朱迪斯·巴特勒:《身体之重:论"性别"的话语界限》,李钧鹏译,上海三联书店2011年版,第69页。

象征符之间的本体联系。①

对拉康而言，菲勒斯作为象征的能指参与意指过程，它在确定男人、女人在象征秩序中的位置时的最大的意义在于作为一个具有优先特权的能指。菲勒斯既不属于任何人，又被每一个人所欲望，并决定着每一个人的位置，也就是主体的形成。拉康大部分的注意力都被菲勒斯的"优先特权"吸引着，或者说，拉康过分地强调了菲勒斯作为能指的性质，却常常忽视了象征过程中能指和所指的关系特征——"象征越多，象征符和被象征符之间的本体关联就越少……象征耗尽了被象征符与象征符之间的本体联系"②。巴特勒所揭示的这种联系，对拉康来说，的确是一个两难的选择：一方面，拉康希望菲勒斯能够拥有更多的"优先特权"，也就是能够象征更多的对象；另一方面，这样的"优先特权"越多，菲勒斯与那些被象征对象的本体关系就越疏远。显然，我们看到的是拉康对前一方面的强调，而巴特勒则更注重后一方面的特点。正是在菲勒斯与被象征物之间越来越疏远的关系中，巴特勒发现了菲勒斯并不像拉康所认为的那样是稳固的，更不用说拥有"优先特权"了。也就是说，菲勒斯与任何一个身体的部分都不完全等同，正像拉康已经指明的，它不仅是一种幻象，更是一种可以转移的幻象——作为一个意指符号，它和被象征对象的距离是那么遥远！因此，"通过一种积极的重新划界（reterritorialization），菲勒斯与男性形态的自然关联将受到质疑。"③ 不管是弗洛伊德还是拉康在论述菲勒斯时都在有意无意之中将菲勒斯看成男人身体构成的一部分。然而也正是他们的论述，也同时表明了身体并没有他们想象的那么固定、单一，更不是天生而

---

① ［美］朱迪斯·巴特勒：《身体之重：论"性别"的话语界限》，李钧鹏译，上海三联书店2011年版，第69页。

② 同上。

③ 同上书，第73页。

成的。尤其是拉康,在竭力证明菲勒斯处于意指链上具有优先特权的位置上的时候,同时也拉大了菲勒斯和所意指的对象的距离——不无悖论的。当菲勒斯有无数的转移的机会、不再能作为一个稳定而单一的区分性别的标准的时候,男人和女人的区分,甚至这个区分所依赖的异性恋框架就值得怀疑了。

拉康认为菲勒斯是一个意指——甚至还将其视为有优先特权的意指,并且,菲勒斯必须在一个意指链中才能获得自己的意义。巴特勒在此基础上进一步认为,意指链中的菲勒斯总是处于"引用"和"重复"的过程中。也就是说,菲勒斯总是处于被意指和再意指的状态中,因此,作为意指链上的一个点,它实际上并没有拉康所认为的那种作为起源或原初时刻的特征。如果说,菲勒斯可以在不尽的意指过程中获得它的优先特权,那么这种优先特权也有可能在同样的过程中失去——真是成也"意指"败也"意指"!所以,如果菲勒斯并不完全等同于阴茎,并且在其意指过程中还十分有可能失去优先特权,那么,"拥有"菲勒斯——被拉康视为是男人的特质——就并不必然意味着拥有阴茎,而可能是"由一条胳膊、一个舌头、一只(或两只)手、一个膝盖、一条大腿、一根臀骨、一系列被刻意工具化了的身体部位来象征"[①]。也就是说,菲勒斯并不为阴茎——男人——所独有,它可以从男人那里转移,当然它也可以转移到非男人的身上——当然并不一定是"女人"。

拉康有关身体、菲勒斯等的论述在一定程度上可以看作对弗洛伊德的相关看法的进一步阐释。弗洛伊德已经意识到身体和"痛苦"(也就是"认识")的关系,甚至明确指出身体首先是自我的身体,这就动摇了长久以来的将身体与意识截然区分的观念。弗洛伊德还认为,力比多并不仅仅是贯注于某一器官(尤其是男人的生殖器官)

---

① [美]朱迪斯·巴特勒:《身体之重:论"性别"的话语界限》,李钧鹏译,上海三联书店2011年版,第75页。

上，而是可以转移到身体的其他部分上去的。如此看来，身体也并不是原来想象的那么稳固、单一，而是有多种可能性的。在拉康的研究中，我们也能看到相似的观点：首先，拉康明确地表示，主体身体的构成既包含着镜子外的"破碎"的身体，又同时包含着镜子中那个"完满"的身体。也就是说，拉康眼中的身体其实有其幻象性的一面，甚至，在很多时候，他更强调的正是这个具有幻象性的身体。拉康也很重视菲勒斯在身体的形成过程中所起的重要作用，甚至将其置于优先特权的地位。然而，正是这样的"优先特权"使得菲勒斯更加远离它所象征的对象物，从而消解了拉康所本欲赋予它的专一性；又因为菲勒斯被看作一种意指，意指总是要处于意指链中才能获得它的意义（比如菲勒斯的"优先特权"），在"重复"与"引用"的过程中，菲勒斯的"优先特权"也有着丧失的极大可能，所以，形成如下悖论，拉康在试图确立菲勒斯作为起源和原初时刻的地位时，也暴露了这种地位的不可能。

在巴特勒看来，拉康呈现了两种相关的身体的形成过程：一种是由破碎的镜子前的身体向镜子中的镜像认同的过程[①]；另一种是被菲勒斯意指前的身体向被菲勒斯意指的身体的认同的过程，也就是我们曾经展现过的"男人"和"女人"在象征秩序中的位置的确定，或者更直接地说是男人和女人获得"性别"的身体的过程。其实这两种过程彼此交叉、重合，不能截然分开。因为那个镜子中完满的镜像身体由菲勒斯的投射而形成，是菲勒斯的一个映像、象征，而同时菲勒斯的身体也通过那个镜像的身体而得到表达。拉康没有指出，但巴特勒却在发现它们之间的重叠的同时也发现了其中的矛盾："如果零散意味着无法控制，则镜像前的身体就没有菲勒斯，就是被象征性地阉割了；通过在镜像中构建的自我来获取镜像化的控

[①] 这个"镜子前"又有两层含义，一是在作为一种设备的镜子前，二是在镜子阶段前。

制,这一身体由此'领受'或'拥有'了菲勒斯。但菲勒斯已经在镜像前的零散的身体的描述中出现。"① 也就是说,巴特勒认为菲勒斯在拉康的研究中总是或隐或显地作为身体形成的重要因素而出现。拉康有关身体形成以及它和菲勒斯的关系的研究启发了巴特勒对身体的认识,她甚至更加直接地将拉康研究中的身体的形成过程看成"菲勒斯的操演"②。拉康在论述的过程中,也许希望展示的是菲勒斯以及进一步的菲勒斯的身体的形成。他明确地指出"这种外在的身体形式不是已建构而是在建构中"③。然而,他所做的在巴特勒看来却恰恰与愿相违:他的论述展现了"菲勒斯控制着对其自身起源的描述并从而回避了一个可能会引发衍生或投射特性的系谱"④。从拉康的论述中,巴特勒看到菲勒斯一面对身体的形成实施着自己的管控,一面又将自己的管控隐藏,甚至抹除掉的运作。而对这样的隐藏、抹除进行揭露正是巴特勒提出以系谱学的方式研究性别、身体的形成的原因以及目的所在。

由此可见,巴特勒的身体观和拉康的身体观不一样。那么她的观点与同样"反对"拉康的身体观的克里斯特娃的观点是否一样呢?

2. 对符号态(the semiotic)身体的反思

在巴特勒看来,克里斯特娃对身体的论述在某种程度上比波伏娃要更加细致,而且前者也比后者对身体的认识要清醒得多——尽管这并不意味着巴特勒完全同意克里斯特娃的看法。克里斯特娃把"颠覆"(或者说是"解放""改变")的希望寄托在母亲的身体上。

---

① [美]朱迪斯·巴特勒:《身体之重:论"性别"的话语界限》,李钧鹏译,上海三联书店2011年版,第67页。

② Judith Butler, *Bodies that Matter: On the Discursive Limits of "Sex"*, New York and London: Roudedge, 1993, p. 80.

③ [法]雅·拉康:《形成"我"的功能的镜子阶段》,陈越译,《世界电影》1995年第6期。

④ [美]朱迪斯·巴特勒:《身体之重:论"性别"的话语界限》,李钧鹏译,上海三联书店2011年版,第67页。

第三章 在"身体"的系谱上

她所谓的母亲的身体一方面包含了母亲的身体的"物质性（肉体性）"——她也强调母亲因为特有的（"自然"的）生育能力而具有的和孩子的"天然"的联系。另一方面，更重要的，她是在心理的维度上，或者说是在与拉康的"象征秩序"的对照中来观照母亲的身体，也就是说，她所谓的母亲的身体是精神分析意义上的、总是与象征秩序相关的母亲的"身体"。

我们知道，拉康设想出了一个象征秩序。在那个秩序中，父亲的大写律法为所有语言提供了建构的法则——当然它也为"母亲"安排下了"合适"的位置。这个象征秩序通过对"原初多元力比多驱力"——拉康特别提到了婴儿对母亲的极度依赖——的压抑而形成，正因为有了这些压抑，才产生了可以表达意义的语言，以及可以被理解的语言。所以，可以说，象征秩序压抑了婴儿与母亲的原初多元力比多驱力，从而建构了单一意义的语言。并且，这一建构语言的原则也被拉康视为文化建构的原则。

克里斯特娃并不完全同意拉康的观点。她设想在语言的维度中，除了象征秩序，还有一种"符号态"。克里斯特娃所谓的"符号态"和索绪尔的"符号"不一样。索绪尔的语言符号研究主要涉及能指、所指以及由它们构成的"符号"。而克里斯特娃的"符号态"则与象征秩序之前的原初的、婴儿和母亲身体之间的多元力比多驱力紧密相关。符号态与象征秩序在克里斯特娃这里近似于拉康所设想的"想象秩序"和"象征秩序"。但克里斯特娃与拉康最大的不同是，她认为"符号态"是在象征秩序之前的一种状态，并且这种状态具有她所谓的"超若"（chora）的特征。"超若"是一个来自柏拉图的概念。在《蒂迈欧篇》（*Timaieos*）中，"超若"被用来形容那种无序的、不善（在此"不善"并不等于"恶"）的、不美（在此"不美"并不等于"丑"）的、无法命名的、没有意义的、神奇的、混沌不清的状态，这是一个被蒂迈欧（Timaieo）看作像母亲的子宫一样的"空间"（形式、容器、场域……）。克里斯特娃借用并拓展了

《蒂迈欧篇》中的"超若"的含义,把它看作处于象征秩序之前的"符号态"的重要特征,是婴儿与母亲共同享有的一个空间。由此,克里斯特娃认为"符号态"有着无可置疑的母性特征:符号态是原初多元力比多驱力更直接的表现,它在父亲的大写律法之前、在象征秩序之前、在孩子与母亲分开之前就和母亲的身体紧紧地相连在一起。虽然符号态是在前语言的阶段中发现的,但符号态又总是会以反叛的姿态出现在语言中。同时符号态还是一种身体的表现,这种表现会给象征秩序带来打击、破坏甚至颠覆。① 所以在《诗语言的革命》(La Révolution du Language Poétique, 1974)中,克里斯特娃把"符号态"定义为:"与原初过程相关的……意指功能。"② 又因为"超若"所具有的无序、混沌、前象征秩序的特征,所以它是排斥表达、不可言说的,它只会在"语言的音乐性和活动的节律中留下它的前意指踪迹"③。符号态因此又意味着对单一意义的拒绝、对有序表达的放弃,也就是对象征秩序的反抗。换句话说,对压抑的、有序的、统一的象征秩序而言,符号态是充满着原初多元力比多驱力的、混沌的、异质的。如果说,克里斯特娃把拉康由象征秩序组织的语言看作理性的、单一的、封闭的,那么,她则把她设想的这个符号态中的语言看作一种"诗语言"(Poetic Language):非理性的、多元的、开放的,因此对象征秩序具有强烈颠覆潜能。这种"诗语言"不仅会在前象征秩序中出现,比如说在"符号态"中;在象征秩序中它也还会出现,尽管是偶尔的,比如在那些不再具有意指作用的精神病患者的语言中。

克里斯特娃认为对象征秩序的反抗的潜力就隐藏在"诗语言"

---

① [英]索菲亚·孚卡、瑞贝卡·怀特:《后女性主义》,王丽译,文化艺术出版社2003年版,第155页。

② Julia Kristeva, *Revolution in Poetic Language*, Trans. by Margaret Waller, New York: Columbia University Press, 1984, p.25.

③ [英]索菲亚·孚卡、瑞贝卡·怀特:《后女性主义》,王丽译,文化艺术出版社2003年版,第61页。

中，通过对"诗语言"的回溯，可以找到原初的"超若"，即原初的婴儿和母亲的浑然一体的状态，也即母亲的身体状态。象征秩序中的语言，在压抑原初多元力比多驱力以及孩子与母亲之间的关系的基础上建立起来；而"诗语言"则相反，它重新激起了那些被压抑的原初多元力比多驱力以及孩子与母亲的关系。① 也就是说，如果"语言"是由象征秩序通过对母亲的压抑才能建立起来，它总是与父亲的大写律法相关，那么"诗语言"则总是指向被压抑之前的原初多元力比多驱力、婴儿与母亲的身体的浑然一体的关系。换言之，"诗语言"总是意味着与母亲身体的联系，以及对原初多元力比多驱力的依赖——"诗语言"总是试图重现母亲的身体或恢复完整的母亲的身体。

克里斯特娃设想"符号态"与母亲的身体密切相关，有其自身"超若"的特点，有它自己的"诗语言"，具有颠覆象征秩序的潜力。然而，这并不意味着符号态外在于语言，也不意味着符号态专属于母亲。特里·伊格尔顿（Terry Eagleton）在对克里斯特娃所作的评注中指出：符号态是属于语言的，它是语言的"另一面"。符号态在俄狄浦斯阶段之前就出现了，它与母亲的身体密切相关，所以，它与"女人"有关系。但是，符号态又不完全属于女人，因为在俄狄浦斯阶段之前，没有"性别"的区分。② 也就是说，尽管符号态与母亲密切相关，但它又不仅仅与母亲相关。尽管符号态对象征秩序有着颠覆的潜力，但克里斯特娃并不认为在语言中符号态可以代替象征秩序。实际上，克里斯特娃是在另一个维度上坚持着拉康的观点——那个象征秩序的父亲的大写律法是语言的绝对的法则。

---

① Julia Kristeva, *Desire in Language: A Semiotic Approach to Literature and Art*, Ed. by Leon S. Roudiez, Trans. by Thomas Gora, Alice Jardine, and Leon S. Roudiez, New York: Columbia University Press, 1988, p. 136.

② ［英］特里·伊格尔顿：《当代西方文学理论》，王逢振译，中国社会科学出版社1988年版，第271页。

巴特勒对克里斯特娃上述有关符号态的观点有着种种质疑。

第一，在巴特勒看来，克里斯特娃设想的这个"符号态"并不如她期待的那么具有颠覆的潜力。尽管克里斯特娃对"符号态"的颠覆潜力寄托了极大的希望：因为在"诗语言"中，"单一主体将不再能找到他的位置"①，所以，"诗语言"（还包括它所在的"符号态"）对象征秩序的压抑、秩序、稳定、统一造成了极大的威胁。然而，巴特勒指出，克里斯特娃沿着拉康的思路认为象征秩序在语言中起着绝对支配的作用，所以克里斯特娃实际上还是把"符号态"与"象征秩序"同时并置于语言中了。在这样的情况下，符号态只是在偶然的、极其少的时候才会显出它对象征秩序的干扰或破坏。那些"偶然的、极其少的时候"主要包括"省略、重复、纯粹的声响、通过无限的意象和隐喻而增衍含义"的时候。② 巴特勒对此提出了自己的看法：如果象征秩序依旧坚持它的权威，那么符号态所拥有/强调的那些反对父亲的大写律法的代替、颠覆都不会对它产生什么影响。③ 也就是说，巴特勒认为，在以父亲的大写律法作为建构的律法的语言中，符号态对象征秩序的颠覆作用及其意义依然十分有限。

克里斯特娃认为在符号态中的原初多元力比多驱力只是偶尔才会出现在象征秩序的语言中，它们更主要的是出现在语言之前，它们维持的是一种前语言的性质，也因此才拥有了在语言，尤其是在"诗语言"中出现时所具有的颠覆的潜力。克里斯特娃一方面想要给她的符号态、诗语言赋予颠覆象征秩序的力量，而将它们设置于象征秩序之前的位置上；另一方面，她又为符号态、"诗语言"一旦脱

---

① Julia Kristeva, *Revolution in Poetic Language*, Trans. by Margaret Waller, New York: Columbia University Press, 1984, p. 132.

② Judith Butler, *Gender Trouble: Feminism and the Subversion of Identity*, New York and London: Routledge, 1999, p. 105.

③ [美]朱迪斯·巴特勒：《性别麻烦：女性主义与身份的颠覆》，宋素凤译，上海三联书店2009年版，第107页。

离象征秩序一直维持那种"超若"的状态的话就将有堕入疯狂、错乱、无意义的境地的忧患所苦,从而不得不再次将它们纳入象征秩序的语言中。对于符号态,巴特勒认为克里斯特娃的态度是极其暧昧的:她经常在"假定"和"否定"的态度之间摇摆。① 其部分原因要归于克里斯特娃对拉康(当然还有弗洛伊德)意义上的力比多驱力理论的不加批判的挪用。

第二,巴特勒认为,克里斯特娃对母亲身体的设想也有问题。作为承载原初多元力比多驱力的母亲的身体,因为总是处于符号态之中——而符号态又常常处于象征秩序之外,所以,不管克里斯特娃愿不愿意承认,她所描述的那个母亲的身体所承载的同时也是一些前语言、前文化的意义。克里斯特娃对母亲身体这样的理解,在巴特勒看来,不但没有达到她所期望的让母亲的身体成为颠覆象征秩序的基础的目的,反而带来了她最不愿意看到的可能:这无疑又是对那种将文化看成专属于父权制结构的观点的维护。除此之外,巴特勒还指出,对于母亲的身体而言,克里斯特娃的这种理解,实际上还是一种对"母亲"的物化,由此会带来的结果是失去了对其建构性以及可变性进行分析的机会。② 更进一步,实际上也是承继前一个问题而来,巴特勒对母亲的身体的看法和克里斯特娃将母亲的身体视为"基础"的看法恰恰相反。巴特勒问道:克里斯特娃所发现的俄狄浦斯阶段之前的、与母亲身体相关联的符号态是否已经是话语的产物、文化的结果而不是话语、文化的原因呢?③ 也就是说,母亲的身体在克里斯特娃看来是原初多元力比多驱力所依附的基础,是颠覆象征秩序的基础。但是,在巴特勒眼里,"母亲的身体"并不是某种事实,更不能将其理解为依附、颠覆的基础,因为"母亲的

---

① [美]朱迪斯·巴特勒:《性别麻烦:女性主义与身份的颠覆》,宋素凤译,上海三联书店2009年版,第107页。
② 同上书,第108页。
③ 同上。

身体"本身就是一种由话语生产出来的产品,一种文化建构的结果,它并不是语言、文化的原因。其实"母亲的身体",甚至"身体",是语言、文化的原因还是结果,正是巴特勒有关"身体"的研究中的关键问题。它不仅是巴特勒有关"身体"的讨论的重要组成部分,也是巴特勒有关性别,甚至主体的观点的重要组成部分。

对"母亲的身体"的那种解释也影响着克里斯特娃对同性欲望,尤其是女人之间的同性欲望的思考。

母亲的身体最重要的一个特征是"生产"。克里斯特娃也认为"生产"在婴儿与母亲之间的关系中起着重要的作用,尤其对女儿和母亲之间的关系更是如此:女人通过生产成了母亲,女人和母亲成了一种连续体中有所区别但又有所承继的因素。女人也因此"实现了母亲的同性欲望;借助母亲,她们一齐趋近她的本能记忆,这一方面增加了她精神错乱的可能性,另一方面也带来了更加否认她与社会和象征秩序的联结的结果"①。也就是说,克里斯特娃认为由于生产而带来的同性欲望的恢复在将欲望向母亲的身体引导的同时,也带来了精神错乱的极大可能以及对象征秩序(包括菲勒斯)的否认。在克里斯特娃的眼里,同性欲望——尤其是女人之间的同性欲望——总与精神错乱紧密联系,因此,这种欲望总被象征秩序抛弃在外。显然,虽然克里斯特娃期待"母亲的身体"带来颠覆的可能,但她并不愿意坚持将这种植根于"母亲的身体"的同性欲望一直置于具有精神错乱的极大可能性的符号态中。因此,同性欲望必须离开"母亲的身体"(即符号态)并进入象征秩序之中受到菲勒斯的影响。由此可见,"生产"并没有带来婴儿与母亲之间的那种浑然一体的状态的完全恢复,象征秩序——菲勒斯——总是会不期然地降临,带来乱伦禁忌以及(隐

---

① Julia Kristeva, *Desire in Language*: *A Semiotic Approach to Literature and Art*, Ed. by Leon S. Roudiez, Trans. by Thomas Gora, Alice Jardine, and Leon S. Roudiez, New York: Columbia University Press, 1988, p. 239.

第三章 在"身体"的系谱上

蔽的）同性恋禁忌，从而引起婴儿与母亲的分离。如果这种分离发生在女孩和母亲之间，那么，不管是对母亲还是对女孩而言，都将会带来抑郁，因为这种分离是不完全的。

按照之前对拉康以及弗洛伊德的分析我们知道，哀恸（哀伤）和抑郁是两种不同的心理过程：哀恸是对分离的承认，它将投注于原初的、后来丧失的客体的力比多成功地转移到一个新的客体上；而抑郁是对分离的拒绝，它拒绝接受原初客体的丧失而将其内化到自我中，从而使原初的、丧失的客体成为自我结构中的一部分。由此可知，对女孩而言在象征秩序中她与母亲的身体的分离所带来的并不是哀恸，而是抑郁——她把被拒绝的客体内化了，因此，她的身份的形成实际上也是一种丧失、一种缺乏的延续。因此，女人之间的同性欲望其实也是一种抑郁，一种与精神错乱、"诗语言"相关的抑郁。在克里斯特娃看来，女人之间的同性欲望因为和母亲的身体之间的关系而带着精神错乱的特征，这种精神错乱——女人之间的同性欲望——在象征秩序中需要通过特殊的方式才可以得到维持和表现："同性恋—母亲实际上是一种言辞的扭曲，一种意义与观看的彻底缺席；它是触觉、替代、节奏、声调、闪光、一种依附于作为庇护的母亲的身体以反抗堕落的幻想……对女人而言，它既是一个消逝的伊甸园，又似乎是近在眼前的。"① 也就是说，对女人而言，她的同性欲望只能通过"诗语言"才能得到表达。因此，可以说，在克里斯特娃看来，"诗语言"以及"生产"是女人之间的同性欲望在象征秩序中的两种维持和表现的形式。

克里斯特娃对"诗语言"以及"生产"寄托了极大的希望，认为可以通过它们在象征秩序——文化——中以非精神错乱的方式为母亲的身体寻得维持和表现的可能："言说者只有通过一种独特的、

---

① Julia Kristeva, *Desire in Language*: *A Semiotic Approach to Literature and Art*, Ed. by Leon S. Roudiez, Trans. by Thomas Gora, Alice Jardine, and Leon S. Roudiez, New York: Columbia University Press, 1988, pp. 239–240.

被称为'艺术'的话语实践才能达到这个界限、这个社会性的必要条件。女人也可以通过某种分裂的象征的奇特形式而得到它（尤其是在我们的社会中）。这种象征是语言和本能驱动的临界点，也是'象征秩序'和'符号态'的临界点，并且生产行为也是由它构成的。"① 这一方面说明了克里斯特娃对"诗语言"和"生产"在"社会"——象征秩序、文化——中所处的位置的辨识；另一方面也显示了克里斯特娃的目的：她并不想让符号态代替象征秩序，也不想将符号态建成可以与象征秩序相抗衡的"××秩序"，而是希望能在象征秩序中给那些处于符号态和象征秩序交界地带的经验寻求某种合法性。② 也就是说，尽管克里斯特娃一再强调符号态的"颠覆"作用，但她并不想以符号态彻底取代或反抗象征秩序——按照她对象征秩序的态度其实也是不可能的，也不是将符号态建构为在语言中和象征秩序同样重要的一种"空间"（形式、容器、场域……），她为自己定下的任务似乎并没有那么复杂和沉重：她只想为处在象征秩序和符号态之间的那些原初多元力比多驱力、那些异质、那些混沌——她所谓的"诗语言"和"生产"——寻得维持和表现的可能。

综上所述，克里斯特娃对女人之间的同性欲望的看法主要有两个重点：一个是因为她一直把异性恋看作父权制象征秩序——亲属关系、文化——的前提条件，所以，女同性恋在她看来是一种得不到父亲的大写律法承认的欲望，是一种精神错乱。另一个则是以前一个重点作为基础，因为女人之间的欲望首先来自母亲和婴儿之间的原初多元力比多驱力，那些原初多元力比多驱力被认为是未受到

---

① Julia Kristeva, *Desire in Language*: *A Semiotic Approach to Literature and Art*, Ed. by Leon S. Roudiez, Trans. by Thomas Gora, Alice Jardine, and Leon S. Roudiez, New York: Columbia University Press, 1988, p. 240.

② [美] 朱迪斯·巴特勒：《性别麻烦：女性主义与身份的颠覆》，宋素凤译，上海三联书店 2009 年版，第 114 页。

象征秩序——文化——压抑的原初的驱动力,所以,由之而来的欲望,也是前语言的、前文化的。

巴特勒对克里斯特娃有关女人之间的这些同性欲望的看法持有异议。首先,巴特勒认为克里斯特娃尽管已经意识到了女人之间的同性欲望,但却没有充分重视它们对父权制的象征秩序——文化——所具有的挑战。克里斯特娃对女人之间的同性欲望的发现并没有在更深层次上刺激她对父权制的象征秩序的理解,她过于匆忙地将女人之间的同性欲望划归至象征秩序之外,并将其视为不可理解的精神错乱。巴特勒认为,对女人之间的同性欲望,克里斯特娃实际上并不介意它是处于文化前——象征秩序前,还是处于文化外——象征秩序外,她关心的是它是否具有文化上的合法性——在她看来,处于文化中——象征秩序中,但却"不合法"才是可怕的。① 也就是说,巴特勒认为,克里斯特娃之所以放弃对女人之间的同性欲望处于文化(象征秩序)之外的观点的坚持,而通过将它们定位为"精神错乱"的方式将它们纳入文化(象征秩序)中,并不是害怕它们没有文化的身份——文化之外的身份也是一种文化身份,而是害怕它们没有文化的合法的身份——在文化中无法被表达、被理解。在巴特勒看来这不啻是克里斯特娃对父权制文化再一次的维护,她又一次忽视了女人之间的同性欲望所带来的"前文化"的挑战的潜力:她从父权制的异性恋的角度来观察女人之间的同性欲望,使她看不到那种隐蔽的"害怕";并且实际上这种看法也是对女人之间的同性欲望的否认;同时也是对母亲的特质——女人的特质——作为一种文化实践所具有的多元意义和可能性的否定。② 巴特勒同时还注意到,克里斯特娃对女人之间的同性欲望的描述是一种外部描述。这种描述并不是女人之间的同性欲望的经验本身,而是异性恋

---

① [美]朱迪斯·巴特勒:《性别麻烦:女性主义与身份的颠覆》,宋素凤译,上海三联书店2009年版,第117页。

② 同上。

制度为了防止其自身的同性欲望而作出的种种设想。① 克里斯特娃对女人之间的同性欲望的描述其实还是从父权制的异性恋的角度所作出的描述。这些描述并不能表现女人之间的同性欲望本身，反而是对那种父权制异性恋的某些幻想的表现。

巴特勒对克里斯特娃将女人之间的同性欲望看作前文化的一种状态的观点也不同意。巴特勒认为克里斯特娃将女人之间的同性欲望看作对父权制象征秩序的颠覆的源头，但她又把这个源头仅仅限制在一个"前文化"——前象征秩序——的位置上，它不仅不具有文化上的合法性，甚至它还是外在于文化的——不管是上述哪种状态，它都是远离文化的，这样的定位实际上已经排除了颠覆的可能性。② 克里斯特娃设想的具有颠覆作用的、植根于母亲的身体的欲望、状态因为其与代表着文化的父权制象征秩序之间的距离——它们处于"前文化"的位置上——实际上并不能实现其"颠覆"的作用。

可能克里斯特娃也预料到了巴特勒指出的这种困境，所以她对诗语言、原初多元力比多驱力、女人之间的同性欲望才持有那种暧昧、矛盾、摇摆不定的态度：她一面将它们置于"前文化"的位置上，一面又强调它们的不连续性——它们总是很快就会进入象征秩序之中，在"文化中"占有新的位置。但是巴特勒并不同意克里斯特娃对这种暧昧态度的解释，她认为那是一种循环论辩，不能说明问题：如果原初多元力比多驱力只有在文化中才能得到表现，那么怎样才能证明它们在前文化中的位置呢？克里斯特娃将证明的希望寄托在"诗语言"上，认为通过"诗语言"就可以接近那些原初多元力比多驱力。巴特勒指出克里斯特娃同时也认为用以表现原初多元力比多驱力的"诗语言"因为本身就依赖于

---

① [美]朱迪斯·巴特勒：《性别麻烦：女性主义与身份的颠覆》，宋素凤译，上海三联书店2009年版，第116页。

② 同上书，第117页。

那些原初多元力比多驱力，所以它并不能证明那些原初多元力比多驱力到底是处于"前文化"的位置上还是处于"文化中"的位置上。甚至对于语言，也一样：语言由压抑而来，事物的意义又是由语言而来，所以，在语言之前赋予事物以意义在巴特勒看来也是不可能的。

至于克里斯特娃强调的那个原初多元力比多驱力，巴特勒除了对其"前文化"的位置持有怀疑之外，对于它的性质也多有疑问。克里斯特娃认为原初多元力比多驱力是"生物学命运"（biological destiny），是不属于象征秩序也不受父亲的大写律法管控的体现。[①] 也就是上文已经提到的她把原初多元力比多驱力看作是符号态的、母亲的。巴特勒认为问题正在于克里斯特娃把那些不属于"象征秩序""父亲的大写律法"的因素都划归到这个原初多元力比多驱力所在的场域——母亲的身体——上：

> 肉体的冲动、记忆偶然的闪现都属于某种情形，它或者凝结在一起，或者分离开来以保持自身的永恒。一系列的符号，都不具有其他的重要性，除了加入生—死的生物循环的永恒回归之外。我们该如何描述这种前语言、这种不可再现的记忆？赫拉克利特的流动的范畴、伊壁鸠鲁的原子观、神秘的做漩涡运动的灰尘、阿拉伯和印度的神秘主义、幻觉派艺术家的点彩画——所有这些看起来都是比存在理论、逻各斯理论及其法则更好的隐喻。[②]

也就是说，克里斯特娃把出现在代表着单一、统一的意指的、

[①] Julia Kristeva, *Desire in Language: A Semiotic Approach to Literature and Art*, Ed. by Leon S. Roudiez, Trans. by Thomas Gora, Alice Jardine, and Leon S. Roudiez, New York: Columbia University Press, 1988, p. 239.

[②] Ibid..

在象征秩序中被视为父亲的大写律法的特征的"逻各斯"范畴之前及之后的不能被"逻各斯"涵盖的种种文化现象,都归于"原初多元力比多驱力",也就是"母亲的身体"之中。巴特勒指出克里斯特娃这种看法有两点不足:其一,她把她本来已经意识到的复杂的、充满矛盾的符号态和象征秩序的关系简化为"一个规避了非矛盾要求的多元性原则与建立在压抑这多元性之上的身份原则之间的形而上学的争端"[1];其二,更加严重的是,她将竭力发现及维护的具有"多元性"的原则都统归于那个唯一的"母亲的身体"之中,这实际上是对她所反对的以父亲的大写律法为唯一原则的象征秩序的逻辑的延续。巴特勒就此毫不客气地指出:想想那些用"原始的""东方的"来修饰的事物是怎样常常被归于"母亲的"名下的!因此"多元性是否反讽地成了一种单义的能指?"[2] 也就是说,在巴特勒看来,克里斯特娃所谓的"多元性"最终还是成了她所反对的那种"单一性"。尽管用的是反问句,但是,明显地,我们可以看出巴特勒对克里斯特娃观点内涵的理解以及不满的态度——也许还有惋惜的同情?

本来克里斯特娃把对以父亲的大写律法——菲勒斯——作为唯一原则的象征秩序的"颠覆"的希望放在以多元性为特征的"原初多元力比多驱力"上。这样的观点带来的期待是那个多元性即将开辟出新的、具有多元意义的、可以将那个单一的象征秩序取而代之的场域。然而,克里斯特娃却又将这种多元的展望收束于"母亲的身体"之中。尽管与父亲的大写律法相比,"母亲的身体"已经带着异质性,但是巴特勒认为这种"异质性"其实是一个具有排除性的概念,它的指向是一个单

---

[1] [美]朱迪斯·巴特勒:《性别麻烦:女性主义与身份的颠覆》,宋素凤译,上海三联书店2009年版,第119页。

[2] 同上书,第119页。

义的、单线的目的。① 在巴特勒看来,克里斯特娃所举扬的多元性因为她又进一步地将其划归于"母亲的身体"中,而失去了它所谓的"异质性",并且再次被封闭在那个单一、统一的法则中,它的"颠覆"的力量也因此而消失了。

在巴特勒看来,克里斯特娃的"母亲的身体"的观点值得质疑的地方还在于她将"母亲的身体"置于由父亲的大写律法结构的象征秩序之前。这一方面说明了克里斯特娃对"象征秩序"的考虑并不充分:她没有意识到那些被压抑的原初多元力比多驱力有可能就来自这个父亲的大写律法②;另一方面则由这种不充分的考虑带来:它更加证明了"母亲"是因为亲属关系、异性恋制度的需要而一再被生产出来的社会实践。③ 克里斯特娃对母亲的身体的看法和列维-斯特劳斯的看法类似:她同样把异性恋看作结成亲属关系的前提,并且,她也同样把交换女人的时刻看作女人的身体受到文化压抑的时刻,而没有想到是文化作为一种机制强制性地将女人的身体建构为唯一的一种身体——母亲的身体,从而将其他所有可能的女人的身体都排除在文化可接受、可理解的范围之外。然而,根据鲁宾的证明,"交换的女人"与其说是亲属关系结成和维系的基础,不如说是因为亲属关系出于种种目的而对女人的身体所作出的塑造,甚至生育的"欲望"也是社会实践的结果——是社会实践生产并维系着那些生育的"欲望",并且还为了掩盖其生产的目的与过程而将"欲望"塑造为"前文化"的、文化的基础。再一次,也是针对克里斯特娃,巴特勒重申了她曾经对列维-斯特劳斯、拉康的批评:"母亲的身体"已经是一种文化建构的结果,并且这种结果又常常被赋予"自然的"名义——这种建构还是在按父亲的大写律法的需要

---

① [美]朱迪斯·巴特勒:《性别麻烦:女性主义与身份的颠覆》,宋素凤译,上海三联书店2009年版,第120页。
② 同上。
③ 同上。

来运作，这种律法需要生产/再生产母亲，而那些"自然的"修饰则有效地掩盖了律法的这些运作。① 也就是说，对克里斯特娃而言是文化实践的原因的"母亲的身体"，在巴特勒看来却是文化实践的结果，而克里斯特娃（以及更多的人长久以来、普遍的）那种倒果为因的看法也正是那个"父亲的大写律法"的诡计的体现。

巴特勒承认，她这种将"母亲的身体"看作某种文化实践的结果而非原因的观点受到的是福柯有关"性"的论述的启示。在《性经验史》中福柯指出："性经验的机制在它的不同战略中建立起这种'性'观念"，并且更重要的是，这种被建立起来的"性"观念又被融入性经验的机制中，发挥种种功能，以使它看起来是不可或缺的。② 也就是说，性经验的机制一方面生产出了性观念，另一方面又使这些性观念反过来掩盖了它所由来的过程。福柯的观点实际上是要揭示："性"是一种整体的观念，它必然会处在某些由权力、话语、身体等构成的历史的、具体的时空中。③ 没有什么"性"的意义可以脱离这个"整体"，没有这个"整体"就没有"性"的意义。福柯想要指出的是，在被置于某种话语中，并被这种话语赋予某种文化的或自然的"本质"之前，身体并没有什么"性"的"本质"。

巴特勒延续了福柯的思路，不再和克里斯特娃一样将"母亲的身体"看作意指的基础、文化产生的原因，而把它看作某种话语生产的结果。在这种文化生产中，女人的身体被要求承担"母亲"的"义务"，并将这些"义务"当作她的自然"本质"和各种欲望产生的原因。也就是说，巴特勒认为"母亲的身体"是在特定的历史时空中各种机缘的产物。所以巴特勒认为对克里斯特娃的观点应该作

---

① ［美］朱迪斯·巴特勒：《性别麻烦：女性主义与身份的颠覆》，宋素凤译，上海三联书店2009年版，第121页。

② ［法］米歇尔·福柯：《性经验史》，佘碧平译，上海人民出版社2010年版，第100页。

③ ［美］朱迪斯·巴特勒：《性别麻烦：女性主义与身份的颠覆》，宋素凤译，上海三联书店2009年版，第122页。

一种"彻底的逆转"的理解：之前的一些观点认为象征秩序是对原初多元力比多驱力的压抑，是语言的；符号态是对原初多元力比多驱力的表现，是"诗语言"的。但是现在克里斯特娃不再将象征秩序和符号态看作语言的不同层面，而是将它们都看作一种文化的运作，这种运作一面巩固了一面又隐藏了将"母性"强加在"女人"身上的机制。① 克里斯特娃对"母亲的身体"的生物意义的强调以及对它因为处于象征秩序之前的位置而具有的颠覆潜力的强调，在巴特勒看来实际上一方面是对象征秩序的文化霸权的助长，另一方面也是对象征秩序掩盖其机制的运作的助长。

巴特勒由此也提出了需要认真考虑"女人的特质"是否真的可以外在于或先在于对它进行压抑的文化的问题。她自己的回答是：压抑的能动者和压抑的客体在本体论的意义上不能截然区分。压抑的机制既生产出了它的能动者也生产出了它要压抑的客体。正如福柯已经明确提出的，表面上看起来单一、统一的话语的运作律法实际上既具有司法性又具有生产性——而其生产性又往往受到掩盖。这就使得"解放"的工作所面临的形势变得异常严峻。针对克里斯特娃的观点以及许多类似的观点，巴特勒由此提出的批评真是让人觉得沮丧：摆脱了父亲的大写律法——菲勒斯——的女人的身体，有可能正是那个律法的另一个化身，虽然它表现出"颠覆"的姿态，但实际上它的运作都是在进一步维护和巩固那个律法。②

但是我们也不禁存疑。

一方面，巴特勒指出克里斯特娃将符号态、"诗语言"等置于前文化的位置上，实际上是将它们排除在文化之外，从而使它们因为远离文化而失去了颠覆的作用。另一方面，巴特勒又指出克里斯特娃将符号态、"诗语言"等纳入象征秩序中是对父权制

---

① ［美］朱迪斯·巴特勒：《性别麻烦：女性主义与身份的颠覆》，宋素凤译，上海三联书店2009年版，第123页。

② 同上书，第123—124页。

文化的投降，它们的颠覆力也因此被消解了。克里斯特娃对符号态、"诗语言"的态度固然暧昧、矛盾、摇摆不定，但巴特勒仅仅把这样的态度归于她没有充分认识到律法同时具有的司法性与生产性，这样的解释有足够的说服力吗？那么，我们也想知道巴特勒自己的看法：巴特勒将符号态、"诗语言"置于一种什么样的位置上呢？在"前文化"中？在"文化中"？还是哪里都不在？巴特勒自己甚至将"母亲的身体"看作一种文化的承载，那么她是不是也成了她所指责的"是对父权制文化的一种投降"？既然连"身体"都已经不得不受到文化的侵染，那么颠覆的动力、支撑、着力点又在哪里呢？

其实，巴特勒最着力反对的，就是那种将"身体"视为颠覆基础的观点。对身体，她持有别样的观点，如我们所见，她和克里斯特娃不同；尽管她关于身体的观点对福柯有关身体的观点多有借鉴，然而，她也不完全同意福柯的看法。

二 "痛苦"产生身体

如果说拉康将"镜像"（按照他自己的观点，这个"镜像"是一种虚构、一种"幻象"，因而是一种"误认"）设定为身体的形成的必要条件，那么，"痛苦"——"认识"——在弗洛伊德的身体观中起的是和"镜像"类似的作用：弗洛伊德认为有了"痛苦"才有"身体"。在巴特勒看来，这两位思想家的观点从不同的方面证明了身体并不像某些人所认为的那样是纯粹的、自然的、物质的，而是总会带着"误认"的性质，总不免与"痛苦"紧密相关。

1. "痛苦"的身体

在《论自恋：导论》（*On Narcissism: An Introduction*，1914）中，弗洛伊德引用了饱受牙痛之苦的诗人威廉·布施（Wilhelm Busch）

第三章 在"身体"的系谱上　　155

的一句诗——"在他臼齿的小孔中,全神贯注是他的灵魂"①——来类比说明疑病不仅像器质性的疾病一样会引起身体痛苦的感觉,也同样会影响到力比多的分配:疑病病人因此会将原来分布在别处的力比多转移到此时引起痛苦的器官上来。至此,弗洛伊德已经有了"痛苦"会引起力比多对身体的"贯注"(cathexis)的意思。到写作《自我与本我》时,他则明确地提出了:"自我首先是一个身体的自我。"② 在这篇论述"自我"与"本我"是怎样形成的文章中,弗洛伊德认为,通过"痛苦"才能知觉到身体:"我们在病痛期间借以获得的关于我们器官的新知识的方式,或许就是我们一般据以获得自己身体观念的一种典型方法。"③ 身体,在弗洛伊德看来,既是内部知觉和外部知觉产生的场域,又是自我形成的重要场域,所以,自我的形成和身体的外在知觉实际上密切相关。弗洛伊德因此说道:"自我首先是一个身体的自我;它不仅是一个表面的实体,而且它本身还是一种表面的投射。"④ 巴特勒认为,弗洛伊德将身体与自我——心理——连接起来的解读,冲破了西方传统哲学中身心二元划分并在此基础上抬高灵魂贬低身体的藩篱,预示了拉康在《形成"我"的功能的镜子阶段》中提出的观点:身体是由想象建构的形象,正是通过与镜子里形成的这个身体形象的认同,才有了主体形成的初型——"我"。拉康后来对两性(位置)的安排就是基于这个身体形象作出的——也就是在镜像阶段形成的、很快就进入象征阶段并受到父亲的大写律法管控的身体。巴特勒认为从精神分析这里已经开始没有什么纯粹的、物质的"身体"了。

弗洛伊德是以生殖器官作为所有身体的其他器官——或者说是

---

① [奥]弗洛伊德:《论自恋:导论》,载车文博主编《弗洛伊德文集③》,长春出版社 2004 年版,第 126 页。
② [奥]弗洛伊德:《自我与本我》,载车文博主编《弗洛伊德文集⑥》,长春出版社 2004 年版,第 127 页。
③ 同上。
④ 同上。

整个身体——的原型来说明力比多的转移以及它所获得的认识的。然而,他接着马上就又指出:"器官动情性的任何变化都会导致自我中力比多贯注的相应变化……并对力比多的分配产生了类似于器官疾病产生的作用。"① 巴特勒在弗洛伊德简短的话中看到了丰富的意涵。首先,正如上文已经提到的,身体与认识密切相关:没有对身体的认识,就将没有"身体"。因为弗洛伊德指出"性感性"(eroto-genicity)是通过身体的某些部分——以生殖器官为原型、为代表——向大脑传达力比多而产生的,所以,巴特勒认为"大脑",也就是认识,与那个"传达"过程重叠,因此,设想一种先在于认识的身体(部位)是不可能的。认识与"现象学的可知的身体"同时出现,实际上它是身体的可知的保证。所以,巴特勒认为,弗洛伊德在此实际上是确认了"身体部分与将其引入心智体验的幻识区分(phantasmatic partitioning)的不可分解性"②。尽管弗洛伊德自己并没有专门、明显地指出来,但巴特勒十分赞同弗洛伊德这个将身体与认识联系起来的观点,并将其融入自己的身体观中。

其次,弗洛伊德将"性感性"看作所有器官的共同特征。在弗洛伊德看来,身体的任何部分都可以具有"性感性",都可作为那个特定的生殖器官——虽然弗洛伊德没有确切指明是阴茎,但从他的种种描述看来,这个生殖器官却有着阴茎的特征——的替代,那么就对力比多贯注的影响而言,生殖器官与身体其他部分是一样的。巴特勒认为正是这种"一样",给我们对身体的形成的理解提供了不一样的视角——它启示我们,身体并不是原来想象的那般固定与单一。巴特勒认为,将"性感性"看作身体所有部分——包括生殖器官——的特征,实际上是将它看成"非任一器官的必备特性,一种

---

① [奥]弗洛伊德:《论自恋:导论》,载车文博主编《弗洛伊德文集③》,长春出版社2004年版,第127页。
② [美]朱迪斯·巴特勒:《身体之重:论"性别"的话语界限》,李钧鹏译,上海三联书店2011年版,第42页。

以可塑性（plasticity）、可转移性（transferability）及可征用性（expropriability）为标志的特性"。① 也就是说，性感性具有可塑性、可转移性、可征用性，它并不保持在某一种状态中，也不固着在身体的某一个部分之上。因此，力比多的贯注也随之具有相似的不稳定性。弗洛伊德将"性感性"当作身体所有部分的特征所带来的实际上是对"特征"的消解的观点提醒了巴特勒：如果和力比多密切相关的"性感性"具有可塑性、可转移性和可征用性，那么，这将意味着另外一种与力比多紧密联系并对身体的形成具有重要影响的因素——菲勒斯——也同样具有可塑性、可转移性、可征用性，从而，将带来对先前那种认为由上述种种因素决定的身体是稳固、单一的观点的质疑。或者更加明确地说，巴特勒认为，因为影响身体的形成的种种因素已经不稳固、非单一，所以，它们的产物——身体，也必然不稳固、非单一。由此可见，即使是在宣称"解剖即命运"的弗洛伊德的文本中，仍然可以清楚地看到"位于任何菲勒斯建构中心的两难显然都不属于任一身体部位，而是在本质上可转移的"②。既然菲勒斯可转移，那就意味着，弗洛伊德原先依赖俄狄浦斯情结、阉割情结来对男、女两性进行区分是多么的令人怀疑——因为不管是俄狄浦斯情结还是阉割情结都以菲勒斯为欲望的中心而展开。

由此可见，在弗洛伊德的论述中，（至少）有带着矛盾的"特征"的两种身体：一种是可以被当作"命运"的基础的具有稳定性和单一性的身体；另一种是具有可塑性、可转移性和可征用性的身体。然而即使是弗洛伊德的后一种身体，在巴特勒看来也和前一种一样，是受到某些管控、禁止而产生的，只不过它的生成过程被掩盖、被修饰了，甚至在很多时候，还被排除在"身体"范畴之

---

① ［美］朱迪斯·巴特勒：《身体之重：论"性别"的话语界限》，李钧鹏译，上海三联书店2011年版，第44页。

② 同上书，第45页。

外——不被理解、不被承认，被嫌恶、被抛弃。

尽管如此，巴特勒还是将弗洛伊德有关身体的这种观点融入德里达的"重复"与"引用"的观点中形成了自己有关身体的观点。德里达强调的是在"重复"与"引用"的过程中使"签名"得以实现其作用的、那些相对稳定的一面。在巴特勒解读身体的论述中，她更加注意到了在"重复"与"引用"的身体的形成过程中那些没有按预想形成的身体——这些身体正是弗洛伊德所发现的身体："但正由于禁止并非每次都能'成功'，也就是说，禁止并不总是产生完全顺从社会理念的温顺的身体，它们可能会勾勒出有异于常规的异性恋两极的身体表层。从而，这些可变的身体表层或身体自我可能会变成某些不再完全从属于任何结构的特性的转移的场所。"① 也就是说，在"重复"与"引用"、"禁止"——这种"禁止"最典型的代表就是"异性恋"——的过程中，并不是每次都能成功地生成"禁止"所期望的身体，那些溢出"禁止"的身体，显然将不能再被"异性恋"框架所含纳，而且，它们还对"异性恋"框架以及"身体"的稳定性提出了巨大的挑战。

我们认为在弗洛伊德那里，巴特勒看到了新的"身体"。

这一方面指的是弗洛伊德发现的总是会和"痛苦"联系在一起的身体。弗洛伊德认为只有因为被痛苦刺激而被认识到的身体才是"身体"——也就是说，只有通过"被认识"，"身体"才能成为"身体"。巴特勒在一定程度上同意弗洛伊德这个观点，她也认为身体总是被认识到的身体。但她又和弗洛伊德有所不同：她并不同意弗洛伊德所暗示的身体是先在的然后才被认识到的观点。在她看来，认识并不是表现先在的身体的坐标，换句话说，身体和认识同在："身体的轮廓与形态并非仅仅处于心智与物质间的一种不可化约的张

---

① ［美］朱迪斯·巴特勒：《身体之重：论"性别"的话语界限》，李钧鹏译，上海三联书店 2011 年版，第 47 页。

力中，它们就是这一张力本身。"① 所以，在此巴特勒也是在回应那些因为她在《性别麻烦》中提出身体是"非物质性"的观点而引起的批评。巴特勒认为，身体的物质性不能被化约成认识，或者是认识在某种因果关系中的产物。对于身体的"物质性"，必须意识到它"由生物学、解剖学、生理学、荷尔蒙与化学构造、疾病、年龄、体重、代谢、生命与死亡所意指"的不容否定的一面，但是，"不容否定"并不等于说"对其确证的后果，意即受阐述基质影响之物，促成和限定了这种必要的确证"②。巴特勒认为，除了要看到身体"物质性"确定的一面，还要看到那些确证了身体的"物质性"范畴的历史及历史性。所以巴特勒既承认贯穿于那些"历史及历史性"范畴的"物质性"，同时也强调"持续于其中的是语言内的（并且是对语言的）需求，即鼓动和引生——例如，在科学领域内，解释、描述、诊断、改变，或在生活体验的文化结构内，进食、锻炼、行动、睡觉——种种需求的'某物'（that which），是各种规定与激情的场域"③。

另一方面指的是那些"溢出"的身体。当弗洛伊德将力比多分配给身体的任何一个部分的时候，他同时也将专注于某一生殖器官的菲勒斯分配给其他任一身体的部分，从而瓦解了以菲勒斯为中心而确定身体的观点，其实也就是那种基于异性恋的框架而确定的只有男人和女人两种身体的观点。

巴特勒认为赫尔克林·巴尔宾（Herculine Barbin）的"身体"正是由"痛苦"而产生的"身体"的典型；而福柯对"赫尔克林"的身体的理解也正是对那些"溢出"的身体的一种普遍态度的代表。

不管是对那些确证了身体的"物质性"范畴的历史及历史性的

---

① ［美］朱迪斯·巴特勒：《身体之重：论"性别"的话语界限》，李钧鹏译，上海三联书店2011年版，第49页。

② 同上书，第50页。

③ 同上。

发掘，还是对"溢出"的身体的揭示，巴特勒都从中发现了那种企图将身体限制在某种固定范围中的观点的诡计，从而提出了自己新的设想："每个范畴都是通过区分性分界线、即其排斥之物构成，话语与权力之间的关系制造了它们的层级与重叠，并挑战着这些边界，这意味着它们同时是持久和冲突的场域。"① 通过将身体视为一个场域，一个充满了排斥与冲突的场域，巴特勒为自己打开了一个认识身体的新视野，并且，更重要的，为她发现那些被排斥、被掩盖的身体提供了新契机。通过对身体的历史及历史性和"溢出"的身体的揭示，巴特勒实际上动摇了有着漫长历史的那些将身体看作二元对立的、先在的、被动的、稳定的观点。无论在本体论的层面上，还是在认识论的层面上，巴特勒对身体的观点都具有重要的意义。

2. 对赫尔克林的身体的反思

福柯在《性经验史》中明确地提出"性"与权力互依互赖、相辅相成："性"出于各种社会权力管控的目的而被生产出来，并且其生产过程又被有意地掩盖起来，这样的掩盖通过在话语中将"性"塑造为"原因""本质""自然"等实现，也就是说，通过对其生产出性的过程的掩盖，权力得以实施与保持它的管控的目的。由此可见，在福柯这里，权力，也就是话语，同时具有司法性与生产性；性是话语的结果，而非"原因"。因此，对于反抗权力的解放的诉求，福柯持反对态度，他认为，那不过是话语的司法性运作的另一种形式。对于性，更应该放到话语、权力的框架中去理解，才能更清楚地看到它与权力的关系，尤其是权力运作的过程。福柯提出的办法是进行一种逆转的阅读，也就是系谱学的阅读：通过系谱学的考察，福柯发现了权力一方面要实施它对性的管控，另一方面，又要造出一种假象，使性和权

---

① ［美］朱迪斯·巴特勒：《身体之重：论"性别"的话语界限》，李钧鹏译，上海三联书店2011年版，第50页。

力看起来是"本质"上截然不同的两种东西。

巴特勒认为福柯把性看作结果而不是原因的观点,可以对抗那种将性看作具有唯一意义的又与话语、权力保持着因果联系的虚假的建构。① 巴特勒同意福柯的观点:这种虚假建构一方面将身体建构为性的原因、意义、基础,从而实现话语、权力对身体的管控;另一方面这个建构又掩盖了它的过程,造成一种身体、性与话语、权力的具有本体论意义的差异的假象,从而保证权力的实施与维持。也就是说,巴特勒和福柯的观点一样:没有什么性、身体处于话语、权力之外。但是,巴特勒又发现,福柯在后来为法国19世纪的双性人赫尔克林出版的日记写的导言中体现出来的观点却和他在《性经验史》中提出的观点在某些方面是有矛盾的。

根据赫尔克林的日记,福柯认为通过她/他——双性人——的身体可以带来揭露以及反抗性别区分的管控的契机。因为,福柯认为是"性"的出现才带来了话语、权力的运作,正如我们前文已经提到的,所以他设想,"性"的消失将解放那些被它"统一"到一起的各种生理解剖要素、生物功能、行为、感觉、快感、欲望等,同时还可以发现更多的在被强制区分为二元的性的构造的框架之外的多元力比多欲望。② 显然,福柯在没办法划归于某一单一的性别的双性人的身体上看到了挣脱了性的二元框架的束缚的可能,并将其视为"没有猫儿,笑容高挂"的状况。在福柯看来,双性的身体在话语、权力的管控范围之外,所以,它也将意味着某些多元欲望的解放。巴特勒认为,在这里,福柯首先表现出了他对那个双性身体的欲望的误读:各种各样的快感总是渗透在那些无处不在又无法明说的律法当中,实际上,那些快感就是它们所反抗的律法生产出

---

① [美]朱迪斯·巴特勒:《性别麻烦:女性主义与身份的颠覆》,宋素凤译,上海三联书店2009年版,第125页。
② [法]米歇尔·福柯:《性经验史》,余碧平译,上海人民出版社2010年版,第100页。

来的①；同时，这也表现出了他在情感上对"解放"的过分耽溺——在《性经验史》里，他对"解放"持一种极其悲观的态度并试图予以放弃。巴特勒认为，福柯在这里也陷入了他所批判的那个怪圈的陷阱：他所设想的这种多元力比多欲望的解放的思路，与精神分析所谓的"原初多元力比多驱力"，赫伯特·马尔库塞（Herbert Marcuse）所谓的"爱欲"（Eros）——被工具主义所压抑的原始的、具有创造力的"爱欲"——相似。② 是什么造成了福柯的陷落呢？

在《性经验史》中，福柯就曾设想有某些没有受到话语、权力干涉的身体和快感③，甚至还有某些不是话语、权力的结果的"多元力比多欲望"。同时他也认为性与权力互相依存："我们不要认为在对性说'是'时，我们就是对权力说'不'。"④ 巴特勒认为福柯这种双重看法无疑是矛盾的：在司法性的、反解放的框架中，福柯主张"性"总是处于话语、权力错综复杂的关系中，而且总是在这样的关系中被生产、被建构又被禁制、被管控；但他同时又对"解放"抱有希望，设想有那么一个律法之前的"性"，正是这个律法之前的"性"使"解放"有了可能。⑤ 福柯对赫尔克林的日记的解读，恰恰体现了他的观点中的这些他没有意识到的矛盾。

经过考察，巴特勒认为，赫尔克林的欲望、快感——尽管是多元的——并不是像福柯所理解的那样是未经话语、权力、文化侵染的：赫尔克林在女修道院待过，接受过修道院宗教意识形态的教育；她/他喜欢阅读，深受古典文学以及法国浪漫主义文艺的影响。她/

---

① ［美］朱迪斯·巴特勒：《性别麻烦：女性主义与身份的颠覆》，宋素凤译，上海三联书店2009年版，第129页。
② 同上书，第127页。
③ ［法］米歇尔·福柯：《性经验史》，佘碧平译，上海人民出版社2010年版，第102页。
④ 同上。
⑤ ［美］朱迪斯·巴特勒：《性别麻烦：女性主义与身份的颠覆》，宋素凤译，上海三联书店2009年版，第128页。

第三章 在"身体"的系谱上

他的日记,就是在一套成熟的文学叙事的惯例下形成的。正是这些"惯例"生产出了并解释了那些被赫尔克林和福柯认为是外在于"惯例"的欲望、快感。

尤其是修道院的经历,在巴特勒看来,对赫尔克林的经验有着非同一般的影响。福柯在导言中也指出过,赫尔克林以女人的身份在女修道院中过的是与世隔绝的生活,她的同伴都是女人,这是一种"奇怪的幸福",这种经验在修道院的规范中是既受鼓励又受禁制的。然而福柯并不愿意承认女人之间的同性欲望。因为一旦承认女人之间的同性欲望,那将意味着他也承认对性的二元区分。而福柯正是想通过赫尔克林这个例子来说明性的二元区分的虚构性质。因此,福柯强调,赫尔克林是因为她/他的"无身份"(non-identity)的身体才获得了那种"幸福",而不是由各种不同的女人身体(身份)获得的。但福柯却又指出在那样的环境中,"这些快感是被性的无身份者迷失于那些彼此相似的身体的迷宫时发现并激起的。"[①] 也就是说,在此福柯又认为是身体的相似性,而不是别的什么原因使赫尔克林获得了那种"奇怪的幸福"。巴特勒认为这种"奇怪的幸福"确实体现了赫尔克林拥有的那种矛盾的欲望:修道院历来就有要求修行者去追求那种"母女之爱""姐妹之爱"的传统,同时,这种女—女之间的欲望又受到极其严苛的禁制。由此可见,这种欲望正是由禁制它的律法生产出来的。然而,福柯一面发现了这种同性欲望,一面却又否认了它可能带来的冲击。福柯忽视了在这种同性欲望中,赫尔克林对性差异的感受:赫尔克林确实感受到她/他与那些女同伴之间的欲望与差别,这并不是对异性恋的简单复制——她/他始终有越轨的感觉,她/他始终觉得自己是一个父权的"篡位者"。然而,在巴特勒看来,即使她/他认为自己是异性恋,她/他实

[①] 转引自 Butler Judith, *Gender Trouble: Feminism and the Subversion of Identity*, New York: Routledge, 1999, p. 128。

际上也构成了对那个特权的挑战:这是一种对"异性恋与女同性恋情欲交换"的区分的挑战。① 而她/他的身体,也并不像福柯所认为的那样,处在性的范畴之外,它只是打乱又重组了已有的那些性范畴的构成元素。这种重组在一定程度上确实也揭露了那个权力的虚幻的基础,但是,这种重组也并非完全自由的重组——那些重组的元素通过一种典型的医学话语得以表达。巴特勒认为,这体现了被福柯寄予很大希望的"异质性"实际上也是被他划归为具有司法性、压抑性的"医学"话语生产出来的。②

在巴特勒看来,福柯所展示的赫尔克林的欲望、身体其实都没有超出律法的界限,它们仍然是话语、权力的产物——比起其他人来,只是她/他的矛盾性更加明显而已;她/他的日记、她/他的经历都是对律法的反抗,然而遗憾的是,每一次激烈的反抗都更加显示出她/他对那律法的臣服——即使来自外界的指责不那么强烈,她/他却仍会生发出深深的自责。显然,福柯眼中的赫尔克林与巴特勒眼中的赫尔克林不同。对福柯而言,赫尔克林的双性身体代表着某些位于律法、话语、权力之外的多元力比多欲望,这是对那些禁制机制的反抗,它意味着某些"解放"的可能。巴特勒却认为,赫尔克林始终都没能冲破那些律法、话语、权力的束缚——她/他始终是它们的产物,只是她/他不具有一般所期待的"自然"的、"合法"的特征:赫尔克林的双性欲望和快感并不处于话语之前的"纯粹"状态中,他/她在律法之外,但是律法对这个"之外"保有着管控的权力。实际上,他/她还是律法的表现,只不过他/她不是合乎律法要求、期待的表现。然而,也正因为这样,他/她又从另外的角度证明了律法的生产性与司法性——这不能选择又无法反抗。③ 所以,正

---

① [美]朱迪斯·巴特勒:《性别麻烦:女性主义与身份的颠覆》,宋素凤译,上海三联书店2009年版,第132页。
② 同上书,第132—133页。
③ 同上书,第138—139页。

如我们所看到的，福柯设想了赫尔克林处于一种"无身份的快乐的边缘地带"，而巴特勒却强调了赫尔克林的自责与自杀。

巴特勒认为，福柯的观点有矛盾，他带着这种矛盾的视角对赫尔克林作出的理解有偏离。所以尽管福柯对"解放"有着明显的悲观态度，但却又带着某种莫名的期待心情——这可以从他对赫尔克林的日记的解读中体现出来。在巴特勒看来，福柯对赫尔克林这个例子的解读，最大的问题在于他没有坚持他在《性经验史》中提出的那种"没有什么性是外在于话语"的观点。也就是说，在形成的过程中，身体并不像福柯所设想的那样是一页白纸并且是被动地等待着文化对它进行铭刻的。即使不得不接受文化的铭刻，它也有可能在被铭刻的过程中呈现出料想之外的样子——成为某些"溢出"男、女两种身体之外的"身体"。如此看来，就对赫尔克林的解读而言，巴特勒比福柯更坚持福柯提出的"一切都是话语"的观点。岂止是"性"，巴特勒在其他方面的研究都有着强烈的"话语性"解读的色彩。

三 询唤产生身体

如果说，通过对拉康的象征秩序的身体观、弗洛伊德的"痛苦"的身体观的借鉴，巴特勒在精神分析的层面上展现了操演理论的身体观，那么，福柯对"灵魂"和身体的关系的新发现和阿尔都塞的"主体由询唤而来"的看法则在另外一个层面上启发着巴特勒去发现更加复杂、更加具体的身体的形成过程。

1. 询唤的身体

福柯在探讨系谱学的《尼采、系谱学、历史》（"Nietzsche, Genealogy, History"，1977）中提道：即使是肉体也不可以成为在人和人之间作出理解、区别的固定的标准。[①] 然而，在同一篇文

---

① [法]福柯：《福柯集》，杜小真编选，上海远东出版社2002年版，第157页。

章的另外一个地方,在系谱学的视野中,福柯又把身体看作被动地等待文化、话语对它进行铭刻的场域和表面:身体是"镌刻事件的平面"①。而且,通过对身体和历史的系谱学的研究,可以发现历史总会破坏肉体,总会在肉体上留下痕迹。② 具体到历史与身体的关系上,一方面,身体总铭刻着历史的印记;另一方面,历史又破坏着身体——身体的破坏是历史得以发生、铭刻的必要条件。由此可见,福柯对历史与身体的关系的态度是摇摆的:他有时候认为没有什么东西——包括身体——可以作为历史的稳定而保险的承载物;但他更多的时候又在强调历史、事件对身体具有破坏性的依赖。就后面这个观点来说,福柯实际上暗示了必须要有一个先在的身体才能承载历史、事件的铭刻。这种先在是如此重要,如果没有它,历史的意指、价值的创造都将无所依附。巴特勒由此认为,身体在福柯那里有着和在尼采那里相似的意义:身体是一张等待历史在上面书写的白纸,而文化就是这种书写产生的结果,也就是说,身体是文化的基础③——文化将身体当作一种被动的媒介,通过对它的摧毁、变形而使自己得以产生。历史作为书写的工具、身体作为先在的被铭刻的媒介,在福柯对赫尔克林日记的分析中体现得尤为明显。巴特勒显然并不同意福柯对文化与身体持有的这种铭刻与被铭刻关系的观点。然而,福柯对身体与文化之间的关系的揭露,却启发了巴特勒对身体与文化的关系的重视。可以说,福柯的观点对巴特勒将身体看作文化的结果而非原因的观点有着关键的影响。

福柯之后,再没有了"纯净"的身体,其中最重要的原因在于福柯将身体置于文化—话语的场域中而对其进行解读。像笛卡

---

① [法]福柯:《福柯集》,杜小真编选,上海远东出版社2002年版,第153页。
② 同上。
③ [美]朱迪斯·巴特勒:《性别麻烦:女性主义与身份的颠覆》,宋素凤译,上海三联书店2009年版,第170页。

尔的身心二元论那样的传统哲学将身体驱逐出了"文化"的场域，在"文化"的场域之外给身体指定了或负面，或积极但却相对单纯的意义。福柯的观点和它们最大的不同是，它展示了身体与文化之间纠缠不清的关系。福柯甚至还提出了与古希腊那个著名的观点——身体是灵魂的监狱——截然相反的看法："人们向我们描述的人，让我们去解放的人，其本身已经体现了远比他本人所感觉到的更深入的征服效应。有一种'灵魂'占据了他，使他得以存在——它本身就是权力驾驭肉体的一个因素。这个灵魂是一种权力解剖学的效应和工具；这个灵魂是肉体的监狱。"① 在福柯的研究中，灵魂是一种承载了权力—话语的形式，它具有强烈但又隐蔽的规训的性质，它与身体并不可以截然二分，它生产了身体、塑造了身体。由此可见，福柯的观点不仅和之前那种自古希腊哲学以来认为身体是灵魂的束缚的观点——身体是灵魂升华的障碍——不同，而且，在此基础上还进一步认为灵魂——权力—话语——具有生产性：灵魂——权力—话语——生产出了身体。他的观点和亚里士多德的"灵魂就是潜在具有生命的自然躯体的第一现实性"②的观点除了有其相似的一面——都认为灵魂对肉体产生了影响——之外，还有着更大的不同：在他看来，灵魂对身体的生产、塑造通过权力—话语而发生。归根结底，是权力—话语一面生产、塑造、维持着身体，一面管控、压抑、束缚着身体。

福柯认为，权力—话语和身体的关系类似于权力—话语和监狱的关系。监狱，在福柯看来，是权力—话语的物质性的一个典型，权力—话语的规训与惩罚的作用通过它而得到体现和实施。③ 也就是

---

① ［法］福柯：《规训与惩罚：监狱的诞生》，刘北成、杨远婴译，生活·读书·新知三联书店2010年版，第32页。
② ［古希腊］亚里士多德：《亚里士多德全集·第三卷》，苗力田主编，中国人民大学出版社1992年版，第31页。
③ ［法］福柯：《规训与惩罚：监狱的诞生》，刘北成、杨远婴译，生活·读书·新知三联书店2010年版，第33页。

说，物质性也是权力—话语的产物，它只能在权力—话语中存在。巴特勒也同意福柯将物质性看作权力—话语的产物的观点。从福柯对权力—话语和监狱的关系的分析得到启发，巴特勒认为身体和物质性之间有着同样的关系："在此身体不是一个被投注了外在权力关系的独立的物质性；相反，物质化和投注在身体中共存。"① 也就是说，就权力—话语与身体的关系而言，巴特勒认为它不是某种单向的因果关系，而是彼此间有着相互作用的关系。福柯将物质性看作权力—话语的结果与产物。巴特勒则不仅将物质性看作权力—话语的结果与产物，她还认为物质性同时也包括权力—话语运作的过程以及它对这一运作过程的掩饰："物质性效应的产生是权力的形构或构筑作用，它不能被诠释为由因生果的单边运动。'物质性'只在它基于话语被或然性地构筑的身份遭到抹除、掩饰、覆盖时出现。物质性是权力被掩饰的效应。"② 如果说，福柯强调的是作为结果的"物质性"，那么巴特勒显然更重视"物质性"的过程——也就是权力—话语的运作过程，并且她还特别指出这是一个权力—话语抹除、掩饰、覆盖某些身份的过程。如果要说"结果"，巴特勒比福柯更愿意关注作为权力—话语被掩饰——其实是权力—话语自己将自己掩饰——的结果的物质性。

巴特勒也更加细致地阐释了福柯将灵魂视为权力—话语的形式的观点。与福柯稍显笼统地将灵魂视为权力—话语的形式不同，巴特勒将灵魂更加具体地看作权力—话语的管控原则之一："'灵魂'是物质性身体的形构与规制原则，是其从属身份的近因（proximate instrumentality）。"③ 因此从灵魂对身体的管控这方面而言，灵魂和前文一再提到的"父亲的大写律法"有着相同的作用："灵魂赋予身

---

① ［美］朱迪斯·巴特勒：《身体之重：论"性别"的话语界限》，李钧鹏译，上海三联书店2011年版，第12页。
② 同上书，第13页。
③ 同上。

体一致性;规训建制通过对最终制造了被囚禁身体的姿态风格(gestural stylistics)的残酷仪式(ritual of cruelty)的不断重复来训练身体。"[1] 从灵魂——权力—话语——与身体的关系来说,巴特勒认为正是作为管控的原则的灵魂通过各种姿态的风格的塑造的仪式性的重复的训练生产出了身体。显然巴特勒认为身体并不是一种自由、随意的生产活动的产物,那么,这是一个怎样的生产活动呢?或者说,"灵魂"经由一个怎样的管控的运作过程才生产出了身体呢?

巴特勒从阿尔都塞那个著名的"询唤"(Interpellation)的场景得到启发,展示了身体生产的过程。

在《意识形态和意识形态国家机器》("Idéologieet Appareils Idéologiques d'Etat",1970)中,阿尔都塞设想了一个警察在大街上"询唤"路人的场景:警察在大街上向着一个人喊:"嗨!叫你呢!"通过呼喊,作为意识形态代表的警察朝那个人"询唤",而通过回应——转身,那个人接受了他作为主体的位置。阿尔都塞说:"仅仅做了个一百八十度的转身,他就变成了一个主体。为什么呢?就因为他已经承认那个呼唤'正'是冲着他的,'被呼唤的正是他'(而不是别人)……意识形态的存在和把个人呼唤或传唤为主体完全是一回事。"[2] 这个场景形象生动地说明了个体是怎样被社会化而获得主体性的:意识形态是通过"询唤"对个体起作用的——它通过某个权威人物或机制把个体"询唤"成一个主体。个体也只有通过意识形态的"询唤"才能获得"主体"的位置。

巴特勒受阿尔都塞的设想启发,她认为在身体形成的过程中,也有类似的情况发生。巴特勒以女人身体的形成为例,说明一种身

---

[1] [美]朱迪斯·巴特勒:《身体之重:论"性别"的话语界限》,李钧鹏译,上海三联书店2011年版,第13页。

[2] [法]阿尔都塞:《哲学与政治——阿尔都塞读本》,陈越编,吉林人民出版社2003年版,第364—365页。

体是如何经历"询唤"而形成的。巴特勒也描述了类似的场景：在产检室或产房里，医生将胎儿或婴儿称为"她"（或"他"），这实际上已经是一种询唤了。通过这种询唤，女孩被"女孩化"（girling）了，从此她进入了语言和象征秩序之中。重要的是这种询唤并不是一次就能完成"女孩化"的，它会不断地被重复，从而不断地加强或质疑"女孩化"的结果。① 巴特勒认为，就像嘉宾宣布"这艘船命名为伊丽莎白女王号"和牧师说"你们俩正式结为合法夫妻"一样，从医生宣称刚出生的婴儿"是女孩"或"是男孩"的那一刻起，对身体的性别询唤就开始了。婴儿开始取得了性别化的身体的位置。于是，外界就按既有的"女性气质"去培养、要求"女孩"，按既有的"男性气质"去培养、要求"男孩"。同时，"女孩""男孩"也不断地在自己的行为和意识中重复和引用那些"女性气质""男性气质"。这样"女孩"的身体、"男孩"的身体就渐渐被建构起来。莎拉·莎莉赫模仿波伏娃那句名言的形式将巴特勒的这个观点形象地概括为："女人不是天生的，而是被称为的。"② 波伏娃说女人是"形成"的，但她并没有具体说明形成的过程是怎样的。巴特勒实际上至少演示了"形成"的一种方式。

巴特勒还特别强调：

> 对"女孩"的命名具有传递性，它发起了强迫某种"女孩化"（girling）的过程，就此而言，"女孩"这个词或其象征权力控制着从未完全等同于规范的，与肉体有关的（corporeally enacted）女性气质的形成。然而，这是一个被迫"征引"的规范，以求成为一个符合要求的主体并维系这种身份的"女孩"。女性气质因而不是选择的产物，而是对一种规范的强行征引，

---

① Judith Butler, *Bodies that Matter: On the Discursive Limits of "Sex"*, New York and London: Roudedge, 1993, pp. 7–8.
② Sara Salih, *Judith Butler*, London and New York: Routledge, 2002, p. 78.

其复杂的历史性和规训、管制与惩罚的关系不可分离。①

也就是说，身体显然不是经过偶然的、单次的"询唤"就能形成的：尽管"询唤"已经是一种过程了，但这种过程还需要经过一再地"重复"对身体的规范的"引用"才能带来身体的形成。

正如我们在前文已经论及的，德里达以"签名"的被"重复"和被"引用"为例说明一种符号是在什么样的语境下才能发挥其在奥斯汀的话语理论中所说的"操演"的作用的。巴特勒也由此得到启示，身体——比如性别化的身体——的形成，也会经过类似的过程。如果说，阿尔都塞的"询唤"是身体形成的一个开端的阶段，那么，身体形成的更加漫长的阶段是"询唤"的重复，这种重复，在巴特勒的"身体的形成"的语境中，显然是指对各种无法选择的管控、规范、原则的"重复"与"引用"。

德里达强调"重复"与"引用"这对范畴，主要是用来说明"签名"的意义得以实现的条件、语境。他所强调的是"重复"与"引用"所能实现的符合期待的结果的一面。巴特勒在借鉴他的观点的同时，还作了进一步扩展：她不仅注意到了"重复"与"引用"在身体的形成过程中在"形成"的方面所起到的积极作用，同时还发现，在"重复"与"引用"的过程中，有可能会出现溢出所期望的结果的情形。或者可以这么说，从巴特勒的立场看来，在德里达式的"重复"与"引用"的过程中，并不是所有的身体都会按照"询唤"的要求而形成。身体形成的过程，并不只是"询唤"单边的结果。在那个过程中，巴特勒提醒我们注意那些没有完全回应"询唤"而形成的"溢出"的身体。这正是她为什么会特别注意到福柯对"赫尔克林"的身体的态度以及维蒂格对"女同性恋"的身

---

① ［美］朱迪斯·巴特勒：《身体之重：论"性别"的话语界限》，李钧鹏译，上海三联书店2011年版，第231页。此引文中的"征引"即本书的"引用"。

体的态度的原因。

2. 对女同性恋的身体的反思

在论及莫尼克·维蒂格（Monique Wittig）的时候，巴特勒首先又提到了波伏娃。我们已经知道波伏娃的观点：女人的性别并不生来就自然带有，而是后天在文化生活中培养、内化而获得的。在波伏娃的语境中，性别是可变的、可塑的；与性别密切相关的性则不然：它总是一个人天生的属性，没有不属于某种性的人——巴特勒对此的理解就是没有不被性化的人，也就是说，性是不变的、固定的。波伏娃区分了性和性别，但她对这两者之间关系的理解过于狭隘。巴特勒认为，性和性别之间的关系并不一定像波伏娃设想的那样：既然性并不同于性别，那么，女人的性别就不一定由她的性发展而来，而具有男人的性也并不必然意味着就会获得男人的性别。一种性的身体，可以通过多样的性别得到表现，同样，一种性别也可以表现多样的身体——性和性别都不是二元的，而且并不一定会一一对应。

对性别的"形成"的理解，巴特勒的看法和波伏娃的看法也有明显的不同。波伏娃明确地指出性别是"形成"的，她看到的更多的是性别是一个"形成"的结果，巴特勒更重视这个"形成"的过程与其动作性。与波伏娃设想的性别的"形成"的完成相比，巴特勒更激进地设想了性别是一个永远不会完成的"形成"：如果"性别"是形成的——是永远无法完成的"形成"，那么，"性别"本身就是一个行动、一个过程，所以"性别"应该是连续的、重复的行动、过程，而不应该是"一个名词、一个实体的事物、或是静止的文化标记"。① 在巴特勒看来，对性别的"形成"的理解不应该仅仅设想它"成"的结果，更应该看到它"形"的过程：它不是某种凝

---

① ［美］朱迪斯·巴特勒：《性别麻烦：女性主义与身份的颠覆》，宋素凤译，上海三联书店2009年版，第146页。

固的、停滞的、单一的文化状态，而是持续的、重复的行动，甚至可以更加具体地说是某些"文化/肉体的行动（cultural/corporeal action）"①。巴特勒并不是无意地拓展波伏娃的性别的"形成"的理解的，而是有明确的目的：她希望能够突破波伏娃仍然没能超越的传统思维中性别的二元对立的思维藩篱，在对"形成"新的理解——将性别的"形成"看作一种永远不会完成的行为过程——的基础上不再将性别看作一种名词，而是将性别看作一些充满了多种甚至是无限的可能性的"现在分词"（present participles），这些"现在分词"是"可以重新意指、可以扩张的范畴，抗拒横加在社会性别上的二元的、实体化的文法限制"。② 巴特勒认为通过将性别看作行为，可以获得更加广阔的对性别考察的视野：它可以带来新的意指、增衍的理解范畴，并且更重要的，可以反抗那些强加在性别上的二元对立的限制以及将性别限制在某种单一意义的实体化。问题是，怎样才能在重重限制中获得这样的视野，获得突破的实现？在巴特勒看来，维蒂格为这个问题作出了可供借鉴的研究——尽管巴特勒并不完全同意她的观点。

在巴特勒看来，至少在两个方面维蒂格继续了波伏娃的研究而又和波伏娃有所区别：一个是她对性的观点；另一个是她提出来的"女同性恋者不是女人"的论断。

维蒂格同意性别是形成的观点，但同时在性上，她认为性也不是天生的、固定的，性和性别一样，也是被建构的范畴。并且维蒂格进一步指出，之所以会有对性的二元区分，是那个强制性异性恋制度出于生殖欲望以及将自己塑造为"自然的"目的的运作的结果：性是为生殖服务，并将自身的运作隐藏起来的某些运作的结果。在作为被建构的范畴的意义上，显然，性和性别在维蒂格看来没有区

---

① [美]朱迪斯·巴特勒：《性别麻烦：女性主义与身份的颠覆》，宋素凤译，上海三联书店2009年版，第146页。

② 同上。

别,性就是性别,性别就是性,它们都负载着某些文化目的,它们都是"被自然化"的范畴。

另一个观点是"女同性恋者不是女人"。这是和前一个观点密切相关的一个看法。维蒂格认为是强制性的异性恋制度建构了性别——不管是性还是性别——的二元对立,正是这种二元对立将某些人置于"女人"的位置上,也就是说,是异性恋建构了二元对立、建构了女人。所以,如果没有异性恋,那么就可以摆脱那个二元对立的限制,从而也可以摆脱对"女人"的种种限制。因此,维蒂格提倡女同性恋。显然,她认为女同性恋是对男女二元对立的超越,女同性恋者既不是男人,也不是女人,她们既是对异性恋框架的超越,也是对性别范畴的超越——因为正是强制性异性恋制度生产出了性别范畴,同时,这样的超越也揭示了那个强制性异性恋制度的文化的、历史的性质——而不是像它表现出来的那样是"自然的"。因此,如果说,波伏娃的论断——"女人不是天生的,而是后天形成的"——还稍显浮泛的话,那么,维蒂格的发展则使"形成"具体起来:既然一个人不是生来就是女人,而是形成的,同样,也可以形成男人,当然,可以设想,还可以形成既不是男人也不是女人的人。虽然巴特勒不同意维蒂格因此而提倡的"女同性恋"的观点,但巴特勒认为,维蒂格对"女同性恋"范畴的理解仍然对她有所启示,她看到"女同性恋这个范畴从根本上质疑了作为稳定政治描述范畴的生理性别和社会性别"[①]。由此可见,巴特勒不仅将维蒂格的女同性恋的性别、女同性恋的身体看作强制性异性恋对二元的性别、二元的身体的"询唤"的"溢出",而且,她也将维蒂格的观点及其具体讨论的过程看作一种对新的性别、身体进行"询唤"的过程。

维蒂格对强制性异性恋制度的质疑从它对性别的区分开始。强

[①] [美]朱迪斯·巴特勒:《性别麻烦:女性主义与身份的颠覆》,宋素凤译,上海三联书店 2009 年版,第 147 页。

制性异性恋制度所区分出来的二元的性别的地位是有差别的,它们并不是平等的两种性别。和波伏娃认为女人是性别的标记的观点相似,维蒂格也认为性别只是属于女人一方,只有一种性别,那就是女人。男人并不需要"性别",也就是说,男人不需要将自己"性别化",因为"性别化"意味着变成特殊的、相对的性别,而男人与特殊性、相对性无关,他的属性是"普遍"。因此,与伊利格瑞指出的女人是男人的化身——也就是男人包含了女人——的观点不同,维蒂格认为女人和男人相区别,她只被规定为一种性别,她也接受自己作为一种性别的身份,也就是波伏娃所谓的陷入"内在性的循环"(the circle of immanence)中。

"性别"范畴由一个压迫女人、女同性恋、男同性恋的强制性异性恋制度通过话语实践生产出来并加以维持。为了反抗这个强制性异性恋制度的压迫性运作,在文本实践的层面上,维蒂格在小说和理论文章中,重组了对身体、欲望的描述:不再使用那些惯习上使用的性的范畴,也不再使用那些标志着性别区分的代名词。

作为强制性异性恋制度话语实践的结果的性,在维蒂格看来既有着语言性的一面,又保持着感知性的一面。维蒂格对性的语言性的强调,和传统对它的认知非常不一样,她想要做的正是将传统认知中所运作的强制性的机制——"性"被当作自然的、天生的"天赋""特性"——揭示出来:这些所谓的"天赋""特性"实际上是一种建构、一种幻想、一种解释——它们又反过来对"性"作了阐释。[1] 最典型的是,通过"性"这个范畴,一些原本没有连贯性的"肉体""直觉"等性质被建构为具有统一性的某种整体。维蒂格对这样的"统一性"持强烈质疑的态度。在小说和理论中,维蒂格都指出那种"完整"的、"统一"的身体,实际上被用于实现分裂、

---

[1] [法]莫尼克·威蒂格:《女人不是天生的》,载[美]葛尔·罗宾等《酷儿理论》,李银河译,文化艺术出版社2003年版,第368页。

限制和管控的目的：那种把性感集中在阴茎、阴道、乳房等少数器官上的做法，不仅是对"性感"的限制，而且是对身体整体的分裂。由性范畴所建构起来的身体的"统一"，实际上是"不统一"，是区别，是分裂，是对欲望的简化。

由于认为是话语建构并掩盖了强制性异性恋的运作机制的性的范畴，造成了身体的分裂，带来了女人不平等的位置，所以，维蒂格也是从话语这里开始寻求改变的机会。尽管维蒂格并不接受结构主义那种认为在话语的主体之前有一种普遍的意指结构管控着话语主体及其话语的观点，但她却又指出，还是会有某些偶然的、历史的意指结构，比如，强制性异性恋机制，将男人置于话语的管控、支配的特权的位置上，同时将女人排除在话语的范围之外。所以，女人要获得话语主体的位置，就需要抵制那些性别范畴，推翻强制性异性恋的制度。维蒂格将话语看作行动，正是话语不断的重复的实践生产出那些性别范畴，并且造成这些性别范畴是"自然"的、"事实"的假象。话语的重复行动建构了"自然""事实"，并将身体和心灵塑造成与某种"性别"相符的样子。[①] 男人和女人——这些非自然的、非事实的"政治的类别"就是这样被生产出来的。[②] 并且，维蒂格认为，话语使强制性异性恋的思维广泛渗透到文化生活中，它一方面被看作社会建构的基础，另一方面又压迫着女人、女同性恋、男同性恋甚至所有人。是话语造成了性别之间的不平等与压迫，所以，改变不平等的地位、推翻压迫的途径与力量也隐含在话语中。对女人而言，就是要夺取话语中的"大写的我"（I）的位置。

和波伏娃、伊利格瑞认为"主体总是、已经是男人"的观点不同，维蒂格并不认为男人总是可以完全地占有"主体"的位置——

[①] [法]莫尼克·威蒂格：《女人不是天生的》，载[美]葛尔·罗宾等《酷儿理论》，李银河译，文化艺术出版社2003年版，第366页。

[②] 同上书，第370页。

第三章 在"身体"的系谱上 177

因为话语具有可塑性。维蒂格认为话语的主体具有这样的特征:他对话语拥有全部的权力,并且可以把它当作一个整体来加以使用。①由此可见,话语的主体总带着普遍性的特征——它总被意味着普遍性的男人所占有,特殊的、相对的女人不能占有普遍性的话语主体的位置。所以维蒂格才指出:"一个相对的主体是不可想象的,一个相对的主体根本不能言说。"② 因此,如果在生产性别范畴的框架中将夺取话语的主体位置当作女人解放事业的实践的话,那么将暴露出这样的矛盾:女人不能使用"大写的我"来发言,也就是不能站在话语主体的位置上发言,因为,女人是特殊、是相对,而不是普遍;但是女人一旦能使用"大写的我"——占有了话语主体的位置,就同时意味着她没有被性别化,是普遍的,是完整的主体,也就不再是女人。所以,女人只有不处于话语的主体的位置,才能作为特殊的、相对的女人;一旦位于话语主体的位置,她就将不再是女人了。也就是说,对女人而言,一旦占有话语主体的位置,"女人"范畴也就同时消失了:完整的主体是未被"性别化"的、是普遍的、是完整的,所以,没有一个女人是"主体"的女人——女人总是被"性别化"之后才能变成女人。③

因为认为话语将女人性别化、特殊化、相对化,所以维蒂格设想在这些"话语化"之前,有一个原初的时刻,在那个时刻每个人都拥有同样的建立起主体性的机会。④ 维蒂格假设了一种完整、统一的主体,是话语的侵入,让它变得不完整、不统一。又因为这种话语被男人占据,所以,即使男人自己也被话语化而变得不完整、不统一。但它/他却又把那种更加明显的不完整、不统一分配给女人,

---

① [美]朱迪斯·巴特勒:《性别麻烦:女性主义与身份的颠覆》,宋素凤译,上海三联书店 2009 年版,第 152 页。
② 同上。
③ 同上书,第 153 页。
④ 同上。

并将这套话语运作的过程以及自己的不完整、不统一都掩盖起来。巴特勒认为维蒂格实际上设想出了两种真实、两种本体：首先有一种前话语的、前社会的本体，然后因为话语的侵染，又出现了话语的本体、话语的"真实"——比如"性"，第二种"本体""真实"显然是以前一种"本体""真实"为基础而建构，那个前话语、前社会的"本体""真实"是那个被话语建构的"本体""真实"的决定因素。巴特勒批评了维蒂格的观点，认为这不仅陷入了"追求在场（presence）、大写存有（Being）、极致而不受干扰的完满（plenitude）等哲学追求的传统话语里"[①]，并且将"话语"理论普遍化了，而"普遍化"正是她对强制性异性恋思维的批评。

维蒂格确实十分重视话语。在她看来，统治经由话语而得到运作，主体通过话语而得到塑造，性别范畴由于话语而得到建构，解放也将因为话语才能实现。在维蒂格这里，话语对性别具有一种双重的性质：一方面，它总是表现为一种完满、统一，具有普遍性的特征；另一方面，它又带来特殊、相对，也就是差异、等级。巴特勒认为维蒂格过于推崇话语的作用，甚至没有想到她的话语观可能带来的极权主义的后果。尽管巴特勒后来提到"古典的唯心主义"（Classical Idealism）并不是专门针对维蒂格的话语观的。但是，就维蒂格的话语观而言，我们显然也看到了它所带有的强烈的"古典的唯心主义"的色彩。

正是在前述有关"女人"的观点的基础之上，维蒂格最终形成了她最激进、最为人所关注的对女同性恋的提倡。

基于强制性异性恋机制的运作造成了女人的被"性别化"并被置于与男人不平等的地位上的观点，维蒂格发出"女同性恋"的提倡。就像前文已经分析过的，不管是性别的范畴，还是性的范畴，

[①] [美]朱迪斯·巴特勒：《性别麻烦：女性主义与身份的颠覆》，宋素凤译，上海三联书店2009年版，第154页。

在维蒂格看来，都是强制性异性恋话语运作的结果，并且这种运作还把其过程深深地掩盖起来，以造成性、异性恋都是"自然"的事实的假象。

由此我们可以看到，维蒂格有关性别的观点在很多地方都启发了巴特勒的思考，并且在她的性别操演理论中有鲜明的体现。比如，巴特勒也和维蒂格一样将性看作话语的建构，从而，性和性别是没有区别的。再如，维蒂格对女同性恋的发现——或者说对女同性恋的颠覆潜力的发掘——使巴特勒注意到欲望、身体的增衍可以对二元对立框架的稳定性造成极大的冲击，甚至可以将其摧毁。再如，维蒂格建议完全放弃二元的性体系而开辟出更加多元的性别体系。这实际上是一种完全放弃性别范畴的设想。巴特勒在将性别身份看作永远是未完成的、不稳定的观点中以一种别样的方式体现出了这种观点。再如，关于将话语当作一种行为的观点，维蒂格没有作很多解释，巴特勒至此也尚未给予过多评价。但那样的观点其实对巴特勒将性别看作一种行为的过程的观点产生了很大的影响。

巴特勒在借鉴的同时也指出维蒂格的种种不足。维蒂格认为强制性异性恋机制无处不在，实际上是它结构了整个的、由男人支配的社会秩序。巴特勒指出，维蒂格的这个看法夸大了强制性异性恋的普遍性，这一方面使她陷入了古典唯心主义之中，没有认识到社会秩序的自然的、物质的维度；另一方面，也带来了她在寻求对强制性异性恋的反抗的可能时，过于急促与乐观地将希望寄托在女同性恋的身上，这使得她既不切实际地完全否认了异性恋的存在的可能，又看不到女同性恋全面取代异性恋的不可能。

维蒂格认为异性恋和同性恋是势不两立的观点，巴特勒也不同意。巴特勒认为，同性恋和异性恋并不是完全分离的，这首先是不可能的。在维蒂格看来，似乎不是异性恋，就是女同性恋——或者说同性恋。巴特勒指出，实际上在有些情况下异性恋和同性恋不能截然区分：比如在有些表面上看起来是"正常"的异性恋关系中，双方持有的是同性恋的心理结构；而在某些同性恋关系中，表面上看来相同性别的两人所持有的却是不同的心理结构；甚至还有维蒂格所没有注意到的更加复杂的情况。因为那样的简单化的理解，使得维蒂格没有看到"经由挪用和重新调度性别范畴而使独特的同志身份增衍的那些话语"①。也就是说，在巴特勒看来，维蒂格没有意识到同性恋所带来的话语的增衍对现有的强制性异性恋话语机制的稳定性的冲击以及这种冲击的意义，也没有意识到"同性恋"并不是异性恋简单的复制品或副本。其次，那种认为同性恋和异性恋可以完全分离的观点，实际上是对异性恋制度的巩固——这种看法是以承认异性恋对同性恋的排除为基础的。而将同性恋看作与异性恋完全不同的观点也造成了同性恋与异性恋的关系的断裂。这种断裂使得同性恋远离了异性恋制度，从而削弱了同性恋对异性恋制度的颠覆的力量。

针对"强制性异性恋制度"，维蒂格提出了"女同性恋"的主张。正因为维蒂格将强制性异性恋看作现有不合理社会秩序的基础，所以，她提出来的"女同性恋"不仅将担负对抗异性恋的任务，更被寄托了将"异性恋"取而代之的希望——因为这个强制性异性恋机制是话语建构的，自然它也可能被同样由话语建构的女同性恋所代替。并且，因为那个强制性异性恋机制是那么的虚幻、不合理，所以，应该广泛地推行"女同性恋化"（Lesbianization）。巴特勒认为，尽管维蒂格强烈地批判强制性异性恋，然而她却又过于夸大了异性恋运作的普遍性，她将异性恋看作话语对社会运作的唯一的方式，所以，她针对这种普遍化的异性恋所提出的"女同性恋化"也不免带着排除性与强制性的倾向，也就是普遍化的倾向——确实，维蒂格提出了要颠覆那个异性恋的机制只能通过女同性恋的观点。

---

① ［美］朱迪斯·巴特勒：《性别麻烦：女性主义与身份的颠覆》，宋素凤译，上海三联书店2009年版，第161页。

巴特勒认为,维蒂格的号召其实又落入了她所批判的那个异性恋机制运作的思维框架之中——维蒂格所批判的正是强制性异性恋机制的将自身普遍化的运作,但是,她自己却又企图普遍推广"女同性恋"模式。

在对维蒂格一面辩护、一面批判的基础上,巴特勒提出了自己"操演"的性别的看法:不管是"性"还是"性别"都在文化中,也就是在话语中,被建构,被瓦解,又被重新流通。① 在巴特勒看来,不管是性别范畴、同/异性恋欲望,还是性别身份,都应该置于一种永远处于未完成的过程中去理解——因为它们正是在不断流动的文化语境中被建构的。比如,巴特勒认为,身体经由"灵魂"的"重复""引用"地"询唤"的过程而形成。维蒂格曾经指出"性"——"身体"——由某些文化、话语建构以及自然化而形成,并不是什么自然的事实。维蒂格也指出"女人"由强制性异性恋建构出来。但巴特勒认为,维蒂格没能进一步具体地讨论文化、话语是如何将"身体"建构出来的,而且,她为了对抗强制性异性恋而提倡的"女同性恋化"实际上也是一种"强制"的逻辑,并不可取。所以,巴特勒指出,在这样的基础上,要实现对现有的不合理的建构机制的反抗,更加巧妙而有效的策略是彻底挪用或重新调度那些已有的范畴,不仅是"身体",还有和"身体"一样的、在话语中的范畴,从而使它们的稳定性永远受到质疑。②

正如上文所述,巴特勒对维蒂格的审视是严苛的,对她的借鉴也是谨慎的,然而,巴特勒所看到的维蒂格的不足,比如维蒂格唯心主义式地将异性恋机制看作社会秩序的基础、过于乐观地强调女同性恋模式的可能性甚至全面放弃性别身份的幻想等,在她自己的"操演"理论中依然存在。我们不禁质疑,造成这样的缺陷的原因是

---

① [美]朱迪斯·巴特勒:《性别麻烦:女性主义与身份的颠覆》,宋素凤译,上海三联书店2009年版,第166页。

② 同上书,第168页。

什么？是理论思维本身的不足带来的，还是某些理论家们不能发现、不愿发现的"神秘"因素带来的？

四 本章小结

在女性主义研究的内部，曾经——现在也仍有——对身体展开过广泛而深刻的讨论。其中最有代表性的也许要数集中在"生育"问题上的讨论。我们以"生育"作为对"身体"的研究的切入点，不仅因为"生育"长久以来都被认为是最具有性别特征的身体机能，同时还因为"生育"受到外来力量——比如医疗手段——影响最大且又受到最普遍的关注和研究。对个体而言，它还是最切身的经验之一。舒拉米斯·费尔斯通（Shulamith Firestone）和埃德里安娜·里奇（Adrienne Rich）分别代表着波伏娃以来有关生育的两种对立的观点。

费尔斯通在其代表作《性的辩证法》（The Dialectic of Sex，1970）中指出两性不平等——也就是女人受压迫——的根本原因在于两性身体在生育中发挥的作用不同。费尔斯通认为，在《家庭、私有制和国家的起源》（Der Ursprung der Familie, des Privateigentums und des Staats，1884）中，恩格斯曾颇有见地地提出了人类生活中的第一次劳动分工是基于性别差异的分工，而第一种劳动剥削正出现在人类自身的再生产（生育）的过程中——女人被男人剥削。可惜的是，后来的马克思主义理论家们都有意无意地忘记了这个看法。费尔斯通借助对恩格斯有关"历史唯物主义"（Historical Materialism）的定义的修改来阐述自己"性的阶级"（the class of sex）的观点。我们也有必要在此重温一下恩格斯的"历史唯物主义"的观点：

> 唯物主义历史观从下述原理出发：生产以及随生产而来的产品交换是一切社会制度的基础；在每个历史地出现的社会中，产品分配以及和它相伴随的社会之划分为阶级或等级，是由生

产什么、怎样生产以及怎样交换产品未（据上下文，此处"未"似应为"来"——引者）决定的。所以，一切社会变迁和政治变革的终极原因，不应当在人们的头脑中，在人们对永恒的真理和正义的日益增进的认识中去寻找，而应当在生产方式相（据上下文，此处"相"似应为"和"——引注）交换方式的变更中去寻找；不应当在有关的时代的哲学中去寻找，而应当在有关的时代的经济学中去寻找。①

费尔斯通十分不满恩格斯在对历史唯物主义进行界定时过于强调经济关系的做法。她认为，既然已经意识到了两性关系在社会历史中的巨大作用，就应该在讨论"历史唯物主义"时将这个重要因素考虑进来，因此，对"历史唯物主义"的定义应该修改成这样：

> 历史唯物主义是一个有关历史进程的观点，这种观点探究一切历史事件发展的终极原因和伟大动力。这是一种性的辩证法的探究，即它所探究的是：由生育繁殖而产生的社会之划分为两大不同的彼此之间相互斗争的阶级；由阶级斗争所带来的婚姻模式、繁殖模式、育儿模式的改变；其他由肉体分化而带来的阶级（阶层）的持续发展；以及基于性而发展成为（经济—文化）阶级系统的第一次劳动大分工。②

我们可以清楚地看到，费尔斯通认为推动历史发展的根本动力不是恩格斯指出的那种经济层面上的生产、生产关系，而是生育、生育关系：基于生育而分化出来的"性的阶级"是最初的阶级分化，

---

① [德] 恩格斯：《社会主义从空想到科学的发展》，载《马克思恩格斯全集·第十九卷》，人民出版社1963年版，第228页。

② Shulamith Firestone, *The Dialectic of "Sex": The Case for Feminist Revolution*, New York: Bantam Book, 1970, p. 12.

同时它也是其他种类阶级分化的基本模式。费尔斯通认为，女人无论在政治、经济、教育、工作等权利方面获得多大的改善，只要人类的繁衍必须依赖女人的生育，那么女人受压迫地位的改变都将无从谈起——除了自然的生理条件造成男女在生产劳动中的分工不同以外，女人在生育孩子的过程中对男人的生活依赖、孩子长时间对母亲的生存性的依赖以及孩子与母亲之间互相的心理依赖等可以归于生育过程的问题都会直接或间接地导致女人地位的低下。强调生产关系的马克思主义认为受压迫的阶级需要通过经济革命才能获得解放，而强调性别关系的费尔斯通则认为既然女人受压迫的根本原因在于其所具有的生育的身体机能，那么，要实现女人的解放，需要的是一场翻天覆地的生物学革命。于是，费尔斯通将女人解放的希望寄托在生殖技术的应用上：如果科学技术的发展能够达到自然生殖的水平，那么，是否具有阴茎或子宫，将不会再具有其传统上的文化意义以及由其带来的不平等的两性地位。

埃德里安娜·里奇的观点恰恰和费尔斯通的观点相反。里奇在《女人所生》（*Of Women Born*, 1979）中指出，男人意识到必须控制女人的生育才能维持自己的统治——她认为生育技术是父权意志的一个代表，所以，女人十分有必要守住可以帮助女人改变受压迫地位的最后的这块阵地。里奇展示了产科男医生用他们冷冰冰的助产钳取代女助产士温柔而同情的双手的历史过程。同时，里奇也描绘了男人干预、控制女人生育过程的种种方式：他们不仅为女人制定下妊娠、分娩时应该遵守的各式各样的注意事项，甚至还有女人在生育过程中应该感到什么样的痛苦和快乐的建议！他们完全忽略了妊娠、分娩等的直接承受者——女人——的自然"直觉"。男人的干预给女人带来的常常是莫名的困惑。一个典型的例子是，当产妇与医生就是否需要进行剖腹产意见不统一时，她往往拿不定主意是服从医生的"科学的建议"，还是听从自己的体会和经验。

里奇回忆了自己并不愉快的第一次妊娠的经历：

第三章 在"身体"的系谱上

当我试图回到第一次怀孕、还是 26 岁那个年轻的身体时，当时，我没有顾及自己怀孕方面的生理知识，同时也逃避了我的智力生活和职业生涯，后来，我才意识到，由于母亲身份的习俗，而非事实，我真实的身体和真实的精神这两者实际上是分离的。这种习俗——就我们所知，它是人类社会赖以存在的一个基础——只允许我获得某些观点，拥有某些期望，无论这些观点，这些期望是表现在我产科医生接待室的小册子中，我读过的小说中，我祖母的认同中，我对自己母亲的回忆中，还是表现在西斯廷教堂那幅圣母像，或米开朗基罗那幅《圣母怜子图》中，情况都一样。①

虽然里奇也同样地批评父权制："父权思想已经把女性生物学限制在了它狭隘的范围之内"②，但她对于生育的看法却大大有别于费尔斯通。里奇十分不赞成费尔斯通建议女人完全放弃生育的做法，她认为：女性主义的目光不应该囿于生物学的范围中，不应该对身体持着宿命论的观点，而应该把"身体"看作一种资源。身体需要控制——尽管控制身体是有前提的，但是也"必须考虑到我们身体状况的统一与平衡，考虑到我们与自然法则的和谐，还有我们心智的身体基础"③。因此，与费尔斯通将解放的希望完全寄托于身体外的科学技术的发展相反，里奇尤其强调的是要坚守可以生育的身体——这个女人最具有创造力和生命力的领域。里奇认为这是保证她，以及和她一样的女人可以过上一种"可靠而可信的生活"的最可依赖的资源。她充满信心地预言："与工人掌握生产工具相比，由女人来重新拥有我们的身体，将会给人类社会带来更加

---

① [美]艾德丽安·里奇：《女人所生——作为体验与成规的母性》，毛路、毛喻原译，重庆出版社 2008 年版，第 31—32 页。
② 同上书，第 33 页。
③ 同上。

重要的变化。"①

里奇和费尔斯通对女人是否要坚持亲自生育的看法截然不同,但她们的出发点又都落在生育是否只是父权制的代表——只受父权制控制——的问题上。这实际上也说明了在她们的观点中,生育是女人最重要的身体特征之一,甚至在确定女人的地位时起着根本的作用:费尔斯通把它看作沉重的枷锁而建议将其完全放弃;里奇把它看作解放的最后基地而呼吁务必要坚守。她们的观点在女性主义的身体认识史中有着重要的意义:它们使人们意识到身体问题并不是像某些人认为的那样对女性主义事业而言是无足轻重的。如果说,费尔斯通和里奇掀起了 20 世纪 70 年代和 80 年代人们对身体讨论的高潮的话,那么,巴特勒对身体的新观点则引起了 20 世纪 90 年代以来人们对身体的全新的关注。

1993 年,彼得·奥斯本(Peter Osborne)和林恩·西格尔(Lynne Segal)采访了巴特勒,他们向她提问:她是如何看待"男人的身体不能生育而女人的身体可以"这个事实的。巴特勒回答:

> 为什么不能是这个样子的:一个想要养育孩子却不想生产孩子,或者两者都不想经历的女人,可以完全没有失败感或不足感地将自己定格为女人?当人们在问道"这难道不是生理的差异?"的时候,他们并不是真正地在询问身体的本质问题。他们实际上是在问:生育的社会惯例是否就是影响对性别的思考的最重要的因素。在这个意义上,规范的强制是无所不在的。②

---

① [美]艾德丽安·里奇:《女人所生——作为体验与成规的母性》,毛路、毛喻原译,重庆出版社 2008 年版,第 362 页。
② Peter Osborne, Lynne Segal, "'Gender as Performance': Interview with Judith Butler", Ed. by Peter Osborne, *A Critical Sense: Interviews with Intellectuals*, London and New York: Routledge, 1996, p. 113.

这真是典型的巴特勒的具有"操演"色彩的回答。

在巴特勒看来：身体是既具有司法性又具有生产性的话语的"重复""引用"地询唤的结果，这个"结果"是行动，永远处于未完成的过程中。这也正是"操演的身体"的含义。我们认为，巴特勒对身体的"操演"性维度的揭示是正确的。

但同时也应注意，认为这是身体唯一的属性则是不合适的。巴特勒对彼得·奥斯本和林恩·西格尔的问题的回应确实不能令人满意。或者我们还可以这么提问：比如对女人而言，那个里奇十分强调的女人的自然"直觉"，持着"操演的身体"的观点的巴特勒是如何看待的呢？诚然，正如巴特勒已经表达过的，只有通过话语，身体才能被认识、被理解。被认识、被理解是身体的重要特征与需要，但是，"直觉"之类的，难道不也是身体的重要特征吗？在这个意义上，我们认为托莉·莫娃（Toril Moi）对巴特勒的批评是中肯的："巴特勒最终忽略了自己想要解释的身体：那个经历爱情、遭遇苦难、最终死亡的具体的、历史中的身体。"① 而一直对巴特勒评价就不高的玛沙·努斯鲍姆指责巴特勒"理论化的眼睛看不到女人所遭受的那些'物质的'苦难：饥饿、失学、被强奸、被侵犯"②，这造成了像巴特勒一样的"年轻女人"认为"她们可以在学校安全的环境中从事政治活动，并停留在象征的层面上，通过语言和手势对权力作出颠覆的姿态"③，显然也是有道理的。

---

① [美]托莉·莫娃：《何为女性》，王琳妮译，华东师范大学出版社2011年版，第39页。

② Martha Nussbaum, *The Professor of Parody* [J/OL], http://perso.uclouvain.be/mylene.botbol/Recherche/GenreBioethique/Nussbaum_NRO.htm. 1999 – 2 – 22.

③ Ibid..

结　　语

本项研究的目的是舒伸巴特勒的操演理论,重点在于展现她在女性主义的"女人"系谱上和"身体"系谱上的操演的观点并对其作出反省。因此显然我们还有一个十分重要的问题没有完全展开:巴特勒的操演理论对女性主义的意义何在?它对我们中国当下的女性主义研究与实践有什么启示与指导意义?

我们认为,巴特勒的操演理论最积极的贡献在于启发人们对一些看似已经"习以为常"的范畴的重新思考。正如南希·弗雷泽已经正确指出的那样:"让我们回想起社会理论中深奥而又重要的问题,却已经很久没有论及。"[1] 这并不必然意味着对这些范畴的反对或抛弃,而是指出它们的界限、局限,从而在更细致的层面,当然也是在更深刻的层面上获得对它们的理解,并且希望在具体的实践活动过程中得到更多的关注以及更积极的效果——也许巴特勒更喜欢用"更激进"这样的字眼来形容她以及我们所期待出现的改变。

至此,我们不能,也不应该回避:巴特勒的操演理论确实有其"不操演"的维度——"非"操演性的维度,虽然她总是强调"操演"的

---

[1] [美]南茜·弗雷泽:《异性恋、错误承认与资本主义:答朱迪思·巴特勒》,载[美]凯文·奥尔森编《伤害+侮辱:争论中的再分配、承认和代表权》,高静宇译,上海人民出版社2009年版,第57页。

维度——操演性的维度。这在我们看来不能不说是巴特勒留下的最大的遗憾——而这又是她极力反对许多理论、理论家的原因所在。然而，我们也不禁要问：巴特勒以及那许多的理论家所出现的这样的情况，是什么原因造成的呢？也因此，至少对我们而言，操演理论并不是毫无意义的，我们不能像某些读者、研究者那样轻率地、武断地对它作出彻底的否认，巴特勒的研究本身——包括其贡献与不足——自有其值得探讨、体味与欣赏的地方。

第一节 解构的操演理论

一 女性主义与反女性主义

巴特勒以操演的思路对女性主义研究中的许多重要的范畴（比如女人、身体等）进行了反省。这些范畴有一个共同的特点：它们在很长一段时期内，甚至可以说一直延续到现在，都被女性主义者认为是确定现实社会历史中某些具有"那些"（"哪些"？）特点的个人，并能将他们聚集、团结到一处以成为一起从事某些行动的基础。或者还可以这样理解，因为这些范畴所具有的普遍性使得它们可以将某些个人确定为主体，并将他们召集起来形成一些组织、团体进而共同从事某些活动，实现某些目的。巴特勒旗帜鲜明地指出，这些范畴既不像某些研究者所设想的那样，也不像它们的表面所呈现出来的那样稳固、单一，也就是说，这些范畴的基础性、普遍性值得怀疑。在某种程度上说，一些研究者曾经无意识或毫无反思地拿来作为研究工具的范畴在巴特勒这里被"重新"当作了研究对象而加以审视、剖析。

巴特勒的研究引起极大的关注，招致了许多毫不客气的批评。甚至有人认为她对女性主义的这种反省是一种反女性主义的反应——尽管她自称是"在女性主义内部"进行的反省。比如，希拉·本哈比伯认为巴特勒对女性主义事业产生了不好的影响："如果没有那些对能动性、自主性和自我等调节的原则,实际的女性解放的计划甚至是不可思议的。"① 而吉尔·贾格尔也认为巴特勒对那些具有基础性的范畴的反省给原本就不那么稳固的女性主义政治带来了危机,操演理论在她看来,"在政治上是十分虚弱的"②。我们认为,诸如此类的反应都带有一种被苏珊·桑塔格(Susan Sontag)在为维克托·塞尔日(Victor Serge)辩护时所指出的那些情绪:"人们似乎太容易不承认真理,尤其是当真理可能意味着与某个为他们的身份提供有价值的部分的社群决裂或被该社群所唾弃的时候。"③

巴特勒后来为自己的观点作了辩护。巴特勒带着保留的态度认为,将政治号召性赋予某些范畴在目前看来是有意义的:"那是一种表征性的政治运作的方式,在这个国家,离开了身份政治的帮助,游说的努力实际上是不可能的。所以我们同意,示威、司法努力以及激进的运动需要以妇女的名义提出主张。"④ 然而,巴特勒毕竟对这样的"妇女的名义"带着更多的是怀疑与反省的态度。首先,巴特勒认为没有什么具有"普遍性"的身份是清白的,"普遍性"总是必然意味着标准化与排除性。不管什么样的"普遍性",在它划定它的对象、范围的时候,同时也是它将某些对象、范围排除在外的时候。比如说,人们在将孕育视为"是女人"的基础,或者说将孕育视为"女人"的一个普遍特征的时候,实际上,已经将那些由于种种原因不能孕育、不想孕育的"女人"排除在外了,可是难道她们不是女人吗?是谁规定了她们不是女人的?巴特勒看到的不仅是

---

① Seyla Benhabib, *Feminism and Postmodernism*, Seyla Benhabib, Judith Butler, Drucilla Cornell, Nancy Fraser, *Feminist Contentions*: *A Philosophical Exchange*, New York and London: Routledge, 1995, p. 21.

② Gill Jagger, *Judith Butler*: *Sexual Politics*, *Social Change and the Power of the Performative*, London and New York: Routledge, 2008, p. 16.

③ [美]苏珊·桑塔格:《同时:随笔与演说》,黄灿然译,上海译文出版社2009年版,第75页。

④ [美]朱迪斯·巴特勒:《暂时的基础:女权主义与"后现代主义"问题》,载王逢振等编译《性别政治》,天津社会科学院出版社2001年版,第87页。

这个表面的现象,她还由此更进一步地指出被这种现象触动而引发的思考:她认为对那些范畴的反省并不是对它们的否定或批判,而是对它们"作为事先给定的或基础主义的前提的构成进行质疑的一种方式"①。女性主义不仅应该尊重作为充满着异质性的场域的"女人",更应该为将"女人"开辟为开放与可塑的场域的思考和实践创造条件。所以,巴特勒认为对"女人"这个范畴的不同理解与体会都应该受到重视与保护,并且应该将那些歧义作为女性主义的不是基础的基础。由此,巴特勒认为她的反省的目的和意义正在于:"将这个词释放到多重意义的未来,把它从其受到限制的母性或种族主义的本体论中解放出来,是要使之成为一个能够承载未预料到的意义的场所。"②换言之,即巴特勒认为应该反对那种将"女人"范畴划定在某种狭隘的、固定的——看起来是"普遍的"——范围中的看法、做法,她提倡把"女人"看作并开辟为充满多元意义的开放的场域。

在《性别麻烦》第一版的序言和《暂时的基础:女权主义与"后现代主义"的问题》等文章中,巴特勒对"普遍性"一直持有着明确的、坚决的否认与拒绝的立场。实际上,那个时候她将普遍性与异质性、多元性视为完全对立的因素来加以对待。然而,在《性别麻烦》第二版的序言中,她的态度却有了十分明显的变化。

十年之后,我们看到了巴特勒对"普遍性"的新看法。如果说,之前巴特勒是从完全否认与拒绝的视角来看待"普遍性"的,那么后来的实际经历与研究反思则使她对"普遍性"有了更加具体与深刻的认识:除了看到它的标准性、排除性的一面之外,她还注意到了"普遍性"是"一项面向未来的文化翻译的

---

① [美]朱迪斯·巴特勒:《暂时的基础:女权主义与"后现代主义"问题》,载王逢振等编译《性别政治》,天津社会科学院出版社2001年版,第78页。

② 同上书,第88页。

工作"①。也就是说，如果说之前她对"普遍性"是完全地排斥的话，那么如今她已经看到了"普遍性"的积极的一面，并对这个方面的价值有了更加积极的认识。这种对"普遍性"的积极看法来源于她的新体察：她发现因为那是一个非实体的、具有开放性的范畴，它本身在策略上就具有重要的使用价值。所以，对"普遍性"可以从"操演"的角度来设想：它指向尚未却又可能存在的现实，给那些还没有相互认识到彼此的文化提供相遇的机会。② 由此可见，巴特勒此时已经将对"普遍性"的理解的更加广阔的视野打开了。这说明在许多批判以及多年研究之后，巴特勒并没有放弃她的操演理论，反而激发了它的新的活力，她更加深入地思考甚至将原本不假思索就抛弃不顾的对象纳入研究范围之中，这本身就是一项操演的工作——操演理论本身的发展就是其理论精神最好的诠释者。

许多女性主义者都愿意相信，女性主义是一个开放的场域，它力图发现更多的"女人"——它实际上是一种允许"女人"具有更多意涵的场域。要使女性主义成为一种具有真正生命力的理论，显然积极的、正面的建设是必须的，然而，对自己严格的审视与反思同样是必要的。巴特勒认为她的研究正是出于这样的目的而进行的。正如吉尔·贾格尔已经指出的：巴特勒对性、性别、身体都作出了极具影响力的分析。③ 我们认为巴特勒的反思确实拓展与加深了人们对女性主义的一些传统范畴的认识。同样，也需要尊重那些对她的观点作出认真的质疑的研究工作，最忌讳的是简单、粗暴地将她的观点划定为是"女性主义"的，或是"反女性主义"的。女性主义

---

① Butler Judith, *Gender Trouble*: *Feminism and the Subversion of Identity*, New York: Routledge, 1999, p. xviii.

② ［美］朱迪斯·巴特勒：《性别麻烦：女性主义与身份的颠覆》，宋素凤译，上海三联书店2009年版，第12页。

③ Gill Jagger, *Judith Butler*: *Sexual Politics*, *Social Change and the Power of the Performative*, London and New York: Routledge, 2008, p. 1.

不应该排斥、拒绝批评与自我批评的工作，这也是它获得发展的必要条件。

二 本质主义与建构主义

如果说女性主义中的本质主义指的是为"女人"划定界限、确定特征的话，那么，巴特勒反对的正是那种对"女人"封闭的、凝滞的理解，所以，很显然，巴特勒并不能归到"本质主义"的阵营之中。

尽管巴特勒对许多问题的看法和波伏娃不一样，但在一定程度上，巴特勒对"女人"——或者说"性别"，甚至还有"性""身体"等——的看法与波伏娃的"女人是形成的"的看法有相似之处。换言之，巴特勒将"女人""身体""性""性别"等看作操演的，确实带有一个"形成"的维度。然而，她所谓的"形成"又和波伏娃有所不同。波伏娃的"形成"以"性"（"身体"）为基础，并且是有一定方向、预期状态的。巴特勒却竭力消解"形成"的"基础"，甚至预期的方向，她强调的只是"形成"的过程，她将一切都看作处于不断地"操演"的过程中。所以，巴特勒的操演理论也并不属于试图在一定基础上建构"女人"的建构主义。

巴特勒既反对本质主义也反对建构主义，她认为自己开展的是一种"解构"的工作。

在巴特勒看来，解构是一种质疑的方法。巴特勒认为："解构不是否定或抛弃，而是进行质疑，也许更为重要的是，使一个术语开放，比如主体，开创其先前没有授权的重新利用和重新部署。"[1] 也就是说，巴特勒将"解构"当作一种打开术语的更多可能性的方法、一种发掘出术语在之前没有展现出来的可能性的方法，也就是对术

---

[1] ［美］朱迪斯·巴特勒：《暂时的基础：女权主义与"后现代主义"问题》，载王逢振等编译《性别政治》，天津社会科学院出版社2001年版，第86页。

语的重新利用与重新部署，从而激发出它们新的可能性。

在巴特勒看来，解构还是一种可以带来新意义的方法。巴特勒一再强调，解构不是否认，也不是拒绝，而是"重复"："解构这些术语意味着继续使用它们，重复它们，破坏性地重复它们，把它们从作为压迫性权力工具的情境中置换出来。"① 由此可见，巴特勒眼中的"解构"对被解构的对象的意义正在于解构正是对它们的"解放"。作为一种"重复"的解构，不但没有使那些它所"解构"的术语失去它们存在的价值，反而使它们得以挣脱先前所受到的束缚，在新的情境中获得新的意义。

巴特勒对"解构"的阐释，其实与她的操演的观点是密切相关的：操演理论将"性""性别""女人""身体"看作操演的，正是一个不断对这些先前被认为是封闭的、凝滞的范畴的解构的过程，并且，巴特勒认为通过将那些范畴看作"操演"的，将会获得对它们的全新认识，甚至在实践活动中获得意想不到的效果——"操演"所具有的"行动"的特质似乎使得它与"物质""实践"的联系看起来比其他理论更显得密切。

然而巴特勒赋予操演浓重的话语论的色彩又拉大了它与"物质""实践"的距离。不论是直接承继福柯的话语—权力理论而来的、在分析"女人""身体"时突出话语在它们形成过程中既生产又管控它们的作用，还是在借鉴拉康时那些引入了语言学的精神分析的观点对"物质性"的解读，我们都能看到巴特勒对操演的"话语性"维度的特别强调。

按照一般的看法，与"物质"的靠近往往被归于"本质主义"的一方，而对话语理论的借鉴则容易被看作对"建构主义"的支持。但是，巴特勒认为自己的研究和上述两种倾向都不一样，她将自己

---

① ［美］朱迪斯·巴特勒：《暂时的基础：女权主义与"后现代主义"问题》，载王逢振等编译《性别政治》，天津社会科学院出版社2001年版，第90页。

的工作看成一种"解构"的事业。

巴特勒对建构所同时包含的"排除性"是警惕的。巴特勒认为建构以"排除"为基础,仅仅将诸如"性""性别""女人""身体"等场域看作"建构"的还不够,因为这样的"建构"实际上是人为地产生了不够"性",不够"性别",不够"女人",不够"身体",或不是"性",不是"性别",不是"女人",不是"身体",或不能被理解的"性",不能被理解的"性别",不能被理解的"女人",不能被理解的"身体",等等的区分。这些被排除的"性""性别""女人""身体"其实是那些被建构的"性""性别""女人""身体"得以实现的"外在"条件,同时又常常对那些建构有着破坏或颠覆的威胁。

巴特勒认为对那些被排除在外的场域的研究,既不能看作是建构主义的,也不能看作是本质主义的。因为这些"外在"(outside)的场域并不具有绝对的意义——"超出或抵制话语边界的本体意义上的(ontological)在场性(thereness)"①,作为建构必要条件以及结果的"外在","它只能在话语的最脆弱的边界上,并作为这种边界,基于与话语的相对关系而被理解——当它能够被理解时。"② 也就是说,这些"外在"的场域处于一个暧昧的地带中,游走在可理解与不可理解之间。巴特勒认为,通过解构的方式,可以发现并重新认识这些既不属于建构又不属于本质的"外在"的场域:"解构从来就不认为'一切皆为话语建构';究其起源,后者属于一种话语一元论(discursive monism)或语言主义(linguisticism),这种观点拒绝承认排斥、抹除、暴力性排除与嫌恶的构筑性地位及其在正统话语(discursive legitimacy)中的破坏性回归。"③

---

① [美]朱迪斯·巴特勒:《身体之重:论"性别"的话语界限》,李钧鹏译,上海三联书店2011年版,第8页。
② 同上书,第9页。
③ 同上。

巴特勒将自己与传统的建构主义和本质主义都区别开来,并提出既具有建构性又具有物质性的观点:她一面将"建构"视为一个既无主体又无主体的行动的一个"主体"和"行动"都是重复出现的过程,而不是将"建构"视为一个一次性可以完成的,具有最终结果的行为;一面也改变那种将"物质"视为某种被动的场域的看法,而将其视为一个"物质化"的过程,因此我们可见的所谓边界、固定与场域是作为一个过程的结果而不是原因被认识的。巴特勒如此费心地讨论"建构"与"物质",原因在于这是她提出以解构的方式应对由建构主义和本质主义所带来的问题的基础:

> 建构不仅发生在时间维度之内,其自身也是一个基于规范之重复的具有时序性的(temporal)过程;性别既在这一重复过程中产生,又遭到消解。作为复现或仪式的沉淀(sedimented)产物,性别被自然化,然而,这种复现同样产生了缺口和裂隙,成为建构的不稳定成分,这些成分逃脱或超越了规范,而规范的重复无法完全限定或固定这些成分。这种不稳定性是重复过程本身的解构(deconstituting)可能,是对稳定化了"性别"的效应进行消解的力量,是置"性别"规范之巩固于具有生产性潜力的危机中的可能性。[①]

由此可见,如果说,在巴特勒之前的女性主义研究者希望能以"建构"或"本质"的方式来解决"女人"的问题的话,那么巴特勒则是希望以"解构"的方式——也就是她的操演理论——来解决"女人"的问题以及建构主义和本质主义都没能解决的问题。

即使暂时先不论巴特勒对这些问题的解决的结果是否令人满意,

[①] [美]朱迪斯·巴特勒:《身体之重:论"性别"的话语界限》,李钧鹏译,上海三联书店2011年版,第10—11页。

起码她在女性主义研究的"建构"和"本质"之争中又引入了"解构"的方法,这本身就是一种有意义的工作:它不仅扩大了女性主义研究的新视野,增加了女性主义研究的新方法,而且更重要的是它展示了在后现代时期女性主义研究的多元、分裂的格局——当然这也是后现代理论格局的重要特点之一。换言之,即巴特勒的操演理论的出现,不仅反映了后现代理论版图的多元、分裂的特点,而且还进一步地折射了此期性别状况甚至整个社会状况的某些方面。

然而,我们也不得不面对的问题是,巴特勒的操演理论确实能够解决那些别的理论没能回答以及它自己提出来的问题了吗?

第二节 作为客观的海市蜃楼的操演理论

也许我们还应该注意到一个细节:巴特勒回忆影响她对普遍性作出新的反省的契机是她多年在"国际男同性恋与女同性恋人权委员会"(International Gay and Lesbian Human Rights Commission)的经历。也就是说,现实的刺激是促使她对原来有关普遍性的观点作出修正的重要原因。即使不去考虑她对普遍性的新看法会对她的理论研究工作带来的变化,她的这个转变本身就是意味深长的。值得强调的是,是现实经历,而不仅仅是思辨研究带来这个转变的。当然某些"唯物主义者"可能因此就仓促地作出"物质决定意识"的判断。然而我们希望能够作出更加有力的反省。

爱德华·W. 萨义德(Edward W. Said)在《东方学》中为"东方学"的含义作出了三个层面的区分:一是在学术研究机构中被当作学术研究的一个学科的"东方学";二是被当作一种思维方式的"东方学",这是在二元思维框架中得到体现的,换言之,这是在本体论和认识论的意义上作出的"东方"与"西方"的一个区分;三是被当作一种话语机制的"东方学",这主要是从历史和物质的角度界定的,具体而言,就是通过东方学对东方作出描述、裁断,甚至殖民、统治等反应的机制。①

也许我们可以借鉴萨义德的思路，对操演理论提出如下问题：巴特勒是如何对操演理论作出定位的呢？一种学术研究的观点？一种思维方式？一种对历史、物质现实作出回应的机制？还是它本身就是一种历史、物质现实？

操演理论的提出，一方面依托的是对福柯、拉康、德里达以及许多女性主义先驱的理论的借鉴，另一方面还有对现实社会历史经验的体会、发现。无论如何，我们都应该意识到，上述种种只是影响操演理论形成的因素，并不能代表操演理论，更不是操演理论。但是，它们对操演理论的形成产生了重要的影响，或者可以说是操演理论形成的基础。关键是，如果我们按照萨义德的区分，操演理论属于哪个方面呢？换言之，操演理论是一种纯粹理论思辨还是一种社会历史现实呢？

轻率地将操演理论归于纯粹理论思辨显然不合适。正如我们已经展现的，从提出操演理论，到证明这个理论，再到具体地运用这个理论，巴特勒都表现出了它与社会历史现实的密切联系，尤其它本身就具有着"操演"——"行动"（do）——的维度。比如在对"女人""身体"的解读中，它强调的是它们总是作为受到管控的"重复"和"引用"的同时又常常充满了各种异质因素的过程——这实际上就是一种力图挣脱既有的一些理论将"女人""身体"简单化、抽象化的工作。

那么，操演理论是社会历史的现实吗？我们可以再回忆一下，巴特勒用操演的思维方式所研究的范畴：尤其是那些被认为是"自然的"范畴——"女人""身体""异性恋"等，更不用说原本就是"理论的"范畴——"话语""管控""菲勒斯"等。以及她多元的

---

① [美]萨义德：《东方学》，王宇根译，生活·读书·新知三联书店 2007 年版，第 2—4 页。

理论基础：福柯、拉康、弗洛伊德、波伏娃、维蒂格、伊利格瑞……这些理论家的理论都深深地影响着操演理论的形成与品质——不管它对它们主要是借鉴还是批判，它们都是操演理论得以产生的坚实的理论基础。

我们认为操演理论属于詹姆逊区分出来的那种所谓"客观的海市蜃楼"（objective mirage）的范畴。[①] 在此，首先需要更加具体、细致地来理解"理论"的意涵。我们采用的是雷蒙·威廉斯（Raymond Williams）的界定。雷蒙·威廉斯认为在当代，理论主要是指"对实践提出解释的一种思想体系（a scheme of ideas which explains practice）"[②]。"客观的海市蜃楼"有两个维度的意涵：一是"客观的"意谓此一范畴并非纯粹思辨的理论，它与具体且并不依赖于人的主观意志而存在的社会历史现实有着密切的关系，它的形成、发展与消亡，总是受到社会历史现实具体状况的影响，也就是说，它是面向"实践"的。巴特勒（不得不？）在操演理论的框架中对"普遍性"的修正就是一个典型的体现。二是"海市蜃楼"意谓此一范畴并不是客观的社会历史现实，它是人的思维的产物，尽管它与社会历史现实总纠缠不清，但它也是对那种现实的"反动"——有歪曲、有遮蔽——而不是"反射"，正如在某些特定条件下出现的"海市蜃楼"一般，是虚幻的、不真实的，也就是说，它是一种"思想体系"。

所以，我们也认为，操演理论的种种思考——特别指它所提出的最令人期待的对当代问题，尤其是对女性主义中所出现的问题的解决是一种詹姆逊所说的"社会的象征性行为"——詹姆逊在《论阐释：文学是社会的象征性行为》（"On Interpretation：Literature as a

---

[①] ［美］詹姆逊：《政治无意识：作为社会象征行为的叙事》，王逢振、陈永国译，中国社会科学出版社 2011 年版，第 72 页。

[②] ［英］雷蒙·威廉斯：《关键词：文化与社会的词汇》，刘建基译，生活·读书·新知三联书店 2005 年版，第 487 页。

Socially Symbolic Act",1981)一文中认为,诸如列维-斯特劳斯在《忧郁的热带》(*Tristes Tropiques*,1955)中展示的卡都维奥人的面饰,巴尔扎克(Honoré·de Balzac)的《老姑娘》(*An Old Maid*,1836)中人物特征与他们之间的关系的设置等艺术表现,"其功能就是为不可解决的社会矛盾发明想象的或形式的'解决办法'。"① 其中最典型的例子莫过于巴特勒提出的性别的"戏拟"与"扮装"——她曾在《性别麻烦》的最后提出要通过"戏拟"与"扮装"颠覆在强制性异性恋框架的管控下的对性别的二元区分。她明确地指出:"在模仿社会性别的时候,扮装隐含透露了社会性别本身的模仿性结构——以及它的历史偶然性……戏仿产生的增衍效应使霸权文化以及其批评者,都不能再主张自然化的或本质主义的性别身份。……通过戏仿的语境重置,它们祛除了自然化的身份而被人们加以调度。"② 但很显然,她的主张并没有取得预想效果——即使是在电影中。她后来分析了《巴黎在燃烧》(*Paris Is Burning*,1990),虽然她的主要目的是要说明"权力复杂性所带来的政治难题"③,但正是这个电影暴露了她将"戏拟"和"扮装"视为颠覆手段的失败。作为理论的一种预想,上述建议显然具有合乎逻辑的意义,然而,毕竟它们只是"客观的海市蜃楼"的理论的设想,这就决定了它们只能是对客观社会历史现实的困境的一种"象征性的解决",而不能在现实中获得令人满意的实践效果。

也许,巴特勒对我们最大的启示正在于:

其一,理论的合理性总是需要客观社会历史现实——具体而言,就是历史唯物主义和辩证唯物主义所谓的"生产力的发展水

---

① [美]詹姆逊:《政治无意识:作为社会象征行为的叙事》,王逢振、陈永国译,中国社会科学出版社 2011 年版,第 69 页。

② [美]朱迪斯·巴特勒:《性别麻烦:女性主义与身份的颠覆》,宋素凤译,上海三联书店 2009 年版,第 180—181 页。

③ [美]朱迪斯·巴特勒:《身体之重:论"性别"的话语界限》,李钧鹏译,上海三联书店 2011 年版,第 23 页。

平"——的检验与支持,它的缺陷与不足暴露的地方正是它与客观社会历史现实产生龃龉的地方。

其二,正如"女人""身体"之类的范畴是拥有历史的、具体的维度一样,理论家也是历史的、具体的,这样的处境决定着他们的先锋性,也决定着他们的局限性。这就提醒研究者对理论家(及其理论)进行研究的时候,都是既需要有共时的、横向的思路,又需要有历时的、纵向的思路,这样才能使研究者的研究工作具有真正意义上的价值——这也将意味着研究者同时必须在这两种思路上对自己、对自己的研究进行严格的审视。

所以,我们希望在此重温另一位重要的思想家汉娜·阿伦特(Hannah Arendt)的观点——尽管它并不是针对女性主义更不是针对巴特勒的研究而言的,但显然,同样适用:使用旧概念思考新事物显然是不合适的——特别是被那些"造成人类历史断裂的攻击掏空了内涵、化为无用的概念。我们不能使用以前的概念来探索以后,它们所根植的那个世界已不复存在。然而,我们又不能把旧概念简单地弃置不顾——如同从头上摘掉旧帽子——而不顾这些概念其实存在于我们的脑海里,扎根在我们的思想中。因为思维习惯是挥之不去的,我们必须明白这些习惯是如何养成的,从而做出改变"①。

---

① [美]扬-布鲁尔:《阿伦特为什么重要》,刘北成、刘小鸥译,译林出版社2009年版,第7页。

参考文献

一 巴特勒作品

（一）英文原著

Judith Butler, *Subjects of Desire: Hegelian Reflections in Twentieth-Century France*, New York: Columbia University Press, 1987.

Judith Butler, *Gender Trouble: Feminism and the Subversion of Identity*, New York and London: Routledge, 1990.

Judith Butler, *Bodies that Matter: On the Discursive Limits of "Sex"*, New York and London: Routledge, 1993.

Judith Butler, *Excitable Speech: A Politics of the Performative*, New York and London: Routledge, 1997.

Judith Butler, *The Psychic Life of Power: Theories in Subjection*, California: Stanford University, 1997.

Judith Butler, *Antigone's Claim: Kinship between Life and Death*, New York: Columbia University Press, 2000.

Judith Butler, *Precarious Life: The Powers of Mourning and Violence*, London and New York: Verso, 2004.

Judith Butler, *Undoing Gender*, New York and London: Routledge, 2004.

Judith Butler, *Giving an Account of Oneself*, New York: Fordham University Press, 2005.

Judith Butler, *Frames of War: When Is Life Grievable?*, London and New York: Verso, 2009.

Judith Butler, Seyla Benhabib, Drucilla Cornell, Nancy Fraser, *Feminist Contentions: A Philosophical Exchange*, New York and London: Routledge, 1995.

Judith Butler, Ernesto Laclau, Slavoj Zizek, *Contingency, Hegemony, Universality: Contemporary Dialogues on the Left*, London and New York: Verso, 2000.

Judith Butler, John Guillory, Kendall Thomas, *What's Left of Theory?: New Work on the Politics of Literary Theory*, New York and London: Routledge, 2000.

Judith Butler, Gayatri Chakravorty Spivak, *Who Sings the Nation-State?: Language, Politics, Belonging*, London and New York: Seagull Books, 2007.

Judith Butler, "Sex and Gender in Simone de Beauvoir's Second Sex", *Yale French Studies*, No. 72, 1986: 35 – 49.

Judith Butler, "Performative Acts and Gender Constitution: An Essay in Phenomenology and Feminist Theory", *Theatre Journal*, Vol. 40, No. 4, December, 1988: 519 – 531.

Judith Butler, "The Body Politics of Julia Kristeva", *Hypatia*, Vol. 3, No. 3, Winter, 1989: 104 – 118.

Judith Butler, "Imitation and Gender Insubordination", Diana Fuss (ed.), *Inside/Out: Lesbian Theories, Gay Theories*, New York: Routledge, 1991: 13 – 31.

Judith Butler, "Contingent Foundations: Feminism and the Question of 'Postmodernism'", J. Butler and J. W. Scott (eds.), *Feminists Theorize the Political*, New York and London: Routledge, 1992.

Judith Butler, Drucilla Cornell, Pheng Cheah, E. A. Grosz, "The Future of Sexual Difference: An Interview with Judith Butler and Drucilla Cornell", *Diacritics*, Vol. 28, No. 1, Spring, 1998: 19–42.

Judith Butler, "Yielding, Submitting, and Other Ethical Quandaries", Marjorie Garber, Beatrice Hanssen, Rebecca L. Walkowitz (eds.), *The Turn to Ethics*, New York and London: Routledge, 2000.

Judith Butler, "How Can I Deny That These Hands and This Body Are Mine?", Tom Cohen, Barbara Cohen, J. Hillis Miller, Andrzej Warminski (eds.), *Material Events: Paul de Man and the Afterlife of Theory*, Minneapolis: University of Minnesota Press, 2000.

Judith Butler, "Is Kinship Always Already Heterosexual?", *Differences: A Journal of Feminist Cultural Studies*, 2002 (13): 14–44.

Judith Butler, "Photography, War, Outrage", *Modern Language Association*, Vol. 120, No. 3, 2005: 822–827.

（二）中译本

［美］朱迪斯·巴特勒、［英］欧内斯特·拉克劳、［斯洛文尼亚］斯拉沃热·齐泽克：《偶然性、霸权和普遍性：关于左派的当代对话》，江苏人民出版社 2004 年版。

［美］朱迪斯·巴特勒：《性别麻烦：女性主义与身份的颠覆》，宋素凤译，上海三联书店 2009 年版。

［美］朱迪斯·巴特勒：《权力的精神生活：服从的理论》，张生译，江苏人民出版社 2009 年版。

［美］朱迪斯·巴特勒：《消解性别》，郭劼译，上海三联书店 2009 年版。

［美］朱迪斯·巴特勒：《身体之重：论"性别"的话语界限》，李钧鹏译，上海三联书店 2011 年版。

［美］朱迪斯·巴特勒：《脆弱不安的生命：哀悼与暴力的力量》，何磊、赵英男译，河南大学出版社 2013 年版。

[美] 朱迪斯·巴特勒：《模仿与性别反抗》，载李银河编译《酷儿理论——西方90年代性思潮》，时事出版社2000年版。

[美] 朱迪斯·巴特勒：《模仿与性别反抗》，载汪民安、陈永国、马海良主编《后现代性的哲学话语——从福柯到赛义德》，浙江人民出版社2001年版。

[美] 朱迪斯·巴特勒：《暂时的基础：女性主义与"后现代主义"的问题》，载王逢振主编《性别政治》，天津社会科学院出版社2001年版。

[美] 朱迪斯·巴特勒：《禁忌、精神分析和异性恋范式》，载罗岗、顾铮主编《视觉文化读本》，广西师范大学出版社2003年版。

[美] 朱迪斯·巴特勒：《身体至关重要》，载汪民安、陈永国主编《后身体：文化、权力和生命政治学》，吉林人民出版社2004年版。

[美] 朱迪斯·巴特勒、[美] 盖尔·卢宾：《性的交易——盖尔·卢宾与朱迪斯·巴特勒的谈话》，载[美] 佩吉·麦克拉肯主编《女权主义理论读本》，艾晓明等译，广西师范大学出版社2007年版。

[美] 朱迪斯·巴特勒：《性别在燃烧——关于挪用与颠覆的诸问题》，载高岭编《批评家（第二辑）》，四川美术出版社2008年版。

[美] 朱迪斯·巴特勒、[美] 沃伦·J. 布鲁门菲尔德、[美] 玛格丽特·孙瑟·布林等：《"有一个人在这里"——朱迪斯·巴特勒访谈》，《当代艺术与投资》2011年第1期。

二 中文文献

（一）著作

[美] 艾德丽安·里奇：《女人所生——作为体验与成规的母性》，毛路、毛喻原译，重庆出版社2008年版。

［英］安吉拉·麦克罗比:《文化研究的用途》,李庆本译,北京大学出版社2007年版。

［法］路易·阿尔都塞、艾蒂安·巴里巴尔:《读〈资本论〉》,李其庆、冯文光译,中央编译出版社2001年版。

［法］阿尔都塞:《哲学与政治——阿尔都塞读本》,陈越编,吉林人民出版社2003年版。

［奥］阿兰·瓦尼埃:《精神分析学导论》,怀宇译,天津人民出版社2008年版。

［英］阿兰·谢里登:《求真意志——密歇尔·福柯的心路历程》,尚志英、许林译,上海人民出版社1997年版。

［美］贝蒂·弗里丹:《女性的奥秘》,程锡麟、朱徽、王晓路译,北方文艺出版社1999年版。

［英］彼特·沃森:《20世纪思想史》,朱进东、陆月宏、胡发贵译,上海译文出版社2006年版。

［法］波伏瓦:《第二性（Ⅰ）》,郑克鲁译,上海译文出版社2011年版。

［法］波伏瓦:《第二性（Ⅱ）》,郑克鲁译,上海译文出版社2011年版。

［法］德里达:《论文字学》,汪堂家译,上海译文出版社1999年版。

［法］德里达:《书写与差异》,张宁译,生活·读书·新知三联书店2001年版。

［法］德里达:《德里达中国讲演录》,杜小真、张宁主编,中央编译出版社2003年版。

［法］德里达:《多重立场》,佘碧平译,生活·读书·新知三联书店2004年版。

［德］恩格斯:《社会主义从空想到科学的发展》,载《马克思恩格斯全集·第十九卷》,人民出版社1963年版。

冯俊等:《后现代主义哲学讲演录》,陈喜贵等译,商务印书馆2003

年版。

［法］福柯：《权力的眼睛——福柯访谈录》，严锋译，上海人民出版社1997年版。

［法］福柯：《规训与惩罚：监狱的诞生》，刘北成、杨远婴译，生活·读书·新知三联书店1999年版。

［法］福柯：《知识考古学》，谢强、马月译，生活·读书·新知三联书店2003年版。

［法］福柯：《福柯集》，杜小真编选，上海远东出版社2004年版。

［奥］弗洛伊德：《弗洛伊德文集②》，车文博主编，长春出版社2004年版。

［奥］弗洛伊德：《弗洛伊德文集③》，车文博主编，长春出版社2004年版。

［奥］弗洛伊德：《弗洛伊德文集④》，车文博主编，长春出版社2004年版。

［奥］弗洛伊德：《弗洛伊德文集⑤》，车文博主编，长春出版社2004年版。

［奥］弗洛伊德：《弗洛伊德文集⑥》，车文博主编，长春出版社2004年版。

［日］高桥哲哉：《德里达：解构》，王欣译，河北教育出版社2001年版。

高宣扬：《当代法国思想五十年》，中国人民大学出版社2005年版。

［美］葛尔·罗宾等：《酷儿理论》，李银河译，文化艺术出版社2003年版。

韩秋红、庞立生、王艳华：《西方哲学的现代转向》，吉林人民出版社2007年版。

［英］霍恩比：《牛津高阶英汉双解词典》（第七版），王玉章等译，商务印书馆、牛津大学出版社（中国）有限公司2010年版。

［法］拉康：《拉康选集》，褚孝泉译，上海三联书店2001年版。

［英］雷蒙·威廉斯：《关键词：文化与社会的词汇》，刘建基译，生活·读书·新知三联书店 2005 年版。

［英］理查德·塔纳斯：《西方思想史》，吴象婴、晏可佳、张广勇译，上海社会科学院出版社 2011 年版。

李昀：《"否定性辩证法"视域中的"女性"主体性重构》，社会科学文献出版社 2012 年版。

林毓生：《热烈与冷静》，上海文艺出版社 1998 年版。

刘北成：《福柯思想肖像》，北京大学出版社 1995 年版。

［美］罗斯玛丽·帕特南·童：《女性主义思潮导论》，艾晓明等译，华中师范大学出版社 2001 年版。

罗钢、刘象愚：《后殖民主义文化理论》，中国社会科学出版社 1999 年版。

［美］南茜·弗雷泽：《异性恋、错误承认与资本主义：答朱迪思·巴特勒》，载［美］凯文·奥尔森主编《伤害＋侮辱：争论中的再分配、承认和代表权》，高静宇译，上海人民出版社 2009 年版。

［德］尼采：《论道德的谱系》，周红译，生活·读书·新知三联书店 1992 年版。

［英］诺曼·费尔克拉夫：《话语与社会变迁》，殷晓蓉译，华夏出版社 2004 年版。

［英］玛丽·沃斯通克拉夫特：《女权辩护》，王蓁译，商务印书馆 2007 年版。

马元龙：《雅克·拉康：语言维度中的精神分析》，东方出版社 2006 年版。

［英］米兰达·弗里克、［英］詹妮弗·霍恩斯比编：《女性主义哲学指南》，肖巍、宋建丽、马晓燕译，北京大学出版社 2010 年版。

［法］米歇尔·福柯：《性经验史》，佘碧平译，上海人民出版社 2010 年版。

［美］佩吉·麦克拉肯主编：《女权主义理论读本》，艾晓明等译，广

西师范大学出版社2007年版。

邱仁宗主编:《女性主义哲学与公共政策》,中国社会科学出版社2004年版。

［美］乔治·瑞泽尔主编:《布莱克维尔社会理论家指南》,凌琪、刘仲翔、王修晓等译,江苏人民出版社2009年版。

［美］乔纳森·卡勒:《文学理论入门》,李平译,译林出版社2013年版。

［美］萨义德:《东方学》,王宇根译,生活·读书·新知三联书店2007年版。

［美］苏珊·鲍尔多:《不能承受之重——女性主义、西方文化与身体》,綦亮、赵育春译,江苏人民出版社2009年版。

［英］苏珊·弗兰克·帕森斯:《性别伦理学》,史军译,北京大学出版社2009年版。

［美］苏珊·桑塔格:《同时:随笔与演说》,黄灿然译,上海译文出版社2009年版。

［英］索菲亚·孚卡、［英］瑞贝卡·怀特:《后女性主义》,王丽译,文化艺术出版社2003年版。

［英］特里·伊格尔顿:《当代西方文学理论》,王逢振译,中国社会科学出版社1988年版。

［美］托莉·莫娃:《何为女性》,王琳妮译,华东师范大学出版社2011年版。

［美］托马斯·拉克尔:《身体与性属——从古希腊到弗洛伊德的性制作》,赵万鹏译,春风文艺出版社1999年版。

王逢振等编译:《性别政治》,天津社会科学院出版社2001年版。

汪民安主编:《生产(第四辑·新尼采主义)》,广西师范大学出版社2007年版。

［美］谢丽斯·克拉马雷、［澳］戴尔·斯彭德:《路特里奇国际妇女百科全书:精选本》,"国际妇女百科全书"课题组译,高等教育

出版社 2007 年版。

［英］休·索海姆:《激情的疏离:女性主义电影理论导论》,艾晓明、宋素凤、冯芃芃译,广西师范大学出版社 2007 年版。

［古希腊］亚里士多德:《亚里士多德全集·第三卷》,苗力田主编,中国人民大学出版社 1992 年版。

严泽胜:《穿越"我思"的幻象——拉康主体性理论及其当代效应》,东方出版社 2007 年版。

［美］扬-布鲁尔:《阿伦特为什么重要》,刘北成、刘小鸥译,译林出版社 2009 年版。

［澳］伊丽莎白·格罗兹:《时间的旅行——女性主义、自然、权力》,胡继华译,河南大学出版社 2016 年版。

［英］约翰·斯特罗克:《结构主义以来——从列维-斯特劳斯到德里达》,渠东、李康、李猛译,辽宁教育出版社 1998 年版。

［美］约瑟芬·多诺万:《女权主义的知识分子传统》,赵育春译,江苏人民出版社 2003 年版。

［美］詹姆逊:《詹姆逊文集(第二卷):批评理论和叙事阐释》,王逢振主编,中国人民大学出版社 2004 年版。

［美］詹姆逊:《政治无意识:作为社会象征行为的叙事》,王逢振、陈永国译,中国社会科学出版社 2011 年版。

张京媛:《当代女性主义文学批评》,北京大学出版社 1995 年版。

朱刚:《二十世纪西方文论》,北京大学出版社 2007 年版。

(二) 论文

艾士薇:《论朱迪斯·巴特勒的"性别述行理论"》,《南方文坛》2011 年第 6 期。

都岚岚:《论朱迪斯·巴特勒性别理论的动态发展》,《妇女研究论丛》2010 年第 11 期。

都岚岚:《性别操演理论》,《外国文学》2011 年第 5 期。

都岚岚:《论朱迪斯·巴特勒对〈安提戈涅〉的再阐释》,《英美文学论丛》2012 年第 11 期。

范譞：《跳出性别之网——读朱迪斯·巴特勒的〈消解性别〉兼论"性别规范"概念》，《社会学研究》2010 年第 5 期。

方亚中：《从巴特勒的性属操演看伊利加雷的性别特征》，《华中科技大学学报（社会科学版）》2009 年第 2 期。

高继海：《朱迪斯·巴特勒及其性别操演理论——记巴特勒理论思想专题研讨会》，《英美文学论丛》2011 年第 5 期。

郭劼：《承认与消解：朱迪斯·巴特勒的〈消解性别〉》，《妇女研究论丛》2010 年第 11 期。

何成洲：《巴特勒与表演理论》，《外国文学评论》2010 年第 3 期。

何佩群：《朱迪思·巴特勒后现代女性主义政治学理论初探》，《学术月刊》1999 年第 6 期。

何维华：《性别的假象与颠覆：从朱迪斯·巴特勒的角度看》，《现代妇女》2011 年第 2 期。

柯倩婷：《身体与性别研究：从波伏娃与巴特勒对身体的论述谈起》，《妇女研究论丛》2010 年第 1 期。

［法］拉康：《形成"我"的功能的镜子阶段》，陈越译，《世界电影》1995 年第 6 期。

李昀、万益：《巴特勒的困惑：对〈性属困惑〉的阿多诺式批判》，《当代外国文学》2006 年第 1 期。

李庆本：《朱迪斯·巴特勒的后女性主义理论》，《云南大学学报（社会科学版）》2009 年第 5 期。

李银河：《关于本质主义》，《读书》1995 年第 8 期。

刘昕婷：《被"伪"的"娘"与被误读的巴特勒》，《中国图书评论》2010 年第 12 期。

倪志娟：《从弗洛伊德到巴特勒——关于"性"的话语建构》，《中华女子学院学报》2010 年第 2 期。

钱丹：《从朱迪斯·巴特勒的性别表演角度读〈第五个孩子〉》，《才智》2012 年第 9 期。

宋素凤：《〈性别麻烦：女性主义与身份的颠覆〉——后结构主义思潮下的激进性别政治思考》，《妇女研究论丛》2010 年第 1 期。

孙婷婷：《性别跨越的狂欢与困境——朱迪斯·巴特勒的述行理论研究》，《妇女研究论丛》2010 年第 11 期。

孙婷婷：《身体的解构与重构——朱迪斯·巴特勒身体之重的身体述行解读》，《妇女研究论丛》2012 年第 5 期。

陶家俊：《后解放时代的"欲望"景观——论朱迪丝·巴特勒的思想发展》［J/OL］，http：//www.ptext.cn/home4.php? id = 3385，2009 – 06 – 15.

王建香：《话语与表演：朱迪丝·巴特勒对性别身分的解构》，《湘潭大学学报（哲学社会科学版）》2008 年第 7 期。

文洁华：《芭特勒对萨特身体观的阅读探析》，《现代哲学》2009 年第 1 期。

肖巍：《性别认同的"麻烦"理论》，《中华读书报》2003 年 12 月 3 日。

严泽胜：《朱迪·巴特勒：欲望、身体、性别表演》，《国外理论动态》2004 年第 4 期。

张青卫、谈永珍：《巴特勒性别操演论伦理价值探析》，《哲学动态》2010 年第 11 期。

钟厚涛：《朱迪斯·巴特勒：性别表演》，《齐齐哈尔师范高等专科学校学报》2006 年第 3 期。

（三）学位论文

陈燕华：《性别身份的困惑——伍尔夫小说〈奥兰多〉中人物奥兰多的性别操演研究》，硕士学位论文，华东理工大学，2012 年。

李蕊：《"女性"的命运——论朱迪斯·巴特勒的"操演理论"》，硕士学位论文，山东大学，2011 年。

王行坤：《越轨与承认：巴特勒的主体理论及其启示》，硕士学位论文，北京语言大学，2011年。

韦玮：《朱迪斯·巴特勒的安提戈涅》，硕士学位论文，北京语言大学，2011年。

辛洁：《性别表演——后现代语境下的跨界理论与实践》，博士学位论文，浙江大学，2012年。

张烨颖：《关于性别的思考——对朱迪斯·巴特勒的操演理论研究》，硕士学位论文，四川外语学院，2011年。

三　英文文献

（一）著作

Anita Brady, Tony Schirato, *Understanding Judith Butler*, London: SAGE, 2011.

Carol MacCormack, Marilyn Strathern, *Nature Culture and Gender*, New York: Cambridge University Press, 1980.

Christina K. Hutchins, *Departure: Using Judith Butler's Agency and Alfred North Whitehead's Value to Read Temporality Anew*, Berkely: Graduate Theological Union, 2008.

Claude Lévi-Strauss, *Structural Anthropology*, New York: Basic Books Inc. Publishers, 1963.

Claude Levi-Strauss, *The Elementary Structure of Kinship*, Boston: Beacon Press, 1969.

Dorothy Dinnerstein, *The Mermaid and The Minotaur: Sexual Arrangements and Human Malaise*, New York: Harper Colophon, 1977.

Elena Loizidou, *Judith Butler: Ethics, Law, Politics*, New York and London: Routledge, 2007.

Elizabeth E. E. Howland, *A Search for Authenticity: Understanding Zadie Smith's "White Teeth" Using Judith Butler's Performativity and Jane Austen's Satire*, Greenville: East Carolina University, 2009.

Ellen T. Armour, Susan M. St. Ville, *Bodily Citations: Religion and Judith Butler*, New York: Columbia University Press, 2006.

Evelyn F. Keller, *Secret of Life, Secrets of Death*, New York: Routledge, 1992.

Gill Jagger, *Judith Butler: Sexual Politics, Social Change and the Power of the Performative*, London and New York: Routledge, 2008.

Jacques Derrida, *Limited Inc.*, Trans. by Samuel Weber, Jeffrey Mehlman, Evanston: Northwestern University Press, 1988.

Jean Bethke Elshtain, *Public Man/Private Woman*, Princeton: Princeton University Press, 1981.

J. L. Austin, *How to Do Things with Words*, 外语教学与研究出版社2011年版。

Julia Kristeva, *Revolution in Poetic Language*, Trans. by Margaret Waller, New York: Columbia University Press, 1984.

Julia Kristeva, *Desire in Language: A Semiotic Approach to Literature and Art*, Ed. by Leon S. Roudiez, Trans. by Thomas Gora, Alice Jardine, Leon S. Roudiez, New York: Columbia University Press, 1988.

Katherine Lowery Cooklin, *Poststructural Subjects and Feminist Concerns: An Examination of Identity, Agency and Politics in the Works of Foucault, Butler and Kristeva*, Ph. D. Dissertation: University of Texas, Austin, 2004.

Lacan, *The Seminar. Book Ⅰ: Freud's Papers on Technique*, 1953 - 1954, Trans. with Notes by John Forrester, New York: Norton, 1988.

Lacan, *Ecrits*, Trans. by Bruce Fink, New York: W. W. Norton & Company Inc., 2006.

Moya Lloyd, *Judith Butler: From Norms to Politics*, Cambridg and Malden: Polity Press, 2007.

Paul Scott Axelrod, *Political Legitimacy and Self-loss (Thomas Hobbes,

Judith Butler), Washington: University of Washington, 2000.

Peter Osborne (ed.), *A Critical Sense: Interviews with Intellectuals*, London and New York: Routledge, 1996.

Roland Faber, Andrea Stephenson, *Secrets of Becoming: Negotiating Whitehead, Deleuze, and Butler*, New York: Fordham University Press, 2011.

Samuel A. Chambers, Terrell Carver, *Judith Butler and Political Theory: Troubling Politics*, New York and London: Routledge, 2008.

Sara R. Abrams, *From Injury and Punishment to Interchange and Relation: Rereading Judith Butler through the Dialogic Principle of Martin Buber*, Cambridge: Proquest, 2011.

Sara Salih, *Judith Butler*, London and New York: Routledge, 2002.

Shulamith Firestone, *The Dialectic of "Sex": The Case for Feminist Revolution*, New York: Bantam Book, 1970.

Vicki Kirby, *Judith Butler: Live Theory*, Bodmin: Continuum, 2006.

(二) 论文

Fiona Webster, "The Politics of Sex and Gender: Benhabib and Butler Debate Subjectivity", *Hypatia*, Vol. 15, No. 1, Winter, 2000, pp. 1 - 22.

Martha Nussbaum, *The Professor of Parody* [J/OL], http://perso.uclouvain.be/mylene.botbol/Recherche/GenreBioethique/Nussbaum_NRO.htm. 1999 - 2 - 22.

后　　记

　　临近暑假,屈雅君老师跟我们说丛书出版的计划,对比最近的侘傺、徘徊,重拾书稿,更仿若马塞尔在那一个下午茶吃到的那一口椴花茶浸泡的小玛德莱娜蛋糕,谁心中不藏着一些痴痴"追忆"的"似水年华"呢?

　　目前这本薄薄的小书,几易其稿。最终还是决定保留它最初的版本。所谓"最初",指的是,它与当初倚以参加学位论文答辩的那篇论文大体相同,它带着"陕西师范大学"的印记。毕业之后,我自己对巴特勒的阅读有不少新的体会,也注意到有关巴特勒的研究日渐增长,但在几次修改之后,"不能大改动"的想法更加强烈。一方面,确实是想呈现截至2013年年底,自己对巴特勒研究的痕迹。它意味着当时的我对"巴特勒研究",尤其是对当时国内的"巴特勒研究"的回应。我把它看作一个蹒跚学步的理论研究者在所谓"实践"的层面上所作的努力。另一方面,每一次拿着书稿,细究论理的依据、过程的时候,都体会到:太多的观点,是在向老师请教的过程中逐渐成形或修正的;太多的参考书,是在陕西师范大学图书馆和妇女博物馆的资料室读到的。只有在陕西师范大学,我才能留下这样的文字。

　　感谢我的导师屈雅君女士。在学校时,您给了我自由的研究空间,有力的研究支持,尤其是温暖的接纳。那时的我,不顾您工作繁忙，执拗地每个月底都到您的办公室。您总是坐在明亮的窗户前，听我絮絮叨叨地"汇报"读书心得或者论文写作进度。您一直耐心，不嫌烦扰，直接点出我的懈怠，或者指出下一步学习、研究的方向，并且提醒我注意身体……当时我已经知道自己遇到了好导师，哪会想到，毕业了这么多年，您依旧惦记着我们。所以，才有了这本我自己都没想过要出版的小书。在学风浮躁、世风逐利的目下，您的关怀，是多么宝贵啊！

感谢我的导师裴亚莉女士。我曾经带着哭腔问您："读不懂康德怎么办啊？"也曾经焦虑地向您抱怨："美学的课程很难呐！"还曾经无赖地向您吐槽："我就是觉得不愉快嘛！"您总是"轻描淡写"地点拨："康德跟其他的哲学家是怎样的关系呢？""你觉得文艺学的课程跟美学的课程有什么异同呢？""哈哈哈……要倾听内心最深处的声音啊！"哪怕直到现在，当您从别处得知我遇到了困难却郁闷不言时，仍然悄悄地帮我解决。您面对学问和人生问题的智慧和勇气，更让我深深地感动。

感谢畅广元老师和师母。那年深秋的第一次课之后，畅老师始终关心我的学习，既有严格的要求又有温和的提醒："你要重视老师们提出的建议……""写作要从容……"而师母，总会笑眯眯地称我："小女子……"

感谢李西建老师。在我人生的那些紧要时刻，您都给予了关键的扶持。那个闷热的夏季午后，大大的办公室里，您对我们说："那些都是历史了……"无论什么时候，我都想跟您说："李老师，有些东西，不会是'历史'！"

感谢那些年给我授课、解答疑问的尤西林老师、陈越老师、赵文老师、段宗社老师和邢向东老师。感谢参加论文答辩并给我提出进一步研究、修改建议的段建军老师、张志春老师、李继凯老师和梅晓云老师。

感谢李孝仓老师、贤惠的师母和聪明可爱的玄子。和你们在一起的温馨时光，就像师母熬的小米粥，不闪眼却实在。

感谢王逢振老师和谢少波老师。在鼓楼上的散步中谈到"巴特勒"时，王老师和谢老师的肯定，给了我最初的信心。

特别感谢何依工老师。在学问的陶成上，您是我最重要的引路人、护持者。如果没有这些年持续不断的、严肃又生动的阅读、讨论，我不会有今天的认识。而您纯粹的人生态度，更是我心向往之而不能的。

特别感谢周阳刚小姐和徐路军先生这对贤伉俪。这些年，阳刚温柔相待，对我的问题是十二万分的耐心。而徐路军挖的"坑"，总是让我领受到有益的批评。

感谢马宏革师兄、张兴星师兄、桦桢师兄、苏芳师姐、赵曦师姐、白海瑞师妹、殷默师妹、马茹师妹、潘高峰师弟、樊高峰师弟、张国芬师妹、崔芹师妹、密婕师妹、兰蕊师妹、刘花蕊师妹、袁芳师妹和同级的周磊、杨柳欣、王晓瑜，是你们给了我真挚的同门之谊。

感谢乔敏丽宽容大度地忍受我多年的撒娇耍赖。感谢马梅芳，在我生病住院时悉心照顾，毫不嫌弃。感谢英文系的小老乡盘金凤对译文提出的中肯建议。感谢张磊多年遥远的关怀。

我还想感谢那架知晓我最复杂心情的紫薇，那带倾听我最纷乱秘密的终南山和那座容忍我最无理蹉跎岁月的图书馆……

感谢我的父亲施善崇先生、母亲黎省女士和弟弟海辞。无论我在哪里，是什么样子，做什么选择，你们对我的爱都没有丝毫的改变，都会给我最大的包容和最坚定的支持。感谢一直关心我成长、鼓励我进步的叔叔施善丹先生和婶婶苏彩丽女士，还有给家里带来无数欢乐的海彤和依依妹妹。有这样的家人，何其幸也！

我心里明白，自己是从哪里、怎样获得了变得更好的能力，也一再地告诉自己：求博爱、求真知——这很难，然而我不会放弃。但愿我的一切努力，都是为了拥有更强大的力量去爱这些可爱的人们，以及事物。

这本书同时也是项目《性别维度中的巴特勒操演理论研究》（项目批准号：XBS1804）的阶段性成果，感谢广西大学博士启动基金的支持。

施海淑
2018 年 10 月于广西大学东校园